VERDURAS
SIN LÍMITES

VERDURAS
SIN LÍMITES

Y OTRAS HISTORIAS

JOSÉ ANDRÉS
Y MATT GOULDING

FOTOGRAFÍAS DE PETER FRANK EDWARDS

VINTAGE ESPAÑOL

Una división de Penguin Random House LLC

Nueva York

PRIMERA EDICIÓN VINTAGE ESPAÑOL, MARZO 2020

Copyright de la traducción © 2019 por Eva Raventós Ruiz

Todos los derechos reservados. Publicado en los Estados Unidos de América
por Vintage Español, una división de Penguin Random House LLC, Nueva York,
y distribuido en Canadá por Penguin Random House Canada Limited, Toronto.
Originalmente publicado en inglés como *Vegetables Unleashed* por
HarperCollins Publishers, Nueva York, en 2019. Esta edición
también fue publicada en España por Planeta de Libros,
en 2019. Copyright © 2019 por José Andrés.

Vintage es una marca registrada y Vintage Español
y su colofón son marcas de Penguin Random House LLC.

Información de catalogación de publicaciones disponible
en la Biblioteca del Congreso de los Estados Unidos.

Vintage Español ISBN en tapa dura: 978-0-525-56560-4
eBook ISBN: 978-0-525-56561-1

Para venta exclusiva en EE.UU., Canadá, Puerto Rico y Filipinas.

www.vintageespanol.com

Impreso en los Estados Unidos de América
10 9 8 7 6 5 4 3 2 1

A nuestro amigo Anthony Bourdain,
que dedicó su vida a plantar semillas.

CONTENIDOS

INTRODUCCIÓN

Antes de nada, vamos a dejar clara una cosa: José Andrés no es vegetariano. Ni por asomo. Es un hombre con gusto por muchas cosas distintas, que ama la comida de una forma que desafía cualquier explicación o analogía y que aprovecha la vida con el fervor indiscriminado de alguien que se niega a jugar con las reglas de otro, e incluso con las suyas propias. José es una contradicción hecha chef: un hombre grande que lucha por el pequeño, un padre provinciano con el alma de un poeta, un tipo que conversa con indigentes en una manzana y con políticos en la siguiente, y un profesional apasionado de la cocina con vegetales, cuya imagen sosteniendo un jamón ilustra un mural de más de noventa metros de longitud en el Strip de Las Vegas. Conocí a José en un viaje a España, acompañado por un grupo de reconocidos chefs norteamericanos a los que llevé hasta allí para mostrarles los tesoros comestibles de su querida tierra. Sabía cosas acerca de él gracias a artículos y programas de televisión, pero nada me había preparado para la bacanal de una semana que arrolló la península ibérica. Cualquier cosa —desde los cerdos ibéricos pastando por las dehesas salmantinas hasta las zanahorias cocidas que comimos de pie en la cocina de un restaurante en las afueras de Madrid— era motivo para lanzar fervientes disertaciones y proclamas entusiastas. Frases como *¡Qué bonita es España!* se convirtieron en el grito de guerra del grupo.

Durante cinco días seguimos a José por las llanuras del centro de España. Nos metía tacos hechos de láminas muy finas de jamón y cucharadas de caviar directamente en la boca. Convenció al guardia de seguridad de un hotel para que nos permitiera desmadrarnos en el bar del sótano a las tres de la mañana, y luego, con una amplia sonrisa, lo mandó al jardín a recoger hierbas frescas para nuestros gin-tonics. En su último día con nuestra alegre banda de expertos en comida, José subió al balcón sobre la abarrotada plaza del pueblo medieval de La Alberca, donde miles de visitantes habían presenciado la rifa anual del cerdo, y dio un intenso sermón: *¡Gente de España! Dejadme que os cuente qué es lo que más me gusta de este país....*

Durante aquellos días aprendí algo que cualquier persona que entre en su órbita identificaría rápidamente: José Andrés es un mago. No solo porque crea mojitos comestibles y algodón de azúcar de foie gras y parece estar en diez lugares a la vez, sino porque siempre encuentra el modo de hacer que algo tan sencillo como comer un tubérculo hervido sea un momento trascendental en tu vida. Y por todo su amor por los cerdos de pata negra y los percebes, estoy convencido de que se reserva lo mejor de su magia —los fuegos artificiales más emocionantes y provocadores de placer— para el reino de las plantas.

Si has comido en alguno de los restaurantes de José, ya sabes a qué me refiero. La primera vez que tomé el Washington Whirlwind (El torbellino de Washington) —en el que el huracán José te entierra en una tormenta de nieve de comida y bebida de cada uno de sus ocho restaurantes en la capital de los Estados Unidos—, solo tenía flora en mi mente cuando salí de allí: la sencilla elegancia de una ensalada de patata española condimentada con perlas naranjas de caviar de trucha, un bocado de frijoles refritos que han impedido que vuelva a comer frijoles en ningún otro sitio, y una creación con maíz de doce componentes que podría exhibirse en un museo de arte moderno.

Era otoño, la temporada por excelencia de la col de Bruselas, y la probé desde la perspectiva de distintas lentes internacionales: en Jaleo, la nave nodriza española del imperio de Andrés, las hojas crudas venían espolvoreadas con uvas y jamón y regadas con vinagre de Jerez. En Oyamel, las hojas estaban fritas y crujientes y empapadas en el calor de una salsa de chile de árbol. Finalmente, en Zaytinya, su homenaje a Grecia y Turquía, aún en crecimiento, José sirvió un montón de estas hojas crujientes sobre un charco con yogur de ajo tostado con bayas de espino. Parecía una exposición de Epcot comestible, un viaje por el mundo a través de las hojas diseminadas de coles diminutas.

Sí, José es un chovinista español sin complejos. Pero ningún chef cocina tal variedad de comida con tanta destreza como él y su equipo, y por eso su incursión en el mundo vegetal es tan apasionante: no cocina basándose en una sola filosofía, unos valores o un plan únicos, sino con un pasaporte gastado y con total inmunidad diplomática. Cuando José se distrae, el mundo se beneficia de ello. Y ahora que se ha desviado hacia el nuevo concepto de comida rápida y saludable con su nueva legión de restaurantes Beefsteak, la mitad del país pronto podrá probar su magia. (Y, con suerte, la otra mitad la descubrirá en estas páginas).

Tal como José le diría a cualquiera que quiera escucharlo —Michelle Obama, Hillary Clinton o tu tía del pueblo—, no hay nada más sexi que cocinar verduras: glasear una zanahoria hasta conseguir una costra oscura y melosa; brasear un melocotón hasta que su carne adquiera la textura de un lóbulo de foie gras; trocear un tomate todavía caliente por el sol y clavarle unos cuantos cristales de sal gruesa hasta que se derramen lágrimas de tomate en el plato. Si no crees en la sensualidad del producto, José ha hecho todo lo posible para que cambies de idea a lo largo de las páginas que siguen. Pero para el señor Andrés no es solo una cuestión de sabor. Las plantas son una parte fundamental de su día a día, que dedica sobre todo a buscar nuevas y mejores formas de cocinar para alimentar al planeta. No hay nada afectado o moralizante en su enfoque; en este libro no encontrarás referencias para buscar hierbas aromáticas salvajes esotéricas o diatribas sobre los horrores de comer carne. Lo que vas a encontrar es el caos controlado de una mente que bulle con la creencia de que las verduras pueden salvar el mundo.

Trabajar con José puede convertirse en una especie de misión para extraer lo mejor de los billones de ideas que cada día cruzan por su mente a toda velocidad. Andrés puede decir algo que a primera vista puede sonar completamente absurdo. Te lo tomas a broma y te olvidas de ello. Pero, como si fuese una semilla enterrada profundamente en la tierra de tu mente, brotará en tus pensamientos, después en tus palabras y, finalmente, en tu forma de ver el mundo. Espero que encuentres en este libro muchas ideas contagiosas; recetas y filosofías que te parecerán absurdas al principio, pero que terminarán remodelando poco a poco tu forma de cocinar y de comer.

En los veinticuatro meses que José y yo hemos dedicado a trabajar en este libro, ha abierto ocho nuevos restaurantes, ha liderado las labores de ayuda humanitaria después de que el huracán Harvey hiciera estragos en Houston y violentos incendios asolaran California, y ha servido más de tres millones y medio de comidas a los habitantes de Puerto Rico cuando más lo necesitaban. También ha recibido numerosos premios y ha dado incontables charlas.

Para cualquier otra persona, todo esto habría sido una distracción que le impediría ocuparse de las exigencias agotadoras que supone crear un libro; sin embargo, parecía que estas experiencias lo impulsaban a ir aún más allá sobre el terreno para ver qué clase de tesoros podíamos sacar a la luz. En el curso de aproximadamente dos años, hemos pasado muchos meses maravillosos explorando los límites del mundo vegetal. Hemos cocinado verdaderos festines de verduras en un extenso olivar español en el punto álgido de la cosecha; nuestra comida bañada en el néctar verdoso-dorado directamente salido de la prensa en frío. Nos hemos abierto camino a través de montones de kilos de productos agrícolas de primavera dignos de enmarcar en el Chef's Garden de Huron, Ohio —una de las granjas más impresionantes de América—, exprimiendo, soasando, estofando, espumando, friendo e improvisando mientras nos adentrábamos en territorio inexplorado. Hemos pasado muchos, muchos días en la encantadora casa de José en Bethesda con su mujer, Patricia, y sus tres hijas, yendo del huerto a las colmenas, y de ahí a la barbacoa y a los fogones, intentando resolver los grandes misterios del mundo vegetal.

Por el camino, he vivido unas cuantas epifanías vegetales junto a José: cómo las semillas que se habían retirado suavemente de la carne del tomate y se habían echado en cucharadas sobre cubitos de melón sabían como el caviar de los pobres, o la forma en que la salazón y el olor de las anchoas pueden avivar una ensalada en estado crítico. El aderezo cálido del aceite de oliva virgen extra, el pimentón ahumado y el ajo tostado que usa para aliñar un bol de calabaza de verano en la barbacoa del domingo se ha convertido en una receta que he reproducido una y otra vez en mi propia cocina. José es un maestro medio loco de las ideas del tipo *cómo he podido no caer en esto*, que llevarás contigo desde este libro hasta el pasillo de los productos agrícolas y luego hasta tu cocina.

De todas formas, vamos a ser claros: este no es un libro sobre no comer animales. Ni siquiera sobre comer menos carne. Es un libro sobre comer más verduras, de las maneras más variadas y satisfactorias posibles.

Trata sobre cómo tostar en la sartén una porción de coliflor como si fuese un entrecot; cómo potenciar los sabores de una despensa estándar en ingredientes que muchas veces parecen obligaciones; cómo convertir unas cuantas raíces y hojas en algo en lo que no puedes dejar de pensar. En este libro encontrarás las recetas —y los trucos y consejos que hay detrás de ellas— que han hecho de José uno de los chefs más importantes de Estados Unidos: la tortilla fundida de Jaleo, el brillante gazpacho de frutas de Oyamel o la imponente hamburguesa de Beefsteak. Y encontrarás también ideas a medida y estallidos de genialidad, muchas veces contrarias a la lógica, que te ayudarán a replantearte el potencial que encierra el reino de las verduras y hortalizas.

Agárrate bien. Este va a ser un viaje salvaje.

DESCODIFICANDO A JOSÉ

Mientras trabajábamos en este proyecto, yo le daba vueltas a la preocupación que me asediaba: ¿sería la magia de las ideas salvajes de José tan extraordinaria sin él en tu cocina, enseñándote y dándote de comer? Yo había tenido el privilegio de probar y experimentar su hechizo de primera mano, pero ¿podría traducirse de forma apropiada en un libro? Ahora, después de todo el tiempo que hemos pasado juntos, sé que para poder apreciar totalmente las ideas y las recetas de José, tienes que invitarlo a tu cocina. Deja que su voz entre en tu cabeza cuando estás exprimiendo una col o triturando coliflor para hacer un cuscús o enterrando patatas en granos de café. Por el camino aprenderás a ver el pasillo de productos agrícolas no como una parada donde hacer acopio de alimento, sino como una paleta para crear todo tipo de pinturas extraordinarias, bodegones, cuadros impresionistas e incluso arte cubista.

Este libro está pensado para extraer de ti la misma clase de maravilla que lleva a José a pasar cinco horas en un mercado agrícola, haciendo preguntas y provocando debates tanto con los agricultores como con los clientes. Un sorbo de caldo no es bueno o malo: es fascinante. Un ingrediente difícil de encontrar no es un incordio: es la razón para emprender la búsqueda del tesoro. Pero en un mundo con una carga de energía tan elevada como el de José, a veces necesitas una voz exterior que aporte algo de perspectiva, así que mi trabajo era dejar caer de vez en cuando una dosis de objetividad, no para enmarañar su mensaje, sino para afilarlo, para ofrecer algún consejo, dar un poco de apoyo moral y ayudarte a que te muevas por el terreno serpenteante de su feroz imaginación. En resumen, para dejar que vayas por delante en un viaje frenético por el reino vegetal de José.

3

UN GLOSARIO DE JOSÉ

 **¡GENTE DE AMÉRICA!**

(¡Barcelona! ¡Manhattan! ¡Marte!)

Una llamada de atención, un preludio a un pronunciamiento importante y urgente.

EJEMPLO: *Gente de Barcelona, acabo de llegar a la ciudad y tengo hambre.*

 ¡BOOM!

Un signo de exclamación audible usado para realzar cualquier atisbo de éxito creativo, a menudo empleado docenas de veces al día.

EJEMPLO: *Solo tienes que mezclar un poco de miso y espolvorear un poco de furikake y ya estará listo. ¡Boom!*

3 **LÓGICO**

Algo que no le parece obvio a nadie excepto a José.

EJEMPLO: *Es perfectamente lógico: rellenas la sandía con arroz y trufa y la entierras bajo tierra.*

4 | **¡VAMOS!**

Un grito de guerra para los que
están a su alrededor, cuyo ritmo
rápido es el ritmo lento de José.
(Véase también *¡Vámonos!*).

EJEMPLO: *Solo faltan 108 recetas
más por desarrollar. ¡Vamos!*

5 | **TU RÁPIDO
ES MI LENTO**

La frase que puede leerse en la
camiseta favorita de José. Quizá
las palabras más ciertas que se
hayan dicho nunca.

6 | **PUTA MADRE**

Una señal medio en serio de que a José
se le está acabando la paciencia.
Usada normalmente cuando se le está
reclamando en una docena de
direcciones distintas.

EJEMPLO: *José, tenemos a un periodista que
quiere hablar contigo sobre el azafrán.*

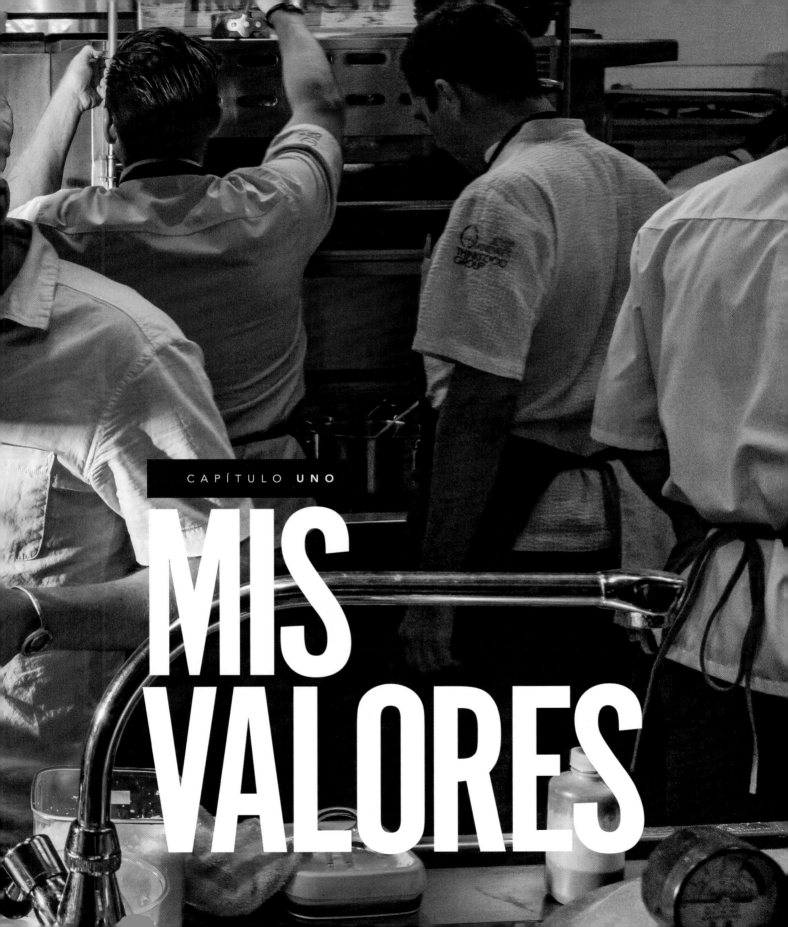

CAPÍTULO **UNO**

MIS VALORES

¡GENTE DE AMÉRICA, VAMOS A HABLAR SOBRE LAS PLANTAS!

¿Has oído hablar del agricultor de Ohio que cultiva quince tipos distintos de albahaca y veintidós clases de zanahoria? Se llama Farmer Lee Jones y no puedo sacármelo de la cabeza. Me persigue en mis sueños por la noche, en los que planta pequeños plantones de vegetales que no existen. Es como aquella escena de *Charlie and the Chocolate Factory* en la que los niños lamen el papel pintado, solo que nada tiene el sabor que debería tener: los pepinos saben a sandías, los tomates saben a un asado de domingo y una sola mazorca de maíz tiene diferentes sabores en cada grano. Justo antes de despertarme, mientras mastico el maíz, echo un vistazo y veo al viejo agricultor mirándome fijamente. *Somos los creadores de música, y los soñadores de sueños.*

Las verduras me hacen soñar a lo grande últimamente. Sé que lo primero que cruza por la mente de mucha gente al pensar en España y en la comida española es el jamón, el rey de todos los alimentos, pero lo que más echo de menos de mi país natal son los platos de verdura. Un bol de garbanzos y espinacas cocidos a fuego lento. Una simple y perfecta clementina cultivada cerca del Mediterráneo. El extraordinario gazpacho de mi mujer, el mejor que se puede probar. (Tengo treinta y cuatro restaurantes y un buen número de libros de cocina y la receta más popular que he publicado —aquella por la que la gente me pregunta por las calles de Washington— es el gazpacho de mi mujer).

Pero soy consciente de que las verduras no siempre son fáciles de vender. Algunas de las cosas que he ido leyendo a lo largo de estos años me han impresionado mucho. ¿Sabías que el 87 % de los adultos norteamericanos no llega a consumir sus requisitos diarios de verdura y fruta? ¿O que el 40 % del consumo de vegetales entre los niños procede de las patatas fritas? ¡EL CUARENTA POR CIENTO! Tengo tres hijas que prefieren comer hamburguesas antes que brócoli, así que sé lo difíciles que pueden ser los niños, pero estamos hablando de una emergencia nacional. Tenemos que encontrar formas para que la gente se entusiasme con los productos que nacen de la tierra. Debemos mostrar al mundo que las plantas también pueden ser sexis.

Las frutas y las verduras son atractivas como nunca podrá serlo una pechuga de pollo. Piensa en ello: ¿qué pasa cuando muerdes un trozo de carne? Los primeros cinco segundos son interesantes, pero después te pasas otros veinte masticando algo que no tiene sabor. Ahora piensa en una piña. En cuanto tu tenedor toca su carne, su aroma llena el aire como un maravilloso perfume. Después la muerdes: jugosa, dulce y ácida, con notas de fruta de la pasión y cítricos y un misterio que persiste mucho después de que termines de masticar. A esto me refiero.

Hay una razón muy sencilla por la que a los chefs les encanta cocinar verduras: las posibilidades son infinitas. ¿Qué puedes hacer con una chuleta de cerdo o un solomillo? Asarlos a la brasa, cocinarlos a la plancha o saltearlos, pero al final el resultado es el mismo: un trozo de carne cocinada.

¿Qué puedes hacer con una zanahoria? Rallarla cruda en una ensalada. Encurtir las pieles. Asarla a fuego lento hasta que se vuelva dulce y carnosa. Hervirla y convertirla en puré para utilizarla como acompañamiento en un plato. Usar la carne para preparar una sopa caliente con curri y leche de coco; utilizar las hojas para elaborar un ingenioso pesto verde y echárselo por encima. No solo quiero enseñarte cómo asar una patata o cómo aliñar una ensalada. Quiero mostrarte cómo rellenar una calabaza con quiche, cómo convertir los tomates en tartar o cómo hacer ceviche con setas y boniatos. Quiero que este libro sea el Anderson Cooper del mundo de las plantas: *Vegetales 360°*.

Por supuesto, rendimos homenaje a las caras más familiares de los pasillos de productos agrícolas: las patatas y los tomates que se asientan en nuestras encimeras; el brócoli y la lechuga que viven en nuestras neveras. El aceite de oliva es el auténtico zumo prensado en frío. Las algas son la ensalada del mar. Incluso el tequila, hecho de cactus fermentado, es un héroe encubierto del mundo vegetal; al menos en mi opinión. Cuando hablo de plantas, todo cabe sobre la mesa.

Pero antes de que lleguemos ahí, quiero que sepas unas cuantas cosas sobre mí. Nací en Mieres, una localidad minera en las montañas de Asturias. Mi familia se mudó a Barcelona cuando yo era pequeño y crecí comiendo de todo. Aprendí a cocinar mano a mano con mi madre, y después en El Bulli, destinado a convertirse en el restaurante más influyente de nuestra era, y en un barco de la Armada Española, surcando el mar abierto. Cuando aterricé en Nueva York en 1991, tenía 50 dólares en el bolsillo. En América encontré un mundo mágico de oportunidades, un lugar donde canalizar todas las ideas locas que llevaban dando saltos en mi cabeza desde que era un niño.

El coautor de este libro, Matt, contó una vez a millones de lectores de *The Wall Street Journal* que soy una contradicción andante. Pero no es fácil vivir la vida de forma coherente en el siglo XXI. La misma gente que habla con pasión de comer productos locales compra, vestida con vaqueros fabricados en Bangladesh, en una lista de la compra escrita en un móvil fabricado en China.

En resumen, somos criaturas complejas. No pretendo que mis razones para comer vegetales sean las mismas que las tuyas, o que tú y yo busquemos siempre las mismas cosas. La verdad es que lo quiero todo. Quiero la belleza sencilla de un tomate perfecto de mi huerto cortado en rodajas para comer y un festín moderno de veintidós platos para cenar. Quiero apoyar a los agricultores locales, pero también me gusta el jamón de bellota de Salamanca y el alga kelp deshidratada de Hokkaido. Quiero que mi día esté repleto de cientos de reuniones con un centenar de personas distintas, y quiero una noche tranquila en casa con mi mujer y mis tres hijas.

En el corazón de toda esta locura, el pegamento que impide que me rompa en trocitos es mi deseo de alimentar al mundo. No solo a los *foodies* de Instagram y a la gente que puede permitirse ir a mis restaurantes más sofisticados; no solo a la gente de Haití con la que trabajamos para construir fogones no contaminantes y cocinas solares, o a las cinco mil personas sin hogar que alimentamos diariamente en Washington D. C. por medio de Central Kitchen. Quiero alimentar a todo el mundo y hacerlo de una forma que inspire a la gente a ver la comida bajo una luz completamente distinta.

¡La comida no es solo combustible! La comida es historia, cultura, política, arte. Es alimento para el alma. Soy consciente de que puedo parecer excesivamente entusiasta y tal vez un poco emotivo, pero es porque realmente lo soy. Hay un dato simple en la vida y es que tomaremos dos o tres comidas al día hasta que muramos. Todos deberíamos ser expertos en comer. Este es mi plan de acción para conseguirlo.

REGLAS PARA EL NUEVO MUNDO DE LOS VEGETALES

ENCUENTRA TU EQUILIBRIO

A los americanos les gusta tratar con los extremos. Un día, la grasa es el enemigo y solo comemos pasteles de arroz y pollo hervido. Al día siguiente, quemamos todos los carbohidratos en una hoguera en el césped del jardín y empezamos a comer como neandertales. (Quizá es así como la gente pierde peso: corren al supermercado para cambiar su despensa entera cada vez que se publica un nuevo libro de dieta).

Hay una razón por la que los americanos pueden gastar 20 mil millones de dólares —muchas más veces que cualquier otro país— en la industria de las dietas y aun así seguir siendo la nación menos saludable del planeta: los extremos no funcionan.

Pero no es cosa de las dietas; es la forma como abordamos globalmente la comida. Esto incluye también a los chefs y los restaurantes. A todos se nos va de las manos. Un día, todos los restaurantes de Nueva York, Chicago y Los Ángeles sirven filetes y panceta de cerdo y al día siguiente se han convertido en veganos. Hoy en día las verduras están viviendo su gran momento en los palacios de comida del mundo. Las cartas presumen con orgullo de cada detalle de los vegetales que sirven, desde el nombre del agricultor hasta los microorganismos que contiene la tierra. ¡A veces me pregunto si los restaurantes van a empezar a contratar a sumilleres de verduras!

[escena]

CLIENTA CONFUSA: ¿Qué me ofrecen de verdura?

SUMILLER DE VERDURAS: Me alegra que me lo pregunte. Señora, tenemos una buena cosecha de zanahorias Manpukuji de la localidad de Vass, que tiene una población de 774 habitantes. Autóctonas, por supuesto, cogidas directamente de la tierra hace treinta y cuatro horas y transportadas hasta nuestra puerta por el agricultor Dick, que tenía todavía suciedad bajo las uñas.

CC: Hum, suena bien.

SDV: ¿Cómo quiere que cocinemos las zanahorias, señora? Podemos cubrirlas con una fina capa de heno y cocinarlas a fuego lento o lactofermentarlas con sal espumada a mano de las marismas costeras de Maine, o podemos colgarla sobre la chimenea durante trece días y puede volver a comerla entonces.

CC: Tomaré el pollo asado.

[fin de la escena]

¿Quieres un enfoque de la comida de una sola palabra que nunca te va a fallar? Equilibrio. Deberíamos festejar los vegetales sin necesidad de predicar sobre los peligros de la proteína. No descartes los carbohidratos. No destierres la mantequilla. Déjalo todo sobre la mesa y toma un bocado de cada cosa.

TODA ACCIÓN TIENE REACCIÓN

Imagina esta escena: una mañana te levantas y tienes antojo de mango, por lo que conduces hasta el Whole Foods más cercano, pero cuando llegas a la sección de frutas y verduras te das cuenta de que los únicos mangos que tienen proceden de Haití y no los compras porque no son locales y quieres hacer lo correcto. Al final se te pasa el antojo y te olvidas de los mangos, hasta que un día, mientras estás de vacaciones en la playa en Key West y se está poniendo el sol, en la distancia divisas a una familia de diez miembros en una barca de caucho diminuta; todos ellos parecen hambrientos y sedientos, y son agricultores haitianos del mango que buscan empezar una nueva vida en Estados Unidos, así que piensas en aquel mango y en que tal vez al no comprarlo has contribuido a meter a esta familia en esa barca para llegar a esta isla.

Si estoy siendo dramático es para insistir en esto: el sistema moderno de alimentación es tremendamente complejo. Ser radical respecto a la comida limita tu mundo y puede tener repercusiones inesperadas. A menudo se nos dice que compremos solo productos locales, pero ¿sabías que los costes de transporte constituyen solo el 4 % de las emisiones de gas de un invernadero de comida? Y mientras nos instan a comprar solo productos ecológicos certificados, ignoramos que muchos de los mejores pequeños agricultores no pueden permitirse los altos costes que supone adquirir esta certificación. No estoy diciendo que lo local y lo orgánico no sea algo genial, pero no es la única vía.

Cuanto más interconectado está el mundo, más difícil es saber qué es lo correcto. Fórmate tus opiniones con cuidado, pero permanece abierto a la idea de que en la historia de cada alimento hay diversos lados.

EL ABONO DE UN HOMBRE ES CAVIAR PARA OTRO

Soy un yonqui de los libros de cocina. Tengo en mi casa de Maryland una biblioteca de tal vez un millar de libros, y cuando no estoy viajando siempre estoy buscando ejemplares para ampliar mi colección. A mi mujer, esta afición mía la vuelve loca, especialmente las viejas primeras ediciones, que se han convertido en un hábito mío cada vez más caro. En mis estanterías puedes encontrar de todo; desde *The Virginia Housewife*, de Mary Randolph, hasta los cinco volúmenes del *Modernist Cuisine*, de Nathan Myhrvold. Pero hay una cosa que muchas de estas obras tienen en común, aunque sean muy distintas entre sí, y es que contienen por lo menos una receta que te enseña *a partir los tomates por la mitad y desechar las semillas.* ¿Desechar esas estupendas semillas? ¡¿Por qué?!

Puede que fuese joven e inocente cuando trabajaba en El Bulli, pero era lo suficientemente listo para saber que Ferran Adrià, nuestro intrépido líder, estaba cocinando algo muy grande. La lección principal que me enseñó entonces —y al resto del mundo en las siguientes décadas— fue que me lo cuestionase todo. ¿Por qué cubrir las carnes y el marisco con salsas intensas que disfrazan su sabor? ¿Por qué servir a los clientes solo un par de platos grandes de comida cuando puedes servirles docenas de pequeños bocados? ¿Por qué descartar muchas de las plantas que los agricultores se pasan la vida cultivando para nosotros? En El Bulli tratamos las semillas de los tomates, los pepinos y los calabacines como si fuesen caviar, y desarrollamos platos enteros alrededor de ellas.

Me llevé estas lecciones conmigo cuando crucé el Atlántico. En minibar hemos servido una ensalada de semillas de vegetales casi desde el día que abrimos, y sigue siendo uno de los platos más apreciados en un menú degustación que cuesta 200 dólares.

El cocinero doméstico puede aprender mucho del cocinero de restaurante en lo que se refiere a sacar el mayor partido de cada porción de un alimento. Los tallos del brócoli pueden saltearse en aceite de oliva con ajo y un toque de chile seco. Los recortes de los champiñones pueden transformarse en un estimulante caldo rico en umami. Las pieles de los cítricos pueden reservarse para adornar ensaladas o gin-tonics. Y esas semillas de vegetales que todo el mundo tira están esperando su gran momento.

UN TENEDOR ES MÁS PODEROSO QUE UNA ESPADA

Mis restaurantes en Washington D. C. están situados entre el Capitolio y la Casa Blanca, y suelen estar llenos de gente que hace que este país —u otros— funcione. He sido lo bastante afortunado para observar en primera fila las grandes cuestiones de nuestros días en lo que se refiere a la comida representadas en las salas del Congreso. Pero, al final, los cambios más grandes en nuestro sistema alimentario empiezan al final de tu tenedor.

El cambio real no se filtra desde arriba: se eleva desde abajo. La forma como elijas comer hoy puede ser una declaración política. Si compramos los ingredientes a gente que se preocupa de cómo se cultivan, podemos ayudar a aflojar el control de la agricultura industrial. Si comemos en restaurantes que respetan a sus empleados y cuidan a sus comunidades, poco a poco desplazarán a los que no lo hacen. Si apoyamos a las organizaciones que se dedican a dar de comer a la gente que no puede permitirse una comida nutritiva, podemos equilibrar las balanzas en un mundo que no siempre es justo.

Cada bocado que das puede cambiar el mundo. Sé que suena dramático, pero no haría lo que hago si no creyese en ello.

EXPANDE TU FORMA DE COMER

Soy tan español como Sancho Panza; tengo aceite de oliva en la sangre y azafrán en el alma. Pero también soy un orgulloso ciudadano de los Estados Unidos, un nómada por el mundo, y un chef con un restaurante mexicano, otro griego-turco-libanés y otro chino-peruano-japonés. No me da miedo la cocina mestiza.

Las raíces son importantes, siempre que no te retengan. Lo bueno de liberarte de cualquier lealtad es que te permite beneficiarte de la sabiduría colectiva del mundo.

Y en cuanto a nuestro miedo a la globalización y a cómo esta amenaza nuestra cultura gastronómica, no olvidemos que también ofrece algunas ventajas reales. Tenemos acceso a los ingredientes, las técnicas y las filosofías que definen miles de culturas culinarias distintas. Selecciona cuidadosamente lo mejor de cada una y aplica estos sabores y técnicas cada vez que entres en la cocina.

Me encanta la sencillez de los platos de verdura de la cocina española, que dependen de poco más que el mejor aceite de oliva y de tener cuidado con la sal, pero también adoro la complejidad y la sofisticación de los moles mexicanos y los wok chinos. En las páginas de este libro aprenderás cómo moverte constantemente por un mundo de comida sin fronteras.

CONOCE EL CAMINO HACIA LA VIRTUD

Igual que la mayoría de la gente guarda un mal recuerdo del tequila o el whisky, casi todo el mundo ha tenido pesadillas asociadas a las coles de Bruselas, los guisantes o la coliflor; una experiencia traumática de su infancia que llevan consigo como una herida de guerra. Hay un motivo por el cual a muchos de nosotros las verduras no nos entusiasman: no sabemos cómo tratarlas. Los chefs y los expertos en cocina pueden decir lo que quieran sobre la belleza de una calabaza de verano y la elegancia de una berenjena, pero nada de esto importa realmente hasta que aprendes cómo, por ejemplo, conseguir que una zanahoria tenga un sabor tan delicioso como un bistec de falda.

Esto significa que hay que dominar la técnica correcta para cocinar cada vegetal. Si creciste con miedo a las coles de Bruselas y a la coliflor, probablemente fue porque tu madre las hervía demasiado, cosa que destruye las células que liberan sulfuro de hidrógeno provocando ese olor a huevo podrido. En cambio, si las asas lentamente en el horno hasta que los azúcares naturales se caramelicen, soñarás despierto con estas *Brassica*.

HAZ DE LA COMIDA UNA PRIORIDAD

Comer bien se ha convertido en un asunto de clase.
Nuestro sistema alimentario está estructurado de tal manera que hoy la comida procesada es barata y los alimentos buenos y frescos son caros. Tenemos que hacer algo para cambiar esta tendencia, para eliminar los desiertos alimentarios, para dejar de usar dinero de los contribuyentes para subvencionar comida de mala calidad producida por grandes conglomerados agrícolas.

Pero el asunto va más allá. ¿Sabías que los norteamericanos son los habitantes del planeta que gastan una cantidad menor de sus ingresos en comida? Los japoneses dedican aproximadamente un 15 % de sus ingresos a la comida; los españoles, alrededor de un 20 %. ¿Los norteamericanos? Tan solo un 12 %. La buena comida cuesta dinero. No estoy hablando de pedir un préstamo para comer en un restaurante sofisticado. Un extra de 50 dólares al mes puede tener un impacto real en lo bien que comas. Si puedes permitirte pagar un poco más por obtener calidad, recuerda esto: cuanto mejor sea el ingrediente, menos tendrás que hacer tú. Si el tiempo es dinero, considera comprar buena comida como una inversión sólida.

HAZLO BONITO

No hay duda de que la gente muchas veces no se toma en serio las verduras; una pila de materia verde grisácea en un plato no ayuda a abrir el apetito. Tienes que dedicarles tiempo. Vestirlas de gala. Con esto no quiero decir que tus platos deben lucir como si los hubiesen elaborado un equipo de chefs armados con pinzas diminutas, pero deben abrirte el apetito cuando los miras.

La mayoría de los norteamericanos están acostumbrados a servir un par de montoncitos de verduras para acompañar una gran porción de proteína; un indicio claro de que la carne es la estrella y los vegetales son, como mucho, actores de reparto. ¡Basta! Las plantas merecen tener su propio lugar en la mesa. Sirve tus coles de Bruselas asadas en un bol amplio y poco profundo. Deja que esas zanahorias brillen en tu mejor plato.

Y no te olvides de la guarnición. Un buen aderezo puede aportar un impacto visual y de sabor muy importante con el mínimo esfuerzo. Hierbas aromáticas frescas, queso desmenuzado, frutos secos picados, aliños poco usuales como el za'atar y el furikake; tener solo unos cuantos ingredientes en la despensa te facilitará añadir un signo de exclamación de última hora a tu plato.

APRENDE A IMPROVISAR

En mis restaurantes usamos básculas digitales, circuladores térmicos y todo tipo de equipos y aparatos que nos ayudan a ser precisos. No es una pizca de sal, son 29 cristales. No son dos claras de huevo, son 47 gramos de claras.

Pero salvo que quieras convertir tu cocina en un restaurante temporal, o estés horneando tu primer suflé, cosa que implica química y requiere precisión, no tienes por qué seguir hasta el mínimo detalle las instrucciones de cada receta. Hay un tiempo y un lugar para un termómetro, una báscula o un vaso medidor, pero sobre todo quiero que cocines como yo cocino cuando estoy en Puerto Rico, intentando alimentar al mayor número posible de personas, o en el sur de España, cuando improviso una comida para mis amigos, o en casa con mi mujer y mis hijas un domingo lluvioso por la tarde: por sentimiento.

Esto significa confiar menos en el tiempo establecido en las recetas y más en tus sentidos: ¿las cebollas se ven caramelizadas? ¿El boniato huele como si ya estuviese bien asado? Significa sustituir ingredientes de forma inteligente. ¿No has podido encontrar tomillo fresco pero tienes orégano en la nevera? Ya sabes lo que tienes que hacer. Y significa, sobre todo, ir probando constantemente mientras cocinas. La única habilidad importante que debe tener un cocinero —desde los chefs de prestigio internacional hasta los guerreros de la cocina de fin de semana— es la de condimentar correctamente. Y la única forma de hacerlo bien es probar y ajustar, no solo los niveles de sal, sino también la acidez, el picante, y todo en general.

ENCIENDE EL MOTOR DE LAS PLANTAS

En este libro vas a leer sobre verduras que tal vez no encuentres en tu tienda habitual. Algunas puede que incluso ni siquiera en los mejores mercados agrícolas. No las incluyo en el libro para complicarte la vida, lo hago para plantar una semilla.

Antes de la década de 1980, el aceite de oliva virgen extra era difícil de encontrar en Estados Unidos. Cuando empecé a cocinar aquí nadie conocía ingredientes como el jamón o los pimientos del piquillo. ¡Cómo han cambiado las cosas!

Pero hay más ingredientes que me gustaría que se popularizasen aquí: habas frescas, como las que comemos en España, cocidas a fuego lento con verduras y brillantes de aceite de oliva; alcachofas de todos los tamaños, no solo la variedad grande; tallos gruesos de espárragos blancos, tanto en lata como frescos; diminutos guisantes lágrima, todavía en sus vainas, tan dulces y densos en su sabor que explotan como el caviar cuando los masticas.

Podría ponerme poético el día entero hablando de los guisos de alubias de mi infancia, pero solo hay una forma de que las alubias o los espárragos o las alcachofas que más me gustan traspasen fronteras: la demanda. Pregunta al encargado de la sección de frutas y verduras de tu tienda local. Rellena una solicitud para el buzón de Whole Foods. Molesta a los agricultores del mercado cada semana hasta que te hagan caso. Tal como decía el presidente Obama: *Somos el cambio que estábamos esperando.*

BUSCA LOS BOCADOS QUE TE CAMBIARÁN LA VIDA

Me encantan los libros de cocina; tengo miles en mi biblioteca y paso incontables horas perdido entre sus páginas. Ahora mismo te estoy hablando a través de las páginas de un libro de cocina. Pero aun así, reconozco que los libros de cocina tienen límites: por sí solos no pueden guiarte hasta esos momentos especiales y trascendentes con la comida. Comer una mazorca de maíz directamente del campo, descascarillarla y devorarla allí mismo, o coger un tomate de la planta y cortarlo en rodajas, de forma que derrame cálidas lágrimas en tu tabla de cortar; esos son momentos que solo tú puedes crear.

Después de plantar patatas en el huerto de mi casa, no pensé mucho en ellas hasta que un día frío de otoño salí con mis hijas para arrancarlas de la tierra, todavía húmedas y frescas, con el aroma dulce del barro pegado en sus pieles. Nos las comimos hervidas y con sal, así de simple. Mis hijas y mi mujer estuvieron calladas durante cinco minutos; una eternidad para mi familia. Casi no hemos podido comer otras patatas desde entonces.

Los guisantes baby de España, las clementinas del valle de Ojai, en California, las manzanas del norte de Mayne... Comer cualquiera de estos productos puede ser un momento culinario de los que te cambian la vida. Cuando los pruebes, entenderás lo increíblemente simples que pueden ser los ingredientes. Esto es lo que buscamos en este libro. A veces estos bocados que te cambian la vida te encuentran, pero normalmente tienes que buscarlos: debes conducir un poco más, pagar un poco más, y quizá hacer lo contrario de lo que hacen los demás para que la comida sea una experiencia en lugar de una mera sustancia. Encuentra a las personas y los lugares que pueden ofrecerte una pequeña dosis de perfección.

ÍNDICE DE PLANTAS

El mundo vegetal en números

10
Porcentaje de norteamericanos que comen las cantidades diarias recomendadas de fruta (340-450 g) y verdura (450-675 g).

42
Porcentaje de norteamericanos que no consumen fruta ni verdura regularmente.

126
Kilos de carne que consume anualmente el norteamericano medio.

84
Kilos de verduras que consume anualmente el norteamericano medio.

5,2 millones
Muertes anuales atribuibles a la falta de fruta y vegetales frescos en la dieta.

2,50 dólares
Coste diario en Estados Unidos de la cantidad recomendada de fruta y verdura.

153 millones
Kilos de fruta y verdura que los norteamericanos desperdician a diario.

165 mil millones de dólares
Coste de la comida que los norteamericanos tiran en un año.

50
Porcentaje del aumento del desperdicio de comida desde 1990.

12
Porcentaje de los ingresos que los norteamericanos gastan en comida.

19
Porcentaje de los ingresos que el resto del mundo gasta en comida.

6,2 mil millones de dólares
Cantidad de dinero del contribuyente en Estados Unidos dedicado a subvencionar el maíz.

75
Porcentaje de comida procesada norteamericana que contiene maíz (especialmente como edulcorante).

40
Porcentaje del consumo de vegetales en los niños norteamericanos que procede de las patatas fritas.

3
Número de variedades de patata disponibles en un mercado estadounidense corriente.

38
Número de sabores de Mountain Dew (refresco) disponibles en el mercado norteamericano.

420
Número de calorías al gastar 1 dólar en un refresco.

39
Número de calorías al gastar 1 dólar en un brócoli ecológico.

496
Incremento del porcentaje de mercados agrícolas en Estados Unidos durante los últimos veinte años.

1,5 mil millones de dólares
Cantidad de dinero recaudado en 2017 por las quince empresas emergentes más importantes en la industria de la comida.

14
Número de dichas empresas dedicadas a los productos vegetales.

CAPÍTULO **DOS**

MI FORMA
DE COCINAR

CÓMO HERVIR AGUA

Vamos a empezar con el ingrediente más elemental de todos: el agua.

Cuando empecé a hablar de este libro con Matt, me hizo tantas preguntas técnicas sobre cuál era la mejor forma de cocinar cada tipo de verdura que no pude evitar mirar al cielo con desesperación. Todos los escritores culinarios quieren hablar de la comida como si fuese un gran secreto que solo ellos pueden desvelarte. Dame un respiro.

Pero él continuó azuzándome, así que al final le dije la verdad: mi forma favorita de cocinar verdura es al estilo clásico: en una olla con agua hirviendo.

Lo sé, hervir no es atractivo. O por lo menos ese es el punto de vista dominante. Hornear, freír, saltear, asar a la parrilla; eso es lo que a la gente le gusta. Los vegetales hervidos no son sofisticados ni sexis. (¿Cuándo fue la última vez que viste a alguien que colgase en Instagram una ración de col hervida?).

Pero en el fondo sigo creyendo que no hay nada mejor que un humilde vegetal cocido en agua caliente. No es solo la pureza del sabor; el agua te proporciona un control total de su textura y su condimento. Por eso siempre hervimos todas nuestras verduras *à la minute* (al momento) en Beefsteak, y ahora tenemos gente haciendo cola en la puerta para comerlas.

El agua es la mano invisible del mundo culinario, la fuerza silenciosa e incansable que está presente en todo lo que hacemos en la cocina. Es un mensajero de calor, un recipiente de sabor, un guardián de la estructura, un donante de vida.

Quiero enseñarte a ser un *jedi*, a canalizar la fuerza de formas poderosas que aportarán equilibrio a tu universo. Quiero que seas el Luke Skywalker o la Rey del mundo vegetal.

Además de condimentar correctamente, aprender a manejar la evaporación al cocinar puede que sea la habilidad más importante en la cocina. ¿Durante cuánto tiempo hay que hervir la salsa de tomate? ¿En qué punto un vegetal está perfectamente suave y jugoso? ¿Tengo que cubrir el estofado con una tapa o dejarlo destapado?

A continuación te propongo unas cuantas píldoras de sabiduría acerca del agua que he ido adquiriendo en estas décadas en la cocina:

1

La cantidad de agua que uses importa. A la gente le encanta decir que cocina las verduras en enormes ollas de agua. Pero en el momento en que un vegetal rompe la superficie del agua, se convierte en un caldo, un líquido que proporciona sabor a todo lo que toca. Cuanta más agua se use, menos sabroso será el líquido. Hay que cocinar las verduras solo con el agua suficiente para cubrirlas.

2

Sazonar el agua para cocinar es casi tan importante como condimentar la comida, ya que sazonará los alimentos que se le añadan. El agua debe estar perceptiblemente salada, como el agua de mar. Prueba el agua para cocinar y ajusta el nivel de sal del mismo modo en que lo harías con una sopa.

3

El agua para cocinar puede convertirse en una salsa. Una de mis formas favoritas de cocinar verduras es usar el agua justa para que en el momento en que los vegetales estén tiernos el agua se haya reducido a dos dedos de rico caldo que ungirá las verduras.

4

El agua puede ser una herramienta. Utilízala para desglasar un sartén en la que se hayan salteado setas o calabacines, o para ayudar a que la cebolla se caramelice.

5

Tienes que saber cuándo poner una tapa. La tapa mantiene la humedad, de modo que úsala cuando quieras crear vapor o mantener el mismo nivel de agua durante toda la cocción. En todos los demás casos, cocina sin tapa, para permitir que el agua se evapore y los sabores se concentren.

6

Nunca deseches el agua de cocinar. Es un líquido muy preciado. En España nos gusta servir las verduras en el propio líquido que sueltan al ser cocinadas, o guardamos el agua de la cocción para usar como caldo para preparar otros platos.

MINIENSAYO

EL CALDO MAESTRO

Junto con asar carne sobre el fuego, hacer sopa debe de ser el método más antiguo de cocinar. Me gusta pensar en los primeros humanos reunidos junto al fuego, calentando una olla de terracota con agua y cualquier cosa que hubiesen podido recolectar aquel día. No hay nada más natural, más cercano a lo que somos como especie. Y si es cierto que Prometeo creó al hombre a partir del barro, cocinar una sopa o un caldo en una olla de barro nos devuelve a nuestras raíces. Por eso me gusta cocinar los caldos en recipientes de terracota.

En la actualidad, cuando hablamos de caldo estamos hablando de huesos. Nos volvimos tan locos por los huesos que en algún momento llegamos a cambiarle el nombre por el de *caldo de huesos*. (¿Quién dio el visto bueno a esto, por cierto? No lo entiendo). Los huesos son increíbles; aportan profundidad, cuerpo y sensación en boca a los caldos.

Pero también tenemos los *huesos* de los vegetales: pieles y corazones, tallos y semillas. Normalmente los desechamos, y eso tiene que cambiar. Guarda un bol en la nevera y cada vez que peles una zanahoria, una patata o una cebolla, añade las pieles o los recortes al bol. Las pieles del ajo, las hojas externas de coles y lechugas, los tallos de brócoli... ¡todos al bol! Cuando tengas medio kilo o un kilo de restos, lávalos, córtalos en trozos, ponlos en una olla, cúbrelos con agua y ponla al fuego.

Por supuesto que puedes preparar un gran caldo con verduras enteras o cortadas (te doy una receta en la página 33), pero el *caldo de restos* es el que quiero que hagas primero, dándole una segunda vida a desechos de verduras que de otro modo desaprovecharías. Sobre todo, no lo llames *caldo de huesos de verdura*.

ESTRATEGIAS PARA PREPARAR UN CALDO DE VERDURAS

1
Asar o saltear las verduras (o los restos de verdura) primero añadirá profundidad al sabor del caldo.

2
Para maximizar la extracción del sabor, corta los vegetales en trozos pequeños. A veces, incluso utilizo una picadora de carne o un robot de cocina para triturar las verduras en trozos diminutos.

3
Si tienes una olla exprés, es el momento de utilizarla. Puedes preparar un caldo impresionante en una olla exprés en solo 15 minutos.

4
Juega con tus ingredientes. El otro día hice un caldo con restos de calabaza y pieles de manzana. Le añadí un poco de vino que tenía en la nevera y lo terminé con hierbas aromáticas fuera del fuego. Increíble. No hay apenas límites en lo que puedes usar para preparar caldos interesantes.

CALDO VEGETAL

2 cucharadas de aceite de oliva virgen extra.

450 g de cebollas cortadas por la mitad.

2 o 3 dientes de ajo cortados por la mitad.

1 puerro (solo las partes blancas y verde pálido), lavado y cortado en trozos muy finos.

1 manojo pequeño de apio, cortado a dados.

2 zanahorias, cortadas a dados.

2 hojas de laurel.

1 cucharada de granos de pimienta negra enteros.

1 puñado de perejil picado toscamente.

1 puñado de tomillo picado toscamente.

3,75 l de agua.

Calienta el aceite de oliva en una olla sopera a fuego medio. Añade las cebollas y el ajo y cocínalos unos 10-15 minutos, removiendo frecuentemente, hasta que estén traslúcidos. Agrega el puerro, el apio, las zanahorias, las hojas de laurel, los granos de pimienta, el perejil y el tomillo y cocínalos, removiendo de vez en cuando, durante 10 minutos.

Incorpora el agua y llévala a ebullición. Luego baja el fuego a intensidad media-baja y cuece a fuego lento hasta que el líquido se reduzca un 25-30 por ciento y adquiera un sabor vegetal intenso (alrededor de 1 hora). Cuela el caldo y deja que se enfríe. El caldo puede conservarse en la nevera unos días o en el congelador unos meses.

CALDO DE RESTOS
(ALIAS CALDO DE COMPOST)

Considera esta receta un punto de partida. Puedes agregar o eliminar restos de vegetales dependiendo de lo que tengas en casa. Pero intenta incluir siempre el alga kombu y los champiñones, porque le aportarán intensidad al sabor del caldo.

450 g de recortes de coliflor.

340 g de recortes de champiñones.

340 g de recortes de berenjena.

225 g de pieles de patata.

115 g de recortes de coles de Bruselas.

55 g de pieles de zanahoria.

55 g de setas shiitake secas.

15 g de alga kombu.

3,75 l de agua.

Precalienta el horno a 180 °C.

Extiende todos los recortes de verduras en dos bandejas para horno y ásalos, removiendo muy de vez en cuando, durante 30-45 minutos, hasta que empiecen a desprender su aroma sin estar quemados.

Agrega las verduras asadas, las setas shiitake secas, el alga kombu y el agua en una olla sopera grande y llévala a ebullición. Después rebaja el fuego a intensidad media-baja y deja cocer a fuego lento alrededor de 1 hora, hasta que el líquido se haya reducido un 25-30 por ciento. Cuela el caldo y deja que se enfríe. Puede conservarse unos días en la nevera o unos meses en el congelador.

LOS MOVIMENTOS QUE IMPORTAN

1 APROVECHAR LA ACIDEZ

Muchas veces, lo que falta cuando cocinamos en casa es un poco de acidez. Un poco de limón exprimido sobre el brócoli asado o unas cuantas gotas de vinagre de Jerez mezcladas en un bol de lentejas pueden marcar la diferencia entre algo bueno y algo genial. Añadir un toque de acidez es como ese último movimiento de las lentes de la cámara, cuando todo se vuelve nítido.

2 SAZONAR DE FORMA ADECUADA

Saber cómo sazonar la comida de forma adecuada es la habilidad más importante de todas, y solo puede alcanzarse la maestría con el ensayo y el error. No me molesto en decir *sazona al gusto* cuando se habla de ello, porque siempre debe ser *al gusto*. A no ser que estés preparando algo que no puedas probar en crudo (y, en ese caso, se especificará una cantidad en la lista de ingredientes), siempre debes agregar sal (y pimienta, y condimentarlas con otra cosa, desde limón a copos de chile) y probarlo hasta que esté a tu gusto. Recuerda: siempre puedes añadir más sal o cualquier otro condimento, pero no puedes eliminarlos.

3 EL PUNTO DE COCCIÓN DE LOS VEGETALES

Los vegetales pueden presentarse en todos los grados de cocción. En la actualidad, los chefs norteamericanos prefieren cocinar las verduras al punto medio-poco hechas y, sin duda, el tallo del primer espárrago de la temporada sabrá mejor si está un poco crujiente. Pero yo no siempre quiero una judía verde crujiente; a veces prefiero una supertierna que grite *¡Cómeme!*. Necesitamos reaprender lo que los primeros cocineros norteamericanos ya sabían: las verduras cocinadas lentamente y bien hechas pueden ser deliciosas. Las recetas de este libro (como las judías verdes estofadas de la página 148) te convencerán de ello.

4 LA GUARNICIÓN

Cualquier plato que prepares saldrá ganando con una guarnición, una floritura de último segundo que añade sabor, textura e incluso belleza. Los chefs se obsesionan con las guarniciones, y reconozco que a veces nos excedemos, pero si quieres llevar tu comida a otro nivel, empieza a pensar en los aderezos. Las hierbas aromáticas, los frutos secos y las semillas son las opciones obvias, pero a veces funciona reutilizar los ingredientes principales del plato como guarnición: tallos de brócoli para una pasta de brócoli, zanahoria rallada encima de un bol de zanahorias asadas lentamente, o una salsa con tropezones de tomate y pepino para un gazpacho.

5 EXPRIMIR

Nada se acerca más al sabor puro de un vegetal que su zumo. Las licuadoras pueden ser caras, pero cuando empieces a preparar jugos de vegetales verás que podrás conseguir resultados muy emocionantes (véase la página 71 como muestra). Intenta glasear zanahorias con zumo de zanahoria, o guisantes con zumo de guisante, o aliñar una ensalada con una vinagreta hecha con parte de su propio jugo. (Si no tienes licuadora, puedes comprar algún zumo de alta calidad de zanahoria, granada o incluso remolacha para usarlos en tus platos).

6 ESCALDAR Y PELAR

No hay nada que odie más que coger un poco de un plato increíble y notar la resistencia de la dura piel de un vegetal. Tal vez sea solo una extraña fobia alimentaria mía, pero verás que muchas de las recetas de este libro implican escaldar y pelar verduras (especialmente tomates). Si las pieles no te molestan, puedes saltarte esta parte, pero no sé si vamos a poder ser amigos.

7 ESCOGER EL ACEITE

En el proceso de creación de este libro se utilizaron cientos de litros de aceite de oliva. Hay muchos chefs que piensan que cada plato requiere un tipo distinto de aceite, pero yo no soy uno de ellos. Soy español, de modo que por mis venas corren ríos dorados de aceite de oliva prensado en frío. Hay muy pocos vegetales que no mejoren con un aceite de oliva rico, aromático, herbal y sabroso. Compra un buen aceite de oliva virgen extra –hecho con la primera prensa en frío de las olivas– por litros y no escatimes en la cocina.

LA DESPENSA DE LOS AMANTES DE LAS VERDURAS

La mejor forma de describir mi despensa es decir que Occidente se encuentra con Oriente. Concretamente, España se encuentra con Japón. España por razones obvias, y Japón porque su comida me inspira desde hace mucho tiempo, y la despensa japonesa está llena de elegantes pero potentes realzadores del sabor. Por fortuna, cada vez tenemos acceso a más sabores de todo el mundo. Aprovecha la ocasión; tus verduras te lo agradecerán.

1 · ACEITE DE OLIVA VIRGEN EXTRA

Está claro que quienes te dicen que no cocines con aceite de oliva virgen extra nunca han estado en el Mediterráneo. Es el principio y el final de casi todo lo que cocino. Si lo aplicamos a la cocina, puede que el aceite de oliva de Italia sea más famoso, pero España lo hace mejor. Guarda siempre dos botellas en la encimera, una para cocinar y otra de mejor calidad para terminar los platos. Algunos de mis aceites favoritos son Casas de Hualdo, Núñez del Prado, Marqués de Griñón y Castillo de Canena.

2 · FURIKAKE

Cada mes paso horas en los mercados asiáticos en expansión de Falls Church, en las afueras de Washington, y cada vez vuelvo a casa con una nueva versión de una combinación de especias japonesas, una mezcla de semillas de sésamo, algas, hojuelas de bonito y otros ingredientes. Como casi todo lo que vale la pena en la cocina japonesa, contiene un toque umami, pero también aporta textura al plato. Mis hijas le pondrían furikake a cualquier cosa.

3 · PIMENTÓN

El pimentón, que muchas veces –aunque no siempre– es ahumado, cruzó el Atlántico para instalarse en los supermercados estadounidenses hace unos años, buena señal de que los sabores españoles estaban colándose en el ADN de la forma de cocinar norteamericana. Las sopas, los guisos, el sofrito… todo mejora con unos toques de pimentón ahumado. Hay distintos tipos de pimentón, pero mi favorito es el agridulce, y el mejor de todos es el pimentón de La Vera, que se produce con pimientos ahumados de Extremadura. (Se ha usado pimentón agridulce en todas las recetas de este libro, pero puedes probar con el picante, o incluso con pimentón sin ahumar).

4 ZA'ATAR

Esta mezcla de hierbas aromáticas y especias forma parte de la cocina de Oriente Medio desde hace siglos. Hay tantas versiones de za'atar como granos de arena existen en el mundo, pero básicamente encontrarás una mezcla de tomillo, orégano y semillas de sésamo. Pongo za'atar en el arroz de mis tacos de algas y lo espolvoreo sobre verduras hechas al horno o a la parrilla, como cebollas, calabacines o zanahorias.

5 PIPARRAS

Las piparras son pimientos verdes encurtidos del País Vasco, que provocan un ardor suave pero persistente. Las encontrarás en toda clase de tapas y pinchos, desde la ensaladilla rusa hasta el que se considera el primer pincho, la llamada *gilda*, una brocheta con una oliva, una anchoa y una piparra. Me encantan en un Bloody Mary.

6 HARISSA

La sriracha, o chile fermentado, se convirtió en la típica salsa que tenías en la nevera y que le añadías a todo, pero siempre me ha parecido un poco plana; no soy un gran amante del picante, para empezar. Pero la harissa, hecha con una mezcla de pimientos, ajo y especias, tiene complejas capas de sabor que acompañan el picante.

RALLADOR ZESTER DE MICROPLANE®

Este es muy obvio: barato, ligero, multiusos. Puedes rallar queso, ajo o jengibre, raspar la piel de los cítricos o rallar nuez moscada u otras especies enteras encima de tu comida.

MANDOLINA

Las elegantes mandolinas francesas de acero inoxidable forman parte desde hace mucho tiempo de la cocina profesional, pero yo recomendaría las versiones japonesas, como la Benriner, que cuestan menos de 35 euros y son mejores para usarlas en casa. Obtendrás un utensilio de plástico duro con hojas intercambiables que cortarán en rodajas y en juliana más rápido que un Iron Chef.

PELADOR DE VEGETALES

Con un buen pelador puedes quitarle la piel a frutas y verduras, extraer rizos finos de queso duro y quitar bonitas tiras de piel de los cítricos sin pieles blancas para añadir a bebidas o salsas. Todo por menos de cuatro euros.

OLLA A PRESIÓN

Nada concentra más sabor en menos tiempo que una olla a presión. En Norteamérica, Instant Pot® es lo último, y definitivamente funciona bien, pero yo estoy chapado a la antigua. Los cocineros norteamericanos suelen sentirse intimidados por el calor y la presión, pero todas las abuelas de España tienen una olla a presión en su cocina. Puedes preparar arroz en seis minutos (véase la página 246) e increíbles caldos de verduras en media hora que deslumbrarán a todo el mundo.

TÚRMIX

Esta varita mágica vale su peso en azafrán. Hace todo el trabajo de una batidora industrial —batir mayonesa y otras emulsiones, preparar batidos, convertir las sopas en puré y terminar salsas—, pero es más barato, portátil y más fácil de limpiar.

ARROCERA

Como dice mi amigo Ming Tsai, hay un motivo por el cual mil millones de personas en Asia tienen arroceras en casa: les permite preparar un arroz perfecto mientras cocinan otras cosas. Pero una arrocera hace más que cocer arroz al vapor: puedes usarla para cocinar guisos o sopas, escalfar fruta y otra docena de cosas distintas.

RALLADOR DE VEGETALES

El yang para el yin del pelador. Los tailandeses lo usan para la ensalada de papaya verde, y tú también deberías hacerlo, pero también puedes usarlo para conseguir cintas finas, o *pasta* de cualquier cosa, desde manzanas hasta calabacines.

LICUADORA

Lo sé, son caras y ocupan un espacio considerable en la encimera, pero una buena licuadora es una inversión que merece la pena. Y sí, funciona bien para preparar un vaso de col rizada-jengibre-lo que sea por la mañana, pero además de eso, una licuadora sirve para cocinar. El jugo es la fuerza multiplicadora del mundo vegetal. Macera las manzanas en zumo de manzana, hierve a fuego lento las zanahorias en zumo de zanahoria, sirve los guisantes baby en un caldo hecho de sus propias vainas; este es el nivel de cocina que te permite una buena licuadora. Soy muy fan de todos los productos de Breville, y especialmente de sus licuadoras.

CAPÍTULO **TRES**

ENSUCIARSE

LOS ONCE MANDAMIENTOS DE LA

1 **No lo hagas.**
Podría matarte.

2 **Cualquiera puede cultivar cualquier cosa.**
Solo necesitas amor… y paciencia… y talento… y…

3 **Amplía tu idea de huerto.**
No necesitas un jardín o un patio grande: cajas de madera, carretillas, ruedas usadas, peceras y sartenes y ollas viejas pueden ser excelentes macetas.

4 **La horticultura es en parte arte, en parte ciencia.**
La parte científica implica entender el terreno, la temperatura, el nivel de pH, el comportamiento de las semillas y mucho más. El arte supone saber cómo amar tus plantas sin asfixiarlas.

5 **¿Qué haría la Madre Naturaleza?** Nunca dejes de hacerte esta pregunta. Ella sabe más que nosotros.

6 **Ten cuidado con la fauna local.** La horticultura es tanto una batalla contra ciervos y ardillas como contra los elementos. Propongo que coloques redes o cercas, o quizás una cúpula grande con ventilación que cubra todo el huerto.

7 **Cultiva en interiores.**
La tecnología nos ofrece en la actualidad extraordinarios sistemas que nos permiten cultivar lechuga, hierbas aromáticas y verduras baby al lado de nuestra lavadora y nuestra secadora. Puedes ver algunos de mis huertos de interior favoritos en las páginas 56, 86 y 136.

8 **Si no usas compost, todo el mundo pierde:** la tierra, los vegetales que cultivas e incluso el basurero, que podría trabajar mucho menos si simplemente devolvieses los recortes de vegetales al lugar que les corresponde.

9 **No todo lo que cultivas en tu propio huerto es mejor.**
Sería de locos creer que podemos cultivar mejor un tomate que un agricultor que dedica su vida a ello. El regalo más preciado que me ha hecho la horticultura es comprender en profundidad el esfuerzo que significa cultivar comida y alimentar a las personas.

10 **No cultives un huerto pensando que te ahorrarás dinero.** Cuando hayas terminado, verás que esos espárragos cultivados en casa te han costado una pequeña fortuna.

11 **Como casi todo en la vida, en horticultura lo importante es el camino, no el destino.** Todos los días me levanto ansioso por ver cuánto ha crecido mi albahaca y cómo están mis zanahorias, y ese es el motor que me hace seguir adelante.

HORTICULTURA CASERA

MINIENSAYO

HUERTOS DEL FUTURO

Hace unos años empecé a experimentar con la horticultura de interior. Empecé con un AeroGarden®, un macetero inteligente que usa luces led y cápsulas de semillas para que puedas cultivar hierbas aromáticas y lechugas. Las sustancias verdes crecieron muy rápido —*¡5 veces más rápido que la tierra!*, dice el eslogan promocional del producto— y enseguida estaba cortando albahaca y recogiendo lechuga romana e incluso arrancando tomates directamente de la encimera de mi cocina. No hay nada más frustrante para quien cocina en casa que gastarse cerca de tres euros en un puñado de orégano fresco para usar solo cinco hojas en una receta y ver cómo el resto se pudre en la nevera. Y ahora tenía una solución simple al alcance de la mano. Estaba entusiasmado.

Dos años después, la colección de artilugios de último modelo sigue creciendo: densos estantes de hojas tiernas de Farmshelf, elegantes kits para cultivar setas de Back to the Roots, o el precioso Tower Garden (en la fotografía de la página anterior), en el que resplandecen pequeñas plantas verdes justo al lado de la mesa de futbolín de mi familia. Incluso tengo un lecho de brotes que crecen encima de una pecera: los nutrientes de los brotes caen en el agua y alimentan a los peces. Mi casa es como una incubadora para el mundo de la comida futurista.

En parte parece una novedad, pero hay mucha sabiduría en estos pequeños huertos. Hacia el año 2050, el planeta tendrá 9,5 mil millones de habitantes. Eso son muchas bocas que alimentar, muchos estómagos que llenar. Cada pequeño gesto ayuda: cada hierba aromática, cada hoja de lechuga, cada brote y cada flor que podamos hacer brotar de las profundidades de la tierra.

Necesitamos reconsiderar no solo nuestra forma de cultivar la comida, sino también el lugar. Mi amigo Ángel León, chef del restaurante Aponiente en El Puerto de Santa María (Cádiz), galardonado con tres estrellas Michelin, lo ha entendido. Ángel lleva mucho tiempo investigando sobre el potencial del océano para aportarnos comida más allá del pescado. Cultiva una docena de tipos de algas marinas. Aprovecha el poder del fitoplancton para crear nuevos platos. Actualmente está trabajando en el cultivo de granos en el suelo del océano. ¡Imagina las vidas que podríamos cambiar si aprendiésemos a cultivar cereales y verduras en el océano!

Más cerca de casa, espero presenciar un cambio estratégico en el lugar donde cultivamos nuestras verduras de hoja más delicadas. Del mismo modo que las empresas que fabrican las distintas partes de los coches ahora construyen sus fábricas cerca de las plantas de ensamblaje de automóviles, deberíamos cultivar nuestras hierbas aromáticas y nuestras verduras y brotes cerca de los supermercados. ¿Por qué pagar para transportar pequeños manojos de tomillo y estragón a lo largo de miles de kilómetros cuando podemos cultivar las hierbas de forma más eficiente justo al lado de donde el consumidor las compra? Ese es el futuro, estoy convencido de ello. Solo es cuestión de tiempo que surja una empresa inteligente y ambiciosa que dé con el sistema apropiado para hacerlo.

Mientras tanto, tómate la justicia por tu mano y monta un huerto de nueva generación en tu casa. En un mundo más perfecto, cada nueva cocina incluiría algo más que un microondas y un lavavajillas: tendría también un minihuerto dentro. Los huertos no son solo una fuente de comida sana y deliciosa; también son bonitos, tanto que llevo ahorrando dinero en flores desde que empecé a cultivar en interiores (aunque mi mujer me recuerda que espera recibir de vez en cuando el ramo clásico).

CARTAS DE AMOR

LA MIEL

Mi mujer se puso nerviosa cuando le dije que quería recolectar mi propia miel. *¿En serio, José?*, preguntó, con esa mirada agridulce de escepticismo que ha perfeccionado después de veinte años de matrimonio. Me costó un poco convencerla, pero puedo ser muy persuasivo (léase cabezota) cuando quiero algo.

Tampoco es que soñase con ser un magnate de la miel. El motivo real por el que empecé el proyecto de la miel es que, a los catorce años, mi hija Inés desarrolló una serie de alergias y yo había leído que la miel local puede ser un antídoto muy eficaz contra ellas, de modo que hice lo que cualquier padre haría: invité a decenas de miles de abejas a mi jardín.

Ahora tengo dos colmenas integradas en el pequeño bosque de pinos detrás de nuestra casa, en Bethesda. Uso Flow® Hive, un sistema revolucionario que idearon un padre y un hijo en Australia. Desarrollaron una colmena en la que no es necesario abrir y retirar los panales en su interior para raspar la miel. En lugar de eso, solo tienes que hacer girar una boquilla y observar cómo la miel empieza a salir del grifo. Es más seguro y fácil, tanto para ti como para las abejas.

Por supuesto, cuando empecé no sabía nada sobre la compleja vida de las abejas, por lo que pedí ayuda a un amigo, Germán Perilla, un experto en abejas reconocido mundialmente que da la casualidad de que vive cerca de casa. Tal y como él me explicó, necesitamos a las abejas. Más del 50 % de nuestras frutas y verduras dependen de estos insectos para su polinización. ¿Qué haríamos si no existiesen las abejas? ¿Iríamos de flor en flor en nuestros días libres y las polinizaríamos a mano? Sin abejas, el mundo vegetal se vendría abajo y por eso el colapso de colonias —un proceso mediante el cual las abejas obreras abandonan las colmenas de forma masiva— es un fenómeno tan grave. Personas brillantes como el profesor Perilla trabajan duro para descubrir la causa de este proceso y cómo revertirlo; mientras tanto, puedes poner algo de tu parte manteniendo tus propias abejas (o, siendo más realista, comprando miel de apicultores locales).

Piensa en la miel como piensas en el vino: un mundo complejo de sabores, colores y texturas. En Estados Unidos hay más de trescientos tipos de miel, que se extraen de las flores de cualquier cosa, desde los aguacates hasta los arbustos de arándanos, pasando por el laurel de San Antonio. Sale lista para ser consumida y nunca se estropea. La miel que se encontró en las tumbas egipcias tenía cinco mil años de antigüedad y todavía era perfectamente comestible. ¡Increíble!

Ya sabes lo que dicen: no se es realmente una familia hasta que os habéis puesto un uniforme blindado y habéis recolectado miel juntos. Y nosotros lo hacemos: mi mujer, mis tres hijas y yo nos ponemos nuestros trajes de apicultores unas cuantas veces al año y vamos hasta las colmenas. Recogemos unos ocho litros de miel al año; lo suficiente para bañarse en ella, si es lo que te va. Yo utilizo la miel para todo menos para bañarme: mezclada en el yogur, batida en vinagretas, agitada en cócteles o salpicada en rodajas de boniatos asados.

Mi mujer, por su parte, ya está convencida: empieza el día con una cucharada de miel, directa del tarro. Y las alergias de mi hija se retiran cada primavera una vez el néctar dorado empieza a fluir.

JIM
CHURCHILL
ALIAS TANGERINE MAN (EL SEÑOR MANDARINA)

¡Hey! Señor Mandarina, cántame una canción; a ese vergel de cítricos jugosos llegaré siguiéndote...

Toda la vida he tenido algo especial con la clementina. Crecí cerca de Valencia, la capital mundial de las naranjas. Las clementinas eran tan baratas y deliciosas que, cuando era pequeño, las llevaba siempre en los bolsillos de camino al colegio. La gente habla del jamón, el aceite de oliva y el vino de España, pero pocas veces mencionan sus cítricos, que no tienen rival en ningún lugar del mundo. O al menos eso pensaba yo.

En el valle de Ojai, en California, hay siete hectáreas de vergeles escalonados donde se cultivan las que probablemente son las mejores mandarinas del mundo: muy pequeñas y fáciles de pelar, con gajos sin semillas y sin pieles blancas y un maravilloso equilibrio entre acidez y dulzura en su sabor. La primera vez que fui a California con mi familia no fuimos a Disneyland. Tampoco fuimos a la playa. Fuimos a un vergel para conocer al Señor Mandarina.

Jim Churchill se tropezó con el negocio de los cítricos, literalmente. Cuando empezó a trabajar en el huerto de árboles frutales de su padre en 1979, en la propiedad solo crecían aguacates Bacon, y, sí, suena delicioso, pero las raíces de los árboles se pudrieron. Un día, Jim estaba ayudando a clasificar fruta en un centro empaquetador local y se

encontró con un cítrico que no había visto nunca: la poco conocida mandarina Pixie. Probó un bocado y su mente se iluminó como el paisaje nocturno de Las Vegas. Sustituyó los aguacates enfermos por ochenta árboles de Pixie y empezó a crear un nicho de mercado para su pequeña y perfecta fruta. Hoy día, Jim y su mujer, Lisa, poseen un millar de árboles de mandarina Pixie, además de media docena de otros cítricos extraordinarios que no encontrarás en ningún otro sitio: Kishu, Oro Blanco y Celestial Golden Juice Queen.

El valle de Ojai es muy caluroso durante el día. Por la noche llegan las brisas del océano para refrescar los árboles y aportarles el profundo sabor yin-yang que anhelo desde mi infancia. Jim dice: *Cualquier persona puede cultivar algo dulce. Es la acidez lo que te obsesiona.*

Los chefs de la Costa Este solían mofarse de los chefs de California que sirven una simple pieza de fruta como postre en sus sofisticados restaurantes. Pero cuando probé la mandarina Pixie de Churchill lo entendí todo. Esta fruta es una colaboración entre la Madre Naturaleza y el Señor Mandarina, y es mejor que los chefs se mantengan al margen.

Desde aquel primer viaje a Ojai hace unos años, he encargado unas cuantas cajas de mandarinas y clementinas de Jim y Lisa cada invierno. Cuando a principios de enero aparecen en nuestra puerta es como si fuese otra vez Navidad: nos sentamos y desenvolvemos nuestra preciada fruta, pieza a pieza, y las cáscaras se apilan formando grandes montañas naranjas en la mesa de nuestra cocina.

Hace años que Jim y Lisa podrían haberse hecho ricos vendiendo su tierra y retirarse, pero han elegido continuar trabajando el terreno y difundiendo el evangelio de las Pixie. Solo alguien muy especial puede mostrar semejante dedicación a una sola labor: una vida construida alrededor de un solo bocado. Yo hago todo lo contrario —un millón de cosas a la vez, intentando entregarme a cada una de mis pasiones—, pero lo que hago no podría hacerlo sin personas como el Señor Mandarina.

PARA 4 PERSONAS

PATATAS COMPOST

*Puede que esta sea la receta más descabellada que me he inventado, concebida en
un arrebato de pasión. Matt y yo nos pasamos un largo fin de semana cocinando
las veinticuatro horas del día en mi casa en Maryland. Tenía a las últimas patatas
violeta de mi jardín mirándome fijamente desde la encimera. Casi sin pensar, cogí
el filtro de café de nuestra cafetera y vertí los posos en una bandeja de horno.
Luego dispuse las patatas encima y vacié mi cubo de compost sobre ellas. Suena a
disparate, pero tiene sentido: era el mismo compost que va a la tierra donde crecen
esas patatas. El círculo de la vida. O algo así.*

Posos de café.

675 g de patatas autóctonas.

**Recortes de verduras de tu cubo
de compost.**

Sal.

**Romesco (página 337) o mojo verde
(página 331) (opcional).**

Coloca una rejilla en el centro del horno y precaliéntalo
a 200 °C.

Esparce los posos de café en el fondo de una bandeja de
horno. Anida las patatas entre los posos y cúbrelas con unas
cuantas cucharadas de tu cubo de compost (evitando lo que
sea demasiado húmedo, como la pulpa de tomate o las
semillas de pepino). Hornea las patatas hasta que queden
blandas, durante 1 hora aproximadamente.

Saca las patatas del compost. Cuando estén lo
suficientemente frías para manipularlas, pélalas, sazónalas
con sal y ya estarán listas para comerlas, acompañadas de
romesco, mojo verde o tan solo de tu deliciosa curiosidad.

SIN RODEOS

Cuando pillas a José en medio de un momento especial, lo único que puedes hacer es apartarte de su camino.
Y es lo que sucedió con estas patatas asadas en compost, a primera vista no muy apetecibles, aunque tampoco
faltas de encanto. Según él, se deben comer solo con sal, o quizá con algo de *queso de la nevera*, pero si vas a
adentrarte en el abismo del compost, estoy seguro de que agradecerás acompañarlas con romesco o mojo
verde, o quizá un poco de mantequilla tostada aromatizada con hierbas, para el camino. –MG

CAPÍTULO **CUATRO**

PRIMAVERA

VIAJE DE PRIMAVERA

OHIO

The Chef's Garden, Huron, Ohio

🕐 **10:00** | *Martes, 23 de mayo*

Un equipo de quince chefs llena un pequeño auditorio, aferrándose a sus libretas, con expresión nerviosa y entusiasmada y un poco de resaca. De las paredes cuelgan fotografías de Charlie Trotter, Thomas Keller, Alain Ducasse y otros; titanes de la industria de la restauración que pisaron este suelo antes que nosotros, en busca de inspiración.

Un vídeo ilustra los altibajos de una de las fincas agrícolas más icónicas de América. Fundada por Bob Jones Sr. en la década de 1950, la empresa se declaró en bancarrota en 1983, al mismo tiempo que la agricultura industrial amenazaba las fincas agrícolas familiares de toda América. Sin embargo, la familia Jones reunió todos sus recursos y volvió a comprar algo más de dos hectáreas de tierras, con las que empezó a labrarse un futuro. El punto de inflexión llegó cuando una chef europea que cocinaba en Estados Unidos fue a Ohio y preguntó si los Jones podían cultivar flores de calabaza y vegetales baby, que no lograba encontrar en ningún sitio. La familia decidió centrarse en establecer relaciones con el creciente plantel de chefs de renombre mundial de Norteamérica y el Chef's Garden empezó a despegar. Treinta años después, con una mezcla de trabajo duro, innovación técnica y un terreno increíble, rico en limo del lago Erie que una vez cubrió estas tierras, cultivan vegetales que alimentan algunos de los mejores restaurantes del país.

Cuando se encienden las luces, Farmer Lee Jones, hijo de Bob Jr. y jefe del Chef's Garden, aparece ante nosotros; es una montaña de hombre vestido con un mono enorme y una pajarita roja. La sonrisa juguetona bajo el tupido bigote contradice la seriedad de su misión en el Chef's Garden.

Nuestra cultura agrícola es como la cultura de la medicina occidental: tratamos los síntomas, no la causa. ¿Manchas en la col? ¡Prueba con estos químicos! Pero deberíamos trabajar en armonía con la naturaleza, no tratando de ser más listos que ella. Es increíble lo que la Madre Naturaleza puede llegar a hacer si te apartas de su camino.

> Es increíble lo que la Madre Naturaleza puede llegar a hacer si te apartas de su camino.

Después, repasa un torrente de estadísticas preocupantes sobre el estado de la salud norteamericana, desde los índices de obesidad disparados hasta el abrumador incremento de las enfermedades cardiovasculares, la diabetes y el cáncer. *Hay una correlación directa entre el modo en que cultivamos y cómo nos sentimos.*

11:14 | *Martes, 23 de mayo*

A finales de primavera, la abundancia del Chef's Garden brinda a nuestra mirada una imagen poderosa: espárragos de todos los tamaños y colores; lechugas de todos los tonos del arcoíris, más de treinta variedades en total; diminutos guisantes, tan potentes que saben como una de las esferas concentradas que José prepara en sus restaurantes. Lee y sus agricultores nos llevan a uno de los extensos invernaderos de la granja, un espacio asombroso lleno de microhierbas, microlechugas, flores diminutas de nombres exóticos y aromas misteriosos.

Divirtiéndose con su reino vegetal y jactándose de sus últimas cosechas, Lee parece un Willy Wonka totalmente puesto de clorofila, instándonos a probar todo lo que vemos.

Los chefs olfatean las plantas, aprietan la delicada flora y se la ponen bajo la nariz. Las ideas revolotean frenéticamente: *Vamos a hacer un dashi claro en minibar y lo terminaremos con brotes de cítricos ¿Por qué no servimos una mezcla de flores picantes como aperitivo?.* JP, el barman coreano que se encarga de diseñar cócteles en barmini, está mezclando bebidas en su cabeza mentalmente: una medida de vodka infusionado con zanahorias, dos medidas de zumo de zanahoria crioconcentrado y algunos brotes de zanahoria diminutos esparcidos por encima.

Nos apelotonamos en una camioneta para tirar del tractor por toda la propiedad. José acribilla a los agricultores con el tipo de preguntas que, por las expresiones de sus caras —una mezcla de miedo y admiración—, no están acostumbrados a recibir.

En la tranquila amplitud del centro de procesado, mujeres con el pelo cubierto por redecillas y las manos protegidas por guantes de látex rellenan cajas rígidas de flores de calabaza, brotes de helechos y flores comestibles. Todo lo que hay aquí tendría cabida en una galería de arte: manojos de albahaca canela, tallos de espárragos violetas o rosas, zanahorias psicodélicas. Los chefs se arremolinan alrededor del contenedor de compost, asombrados por la calidad del producto que se considera demasiado dañado para ser vendido. Lee da su beneplácito, en cierto modo tibio, y se abalanzan sobre él, llenando sus bolsas como el Grinch que secuestra la Navidad.

José, como de costumbre, va un poco más allá. Se quita los zapatos y se sube a uno de los contenedores, nadando y riéndose a carcajadas entre las hojas de lechuga.

Asustado por lo que pueda ocurrir después, Lee se aclara la garganta. *Creo que para vosotros, chicos, ya es hora de empezar a cocinar, ¿no?*

🕧 **12:30** | *Martes, 23 de mayo*

Todos manos a la obra alrededor de la mesa redonda, aquí tenemos un elenco contundente de los mejores creadores de ThinkFoodGroup (TFG). Koji Terano, el chef japonés a cargo del departamento de I+D del Lejano Oriente. Bennett Haynes, el jefe de producción de la compañía.

Barman. Cocinero de partida. La galaxia de restaurantes de José requiere una investigación constante y su equipo posee el talento y los recursos para hacerlo al máximo nivel.

Rubén García, director creativo de TFG y mano derecha de José, lidera el cargo. *No necesitamos platos. Necesitamos construir cimientos que podamos llevarnos a Washington. Josh, tú has estado trabajando con fermentos. A ver qué puedes hacer en las siguientes cuarenta y ocho horas. Charisse, me gustaría que trabajases con las zanahorias y los espárragos y ver qué tipo de texturas podemos conseguir. Sea cual sea el objetivo final (pescado, ave de caza o planta), de esta forma ha ayudado a liderar el equipo durante años.*

Alrededor de la mesa saltan unas preguntas que ningún ser humano cuerdo podría entender: *¿Podemos hacer puré de patata sin materia sólida? Si mezclamos agua de tomate con gelatina y la dejamos reposar una semana, ¿qué pasará? ¿Sushi con flor de arroz y cobertura de verduras?*

Aplazada la reunión, los chefs desenfundan sus cuchillos para empezar a trabajar.

🕐 **14:40** | *Martes, 23 de mayo*

Hay verduras en todos los estados de transformación por toda la cocina: Margo pone remolacha en la licuadora y un arroyo magenta sale por el otro extremo. Riccardo trabaja una bola de pasta manchándola de naranja con puré de zanahoria asada. Josh corta en rodajas chirivías, rábanos sandía y nabos en una mandolina, y luego los sala y los pone a secar al sol. Cuando hayan drenado agua suficiente de sus células, los hervirá brevemente para preparar un dashi concentrado de verduras.

José ha emitido un decreto —*¡No se tira nada esta semana!*— y el equipo no decepciona. Los nabos se convierten en una salsa vívida y picante. Las semillas de las verduras se guardan para preparar las guarniciones. Un chef fríe raíces de puerro para convertirlas en un crujiente aperitivo de un solo bocado.

Lo que no termina formando parte de un plato predeterminado (pieles, hojas, recortes sueltos...) acaba en una olla sopera o en la licuadora. Los kilos de vegetales licuados dejan una montaña de pulpa que José está decidido a utilizar. Alguien esparce pulpa en un Silpat® y la mete en un deshidratador para obtener vegetales deshidratados. El resto llega a Koji, que coge un wok para dar a las verduras una tercera vida.

La gente cree que el arroz frito queda mejor con arroz del día anterior. ¿Por qué?, dice Koji mientras calienta el wok.

> ❝ La galaxia de restaurantes de José requiere una investigación constante.

El arroz recién cocinado al vapor siempre es mejor. Un chorrito de aceite, un toque de ajo y, para terminar, una cucharada grande de confeti de verduras de colores. Durante el proceso, los vegetales han perdido gran parte de su sabor, pero la textura y el color son brillantes.

José se coloca unas flores detrás de las orejas y empieza a trabajar en una cabeza de coliflor. Deja los pasos más delicados al equipo y se pone manos a la obra con la tarea grande: una olla de verduras duras (coliflor, zanahorias, colinabo) preparadas como un cocido. Es un plato que ve por las noches cuando cierra los ojos, y se muere por sustituir los jarretes de jamón y los tuétanos por nabos gruesos y zanahorias nudosas. El cocido es la ballena blanca de José.

🕐 **18:15** | *Martes, 23 de mayo*

Farmer Lee aparece para evaluar el impactante despliegue de transformación: zumos, aceites, purés, chips, cubitos de hielo de verduras. *¡Caramba! Casi no reconozco nada de esto.*

José, recién librada su batalla con el cocido de verduras, se lleva a Lee hasta el porche, donde le sirve un whisky y lo acribilla a preguntas sobre la rotación de cosechas y el compost.

Después del primer whisky, José le ofrece uno de sus mejores puros: *No lo olvides: el tabaco es un vegetal.*

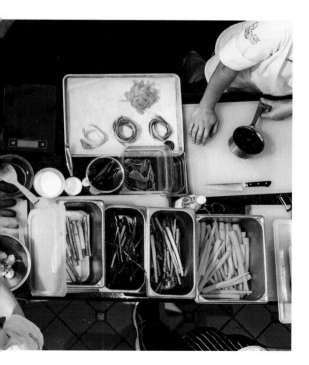

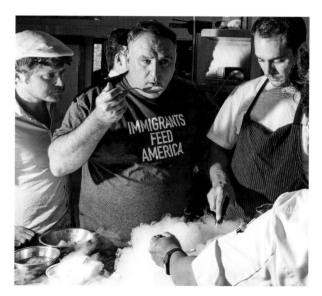

🕘 **9:45** | *Miércoles, 24 de mayo*

Después de unos cuantos litros de café y un desayuno caliente por todo lo alto, los chefs vuelven a sus estaciones de batalla. *Hoy terminamos los platos, gente,* anuncia Rubén. *Todos los proyectos que habéis empezado tienen que estar acabados y presentados al final del día.* Charisse Dickens, una de las chefs responsables de I+D de José, trabaja con una fuerza calmada en su propio rincón de la cocina, transformando una coalición de zanahorias de colores en expresiones distintas del vegetal: *fideos* finos amarillos conseguidos con largos trazos en un pelador de vegetales; una densa emulsión naranja de zumo reducido de zanahoria montado con mantequilla; un aceite verde esmeralda a base de hojas de zanahorias escaldadas y aceite de semillas de uva. El plato final es un tratado del potencial de un sencillo y humilde tubérculo: pasta de zanahoria cocinada en un rico zumo de zanahoria aderezado con aceite de hojas de zanahoria y brotes picantes de zanahoria.

🕐 **13:45** | *Miércoles, 24 de mayo*

La actividad en la cocina alcanza un apogeo febril. Rubén, uno de los chefs de más talento que puedas encontrar, está cocinando verduras como si el destino del mundo dependiese de él. Pone todo su empeño en un proyecto tras otro, licuando, asando o aplicando nitrógeno líquido a cualquier planta que se interpone en su camino. Extrae los diminutos guisantes lágrima de sus vainas, escalda y licua las vainas y cuela el líquido resultante, de un verde intenso. Este líquido se calentará en una pequeña cazuela y será la salsa que acompañará los guisantes y, a la vez, servirá para cocinarlos. Si se completa con una yema de huevo y flores silvestres, el plato sabe a una primavera que nunca querrás que termine.

Pasa la tarde reinventando platos españoles de verdura tradicionales: verduras arrugadas, una variación sobre un clásico de las Islas Canarias con vegetales baby hervidos con sal que sustituyen a las populares patatas; una tortilla de patatas clásica pero hecha con remolacha deshidratada, zanahoria y chips de boniato; un cono de churros calientes, espolvoreados con azúcar, preparados con flores de calabaza ligeramente enharinadas y fritas.

Pero la montaña de flores de calabaza sigue siendo tremenda. *Este material tan bonito tiene que usarse inmediatamente,* dice Rubén. Una bombilla parpadea. Corre hacia la nevera, encuentra un trozo de queso y lo ralla en tiras finas. Le da forma de círculos irregulares en una sartén y presiona una mezcla de flores y hojas sobre el queso mientras se funde, y a continuación lo dora en forma de preciosos discos. Con una espátula, recoge uno con cuidado, lo dobla suavemente y lo pasa: *cheeseadilla de flores de calabaza.*

🕐 **17:45** | *Miércoles, 24 de mayo*

Uno a uno, los chefs presentan sus distintos platos a José para que los pruebe: tubérculos horneados con sal, bañados en una salsa demi-glace hecha de recortes de verduras; una tortilla esponjosa al estilo japonés, enrollada y cortada en trozos, con pequeñas bandas de zanahoria asada; puntas de espárragos verdes y blancos alineadas como soldados, aderezadas con dos jugos hechos de sus propios tallos que las enmarcan sutilmente en un círculo del yin y el yang; lechuga ligeramente fermentada convertida en un kimchi durante la noche, condimentada con sésamo y crisantemo; pasteles esponjosos de verduras cocinados en el microondas y servidos con una reducción de jugos vegetales.

Después del primer bocado, José ofrece su valoración, que condicionará la llegada del plato a la línea de meta: *Casi perfecto; solo le falta un toque de acidez al final. Venga, vamos a hacerlo, pero con las zanahorias cortadas más finas en una mandolina. Quiero más salsa. No tendría que estar buscándola en el plato.* Es la exposición completa del plan de acción para sus docenas de restaurantes.

Y después, al cabo de treinta y seis horas de hervir siropes a fuego lento e infusionar brebajes, nuestro sonriente sabio de los cócteles, JP, está listo para desvelar su carta: el *Green Lantern*, con jugo de espárragos, shochu y sirope de melón verde; el Cover Crop, con piña, menta, albahaca, sirope de jengibre y whisky de centeno, y la estrella, el Captain Carrot, con vodka, limón, jengibre, zumo de naranja y unas cuantas cucharadas de acuafaba (el líquido de los garbanzos cocidos, que normalmente se descarta), que actúa como una clara de huevo vegana, creando una nube densa en la parte superior del cóctel. JP completa la bebida con una espuma especiada con masala y un cubito de hielo grande de zanahoria que funde la esencia de este vegetal en el cóctel.

Sabe como si estuviésemos descubriendo una zanahoria por primera vez.

PARA 4 PERSONAS

CHIPS DE ALCACHOFAS

Seamos sinceros: las alcachofas pueden ser un verdadero incordio. Son caras, difíciles de preparar, y su calidad varía tanto que es casi imposible escribir una receta de alcachofas fiable. Hemos probado docenas de recetas de alcachofas para este libro; después de todo, soy español, y en España por el equivalente a un dólar en euros podrás comprar seis fantásticas alcachofas durante seis meses al año. De todas las variedades que he probado (hervida, a la parrilla, confitada, cruda...), estas pequeñas bellezas crujientes y fritas fueron las que nos hicieron repetir una y otra vez. Me encanta la pureza de estas alcachofas solas, aunque también puedes servirlas con muchas de las salsas de este libro, desde el romesco de ajo negro (página 91) hasta la de yogur con ajo asado (página 339).

Aceite neutro para freír.
8 alcachofas baby.
Sal Maldon.
Pimentón.

Calienta unos 5 centímetros de aceite a 180 °C en una sartén grande y honda, y forra un plato grande con servilletas de papel.

Mientras el aceite se calienta, limpia las alcachofas hasta llegar a los corazones. Usa un cuchillo afilado o una mandolina y corta con cuidado cada alcachofa en rodajas finas de 1,5 milímetros, aproximadamente. Trabajando en remesas, fríe las rodajas de alcachofa entre 8 y 10 minutos, hasta que estén doradas y crujientes. Colócalas en el plato forrado de servilletas de papel y sazónalas con sal Maldon y pimentón.

DE LO BUENO, LO MEJOR
Guarda esta receta para cuando puedas comprar alcachofas pequeñas y tiernas; cuanto más pequeñas, mejor.

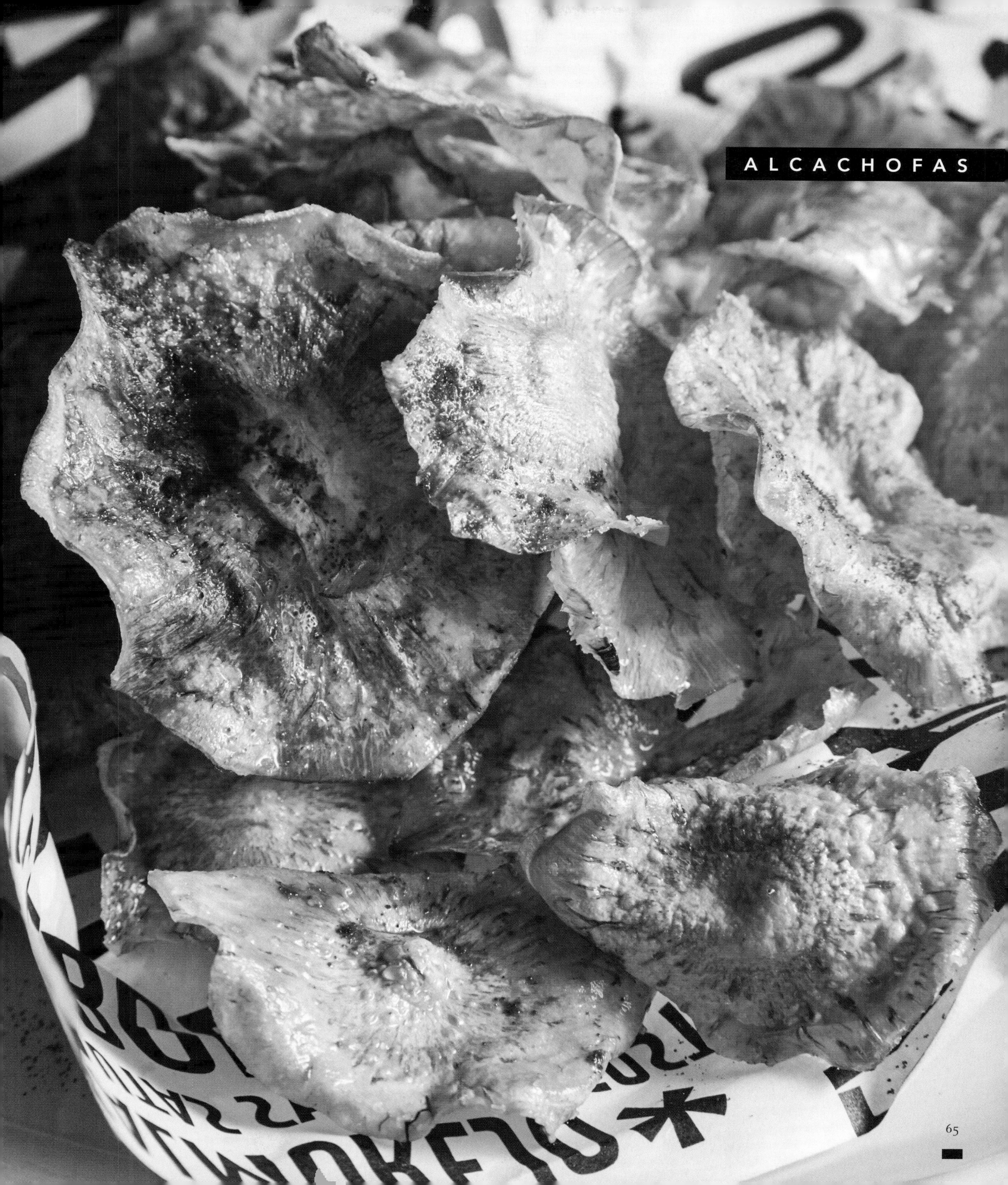

ESPÁRRAGOS

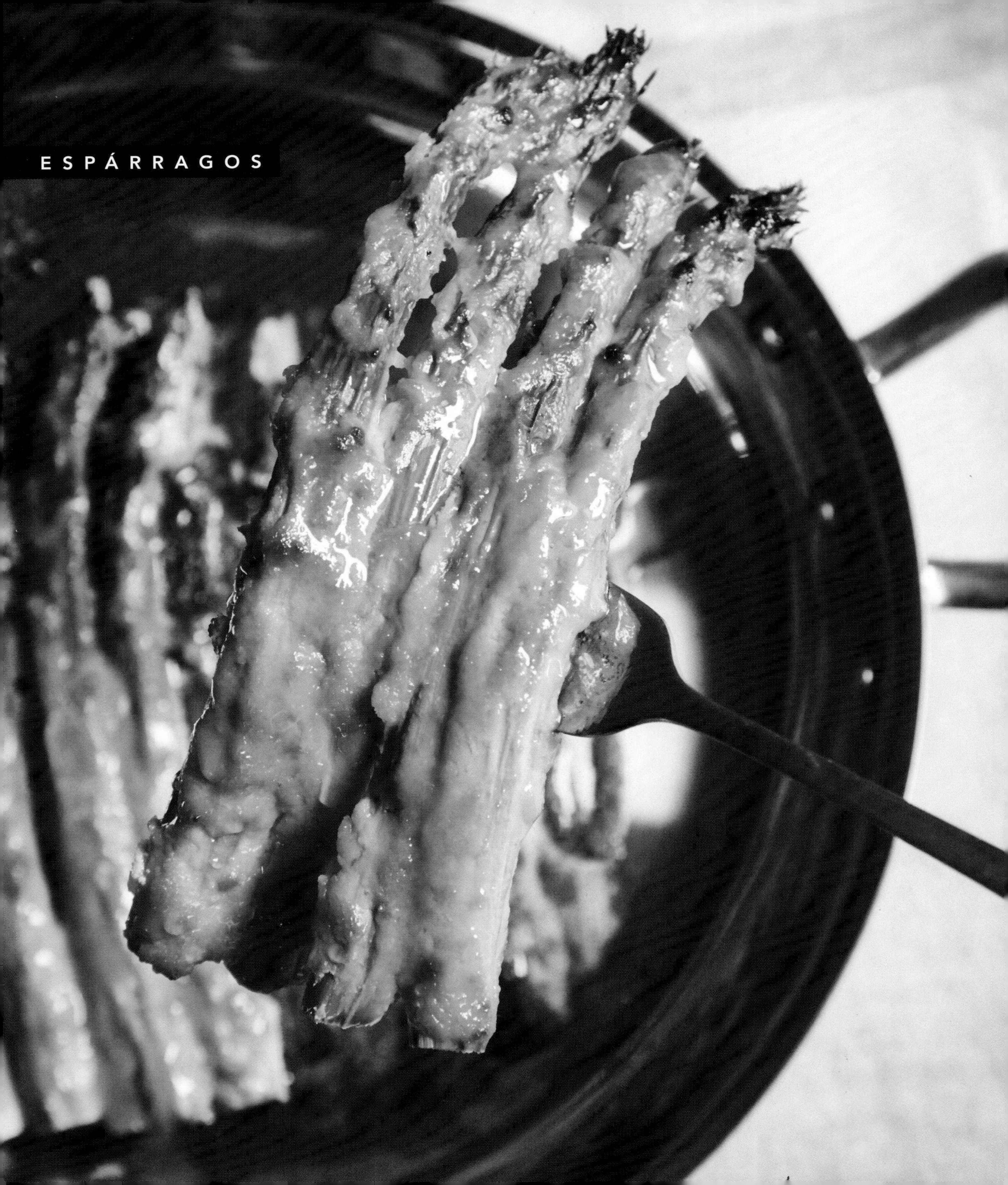

PARA 4 PERSONAS

ESPÁRRAGOS AL HORNO CON MISO

Cualquier persona que ase verduras o proteína en miso fuera de Japón tiene una deuda de gratitud con mi amigo Nobu-san, el chef pionero que aportó una incontable variedad de grandes sabores y técnicas extraordinarias al mundo occidental. Su famoso bacalao marinado en miso ha sido imitado un millón de veces, pero, en mi opinión, el tratamiento con miso realmente funciona mejor con las verduras. Si nunca lo has probado, esto será una droga de entrada para ti; una de esas recetas sencillísimas que puedes sacarte de la manga una noche entre semana y ver cómo tu familia o amigos te llaman genio. Cierra los ojos y pensarás que estos espárragos se han asado bajo una capa de queso, pero realmente no es más que un manto de vegetales: habas de soja fermentadas.

---

2 cucharadas de azúcar.

60 ml de agua caliente.

70 g de pasta de miso blanca o suave.

1 manojo grande de espárragos medianos, sin la parte inferior.

Coloca una rejilla de horno 15 centímetros por debajo del elemento calefactor y precalienta el gratinador del horno (en el nivel alto si tu gratinador tiene distintos ajustes).

Mezcla el azúcar y el agua en un bol pequeño y remueve hasta que el azúcar se disuelva. Bate la pasta miso.

Dispón los espárragos en una bandeja de horno. Vierte la pasta miso por encima de los espárragos y dales la vuelta para darle una mano a los tallos, de modo que cada uno quede cubierto por una fina capa de salsa.

Pon la bandeja debajo del gratinador y asa los espárragos hasta que queden dorados y bien hechos y la pasta miso burbujee, entre 8 y 10 minutos. Retíralos del horno y sírvelos.

DE LO BUENO, LO MEJOR

Esta sencilla técnica de hornear con miso funciona con muchas verduras distintas. A mí me encanta con gajos de boniato, rodajas de berenjena o un arcoíris de tubérculos cortados a dados: remolacha, nabo, zanahorias y chirivía. Para añadir una capa extra de dulzura, agrega una cucharada o dos de miel o de sirope de arce a la mezcla de miso.

PARA 4 PERSONAS

ESPÁRRAGOS BLANCOS A LA CREMA DE QUESO MANCHEGO

En Estados Unidos, la comida enlatada evoca refugios antiaéreos y tiempos difíciles. Sin embargo, en España metemos algunos de nuestros mejores ingredientes en latas: desde navajas saladas hasta pimientos rojos asados o preciosos espárragos blancos. Los espárragos blancos son mágicos. En Navarra, donde se cultivan muchas de las mejores verduras y hortalizas de España, los espárragos históricamente se han recogido antes de que los tallos rompan la superficie de la tierra y en la oscuridad, para evitar que se expongan a la luz solar y la fotosíntesis. Nosotros usamos el líquido sobrante de la lata para preparar una salsa alucinante que funciona con casi cualquier verdura. Hay personas que prefieren este plato caliente (yo); a otras les gusta frío (a Matt, que está claro que no tiene un paladar muy refinado). Tú eliges.

---

2 latas o tarros de unos 340 g de espárragos blancos de Navarra escurridos (reserva 120 ml del líquido de la lata).

285 g de nata espesa.

115 g de queso manchego (un buen parmesano también funciona) rallado, y algunas virutas para la guarnición.

Sal y pimienta negra recién molida.

Coloca los espárragos en una bandeja cubierta con servilletas de papel para absorber el exceso de líquido y mételos en la nevera hasta que se enfríen.

Lleva la nata a ebullición en un cazo pequeño y hiérvela hasta que quede reducida a la mitad, alrededor de 10 minutos; ten cuidado de que no hierva demasiado. Añade el líquido reservado de los espárragos y hiérvelo a fuego lento durante 2 minutos.

Pon la mezcla cremosa caliente en una batidora. Agrega el manchego y bátelo todo con cuidado hasta que la salsa quede suave. Pasa la salsa a un recipiente y métela en la nevera hasta que se enfríe. (Otra opción es servir los espárragos inmediatamente, mientras la salsa aún está caliente). Sazona la salsa con sal y pimienta.

Antes de servir, coloca 3 espárragos en cada plato y vierte por encima la crema de manchego. Termina el plato con más pimienta y algunas virutas de queso.

SIN RODEOS

La crema de manchego podría hacer que hasta un gorro de chef tenga buen sabor. Pruébala por encima de un brócoli o una coliflor asados o una patata al horno y sabrás a qué me refiero.

PARA 1 CÓCTEL

GREEN LANTERN

Me encanta comprar lo que algunas personas (léase mi mujer) llamarían una cantidad excesiva de frutas y verduras de temporada. Esta superabundancia me obliga a mirarlas de forma diferente para intentar expandir nuestro modo de experimentar con los ingredientes del día a día. No puedo decir que esperaba que este cóctel estuviera tan bueno; no cuando vi a JP, uno de nuestros bármanes en barmini, licuando tallo tras tallo de espárrago con una mirada salvaje. Lo llamo Green Lantern porque fue una de esas increíbles ideas en las que se te enciende la bombilla que yo temía que se apagase, pero fue todo lo contrario: alumbra más a cada sorbo. Esta receta implica algo de esfuerzo, pero merece la pena probar los espárragos en una presentación totalmente nueva.

---

45 ml de shochu (un licor japonés) como Mizu, por ejemplo (puedes sustituirlo por cachaza si no encuentras shochu).

45 ml de jugo de zumo de espárragos (receta a continuación).

30 ml de leche de arroz (puedes sustituirla por leche de soja o de almendras).

25 ml de sirope de melón verde (receta a continuación).

8 ml de zumo de limón fresco.

Llena una coctelera con hielo y añade el shochu, el zumo de espárragos, la leche de arroz, el sirope y el zumo de limón. Agita el cóctel durante 15-20 segundos y luego cuélalo en una copa de champán helada y sírvelo.

ESPÁRRAGOS

PARA UNOS 240 ML

ZUMO DE ESPÁRRAGOS

1 manojo de espárragos, sin las bases leñosas, cortados a trozos de 5-7 centímetros.

Lleva a ebullición una olla grande con agua y prepara un baño de hielo. Añade los espárragos al agua hirviendo y escáldalos durante 20-30 segundos, y después ponlos inmediatamente en el baño de hielo.

Cuando los espárragos se hayan enfriado, cuélalos y pásalos por la licuadora. Si no tienes licuadora, ponlos en una batidora y bátelos hasta que queden suaves y luego pásalos por un colador, presionando las partes sólidas para extraer todo el jugo posible.

PARA UNOS 240 ML

SIROPE DE MELÓN VERDE

225 g de melón verde pelado y cortado en cubos.

120 ml de agua.

110 g de azúcar.

Mezcla el melón, el agua y el azúcar en una batidora y bátelos hasta que quede una preparación suave. Cuela en un colador fino, presionando las partes sólidas para extraer todo el líquido posible.

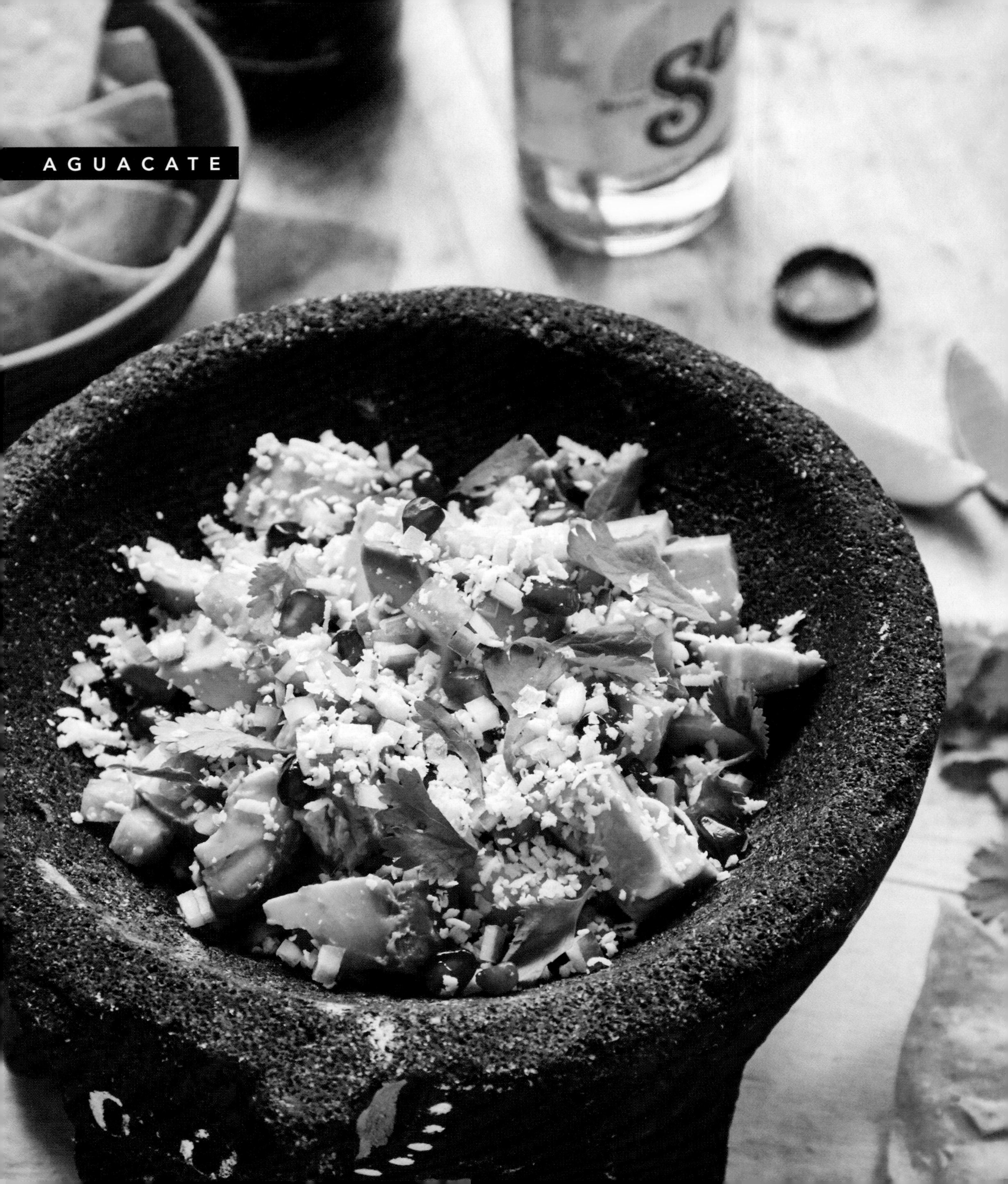

PARA 4-6 PERSONAS

AGUACATE CON COSAS
(ALIAS ENSALADA DE GUACAMOLE)

Durante años he estado comiendo guacamole con nachos o tortillas calientes y pensando para mis adentros: ¿No sería mejor comerlo en ensalada? Me encanta la textura intensa y cremosa de un aguacate machacado, pero a veces necesito algo que cruja y que tenga cuerpo para que el plato sea más interesante; es decir, una ensalada de guacamole. Esta receta funciona con una amplia variedad de cosas: vegetales crujientes, frutas con hueso, tomate verde o uva. Improvisa un poco y a ver qué sale. (Mi combo favorito: jícama y melocotón). Si de verdad quieres innovar, puedes ponerlo encima de rebanadas gruesas de pan tostado en lugar de servirlo con nachos. Pero yo no soy tan moderno.

---

4 aguacates Hass maduros.

½ cebolla roja pequeña, cortada a dados muy finos.

1 chile verde pequeño, cortado a dados muy finos.

12 g de cilantro picado.

1 lima, partida por la mitad.

Sal.

1 taza de otras *cosas*, cortadas a dados de unos 6-7 mm, como tomatillo sin piel y lavado, manzanas, jícama pelada, melocotón, pepino, uvas partidas por la mitad y/o tomates cherry partidos por la mitad.

2 cucharadas de queso fresco desmenuzado.

Nachos.

Corta 2 de los aguacates por la mitad, retira los huesos, sácales la carne y ponla en un bol. Añade la mitad de la cebolla roja cortada a dados, el chile verde y el cilantro y machácalo todo con la parte trasera de un tenedor hasta que quede suave. Sazónalo con la mitad de la lima y sal. Reparte el aguacate machacado en el fondo de un bol de servir.

Parte por la mitad, pela y quítales los huesos a los 2 aguacates restantes y corta la carne a daditos de unos 6-7 milímetros. Espárcelos sobre el aguacate machacado, junto con las *cosas* que vayas a utilizar. Espolvorea la cebolla roja, el chile verde y el cilantro picado restantes por encima y aliña la ensalada con más lima y sal. Decórala con el queso fresco y sírvela con nachos.

PARA 4 PERSONAS

VITAMINA DE AGUACATE
(BATIDO DE AGUACATE)

Nuevas recetas e ideas nos están esperando a la vuelta de cada esquina; solo tenemos que estar abiertos a ellas. Un buen ejemplo: estábamos descargando un enorme botín de frutas y verduras en casa de un amigo en el centro de España cuando Marlene, la portera, una dulce y joven brasileña, cogió uno de los aguacates. ¿Habéis probado alguna vez la vitamina?, preguntó, entusiasmada de repente. Sacó la carne del aguacate a cucharadas y la metió en la batidora, le añadió un chorrito de leche y un poco de hielo y lo batió todo. En mi país siempre tomamos esto. Era asombroso, una idea totalmente nueva (por lo menos para mí), caída del cielo como un regalo de los dioses de la cocina.

3 tazas de cubitos de hielo.
100 g de leche condensada azucarada.
¼ de cucharadita de sal.
2 aguacates Hass maduros.

Pon el hielo, la leche condensada y la sal en una batidora. Parte por la mitad y extrae el hueso de los aguacates, sácales la carne con una cuchara y métela en la batidora. (Es importante añadir los ingredientes en este orden —hielo, leche, aguacate— para que se mezclen adecuadamente).

Bate la mezcla hasta que quede lisa y líquida. Viértela en cuatro vasos y sirve los batidos.

Improvisando | *Marlene me contó que usan esta misma fórmula básica, llamada vitamina, para todas las extraordinarias frutas tropicales de Brasil. Prueba con piña, guayaba, papaya o plátano, con un toque de zumo de lima.*

SANGRÍA

No es el momento de usar tu mejor botella de vino, pero tampoco la peor. Elige algo que te guste beber cualquier noche entre semana.

Nunca he entendido por qué hay tanta sangría mala en el mundo. Una buena sangría no es exactamente ingeniería aeroespacial: buenas frutas de temporada maceradas en azúcar y después empapadas en una botella fría de vino o espumoso. Nunca he seguido una receta para preparar sangría, pero sí sigo una fórmula general que siempre funciona.

¡Y nunca tires la fruta que queda al final de la jarra! De hecho, me gusta preparar la sangría con otra fruta y luego servir los restos en una bandeja llena de hielo como postre; sencillo pero elegante.

Si lo deseas, puedes regar cada tanda con un licor distinto: vermut, ginebra, brandi, o cualquiera que sea tu favorito. Añade unos 60 mililitros, lo justo para notarlo. Puedes agregar gaseosa o un refresco si prefieres una bebida más larga, ligera y espumosa.

Usa la mejor fruta de temporada que encuentres y córtala en trocitos de la medida de un bocado. Las hierbas aromáticas, las especias y/o los cítricos (básicamente la piel, aunque también el zumo) añaden capas extra de sabor a la mezcla.

INSTRUCCIONES

Mezcla 450 gramos de fruta troceada con 2-4 cucharadas de azúcar (dependiendo de la dulzura de la fruta), además de las hierbas aromáticas, especias o cítricos que quieras, en un bol grande o una jarra. Tápala y deja que macere en la nevera durante por lo menos 1 hora, y hasta un máximo de 4 horas. Luego incorpora una botella de vino, además de unos 60 mililitros del licor que prefieras, si decides añadirlo. Vierte la sangría en vasos grandes llenos de hielo, decora con hierbas aromáticas frescas y/o piel de limón y ¡lista para beber!

MIS COMBINACIONES FAVORITAS

01   Melocotón, hierbaluisa, vino blanco y brandi

02   Melón, menta, piel de naranja, cava y ginebra

03   Cerezas, limón, tomillo limonero, vino tinto y vermut negro dulce

04   Sandía, lima, albahaca, vino rosado y brandi

PARA 4 PERSONAS

CURRI DE ZANAHORIA

Un chef español está tan perdido en la India como un chef indio en España. El primero no está preparado para las especias y la intensidad; el segundo no está listo para la sutileza. Afortunadamente, a lo largo de los años he conocido a grandes chefs indios; gente como Sanjeev Kapoor y KN Vinod, que me han guiado por el complejo mundo de las especias, un territorio en el que confieso que a veces me siento perdido. Este curri es el resultado de un largo viaje, con grandes especias como el anís estrellado y el garam masala, desconocidas para mí durante la primera mitad de mi vida. Te sorprenderá lo bien que funcionan para contrarrestar la carnosa dulzura de las zanahorias. (Y lo bien que combinan con otras verduras como la calabaza o la coliflor).

SALSA CURRI

10 vainas de anís estrellado.

8 vainas de cardamomo.

2 ramas de canela.

1 cucharada y ½ de garam masala.

900 g de tomates pera, partidos por la mitad longitudinalmente.

2 cucharadas de aceite de canola.

6 chalotas picadas.

950 ml de zumo puro de zanahoria.

60 ml de zumo de lima recién exprimido.

1 pizca de hebras de azafrán.

300 ml de leche de coco sin edulcorar.

Sal.

8 zanahorias grandes, peladas y cortadas en trozos de 5-7 cm.

GUARNICIÓN

Leche de coco.

Hojas de cilantro.

Zumo y piel de lima fresca.

Arroz al ajo realmente bueno (página 343).

PARA LA SALSA CURRI

Pon el anís estrellado, el cardamomo, las ramas de canela y el garam masala en una sartén pequeña seca y caliéntalos a fuego medio, removiendo, hasta que empiecen a desprender aroma, alrededor de 30 segundos; ten cuidado de no quemar les especias. Ponlas en un plato y reserva.

Ralla los tomates en los agujeros grandes de un rallador plano o de caja sobre (o dentro de) un bol; descarta las pieles. Calienta el aceite en una cazuela mediana a fuego medio. Añade las chalotas y cocínalas alrededor de 3 minutos, hasta que se doren. Remueve el puré de tomate y las especias tostadas y luego añade el zumo de zanahoria y el de lima, llévalos a ebullición y cuécelos suavemente de nuevo hasta que la salsa pueda untar con facilidad la parte de atrás de una cuchara (alrededor de 30 minutos).

Agrega el azafrán y cocínalo durante 1 minuto. Luego incorpora la leche de coco y deja que hierva unos cuantos minutos para que los sabores se fusionen. Retira la sartén del fuego y desecha las especias enteras. Bate la salsa con un túrmix (o una batidora) hasta que quede lisa y luego viértela en una sartén más pequeña. Sazónala con sal.

PARA TERMINAR EL PLATO

Agrega las zanahorias a la salsa de curri y llévala a ebullición. Cúbrelas con la salsa y cocínalas a fuego medio, removiendo de vez en cuando hasta que estén tiernas, alrededor de unos 35 minutos.

Reparte el curri a cucharadas en boles y rocía cada uno con un poco de leche de coco. Decora los boles con hojas de cilantro, piel de lima y zumo de lima. Sirve con arroz.

PARA 4 PERSONAS

PASTA DE ZANAHORIA

Este no es un plato de pasta que vayas a servir un martes por la noche a tu hambrienta familia de cinco miembros. Es un plato muy de chef, tanto por su apariencia como por su ejecución. Cuando creamos platos en los restaurantes intentamos acercarnos a los vegetales no solo como ingredientes singulares, sino también como un conjunto de distintas partes: piel, carne, semillas, jugo, hojas. Después intentamos extraer el máximo partido posible de cada una de estas partes. Esta receta es una oda a la zanahoria, el equivalente vegetal de la cocina de aprovechamiento. La mejor época para prepararla es a finales de primavera y principios de verano, cuando las zanahorias están muy jugosas y dulces y sus hojas son intensas y aromáticas.

SALSA DE ZANAHORIA

950 ml de zumo puro de zanahoria.
2 cucharadas de mantequilla.
Sal.

ACEITE DE HOJAS DE ZANAHORIA

Sal.
25 g de hojas de zanahoria.
120 ml de aceite de semillas de uva.

PASTA DE ZANAHORIA

4 zanahorias grandes, peladas.
Sal.

GUARNICIÓN

Ramitas de hojas de zanahoria.
Microhierbas y microlechugas.
Sal Maldon.

PARA LA SALSA DE ZANAHORIA

Lleva el zumo a ebullición en una cazuela mediana a fuego medio, y luego deja que hierva a fuego lento, removiendo de vez en cuando, hasta que quede lo suficientemente reducido para poder cubrir ligeramente la parte trasera de una cuchara, unos 45 minutos. Bate la mantequilla hasta que quede emulsionada. Sazona con sal. Conserva caliente.

PARA EL ACEITE DE HOJAS DE ZANAHORIA

Lleva a ebullición una olla grande con agua y añádele sal generosamente. Prepara un baño de hielo. Agrega las hojas de zanahoria al agua hirviendo y escáldalas 30 segundos. Pasa las hojas al baño de hielo y deja que se enfríen. Mantén el agua en un punto de ebullición bajo, lista para la pasta de zanahoria. Escurre las hojas, exprímelas para secarlas en servilletas de papel y trocéalas.

Pon las hojas en una batidora o un robot de cocina, añade el aceite y hazlas puré hasta que quede una crema verde y lisa. Cuela el aceite en un bol utilizando un buen colador de malla con un filtro de café. Descarta las partes sólidas y sazona el aceite con 1/2 cucharada de sal.

PARA LA PASTA DE ZANAHORIA

Con un pelador en forma de Y, corta las zanahorias en cintas largas de algo más de 3 milímetros de grosor. Lleva la olla de agua de nuevo a ebullición y escalda las cintas hasta que empiecen a estar tiernas, unos 30 segundos. Escúrrelas en servilletas de papel.

Echa unas 3 cucharadas de la salsa caliente de zanahoria en cada plato. Apila las cintas en el centro de la salsa. Vierte un chorrito de aceite de hojas de zanahoria por encima de la *pasta*, decórala con ramitas de hojas de zanahoria, microhierbas y microlechugas, espolvoréala con sal Maldon y sirve.

PARA 1 CÓCTEL

CÓCTEL DE ZANAHORIA CRIOGÉNICA

Me llevé a JP Park, uno de nuestros grandes bármanes en barmini, al Chef's Garden de Ohio (véase la página 58). Tenía una misión: valerse de las fantásticas verduras y hierbas aromáticas de la granja para inventar cócteles basados en plantas. Experimentó con todo, desde espárragos hasta nabos o remolachas, pero por encima de todo le encantaron las jugosas zanahorias de principios de primavera. JP licuó las zanahorias y luego congeló el zumo usando nuestra fabulosa técnica de criogenia (véase la página siguiente) para concentrar aún más su sabor. El cóctel que creó con este precioso zumo de zanahoria se convirtió en un clásico de forma instantánea.

45 ml de vodka.

30 ml de zumo de zanahoria crioconcentrado (receta a continuación), o puré de zumo de zanahoria normal.

30 ml de líquido de garbanzos de bote (acuafaba).

15 ml de zumo de limón recién exprimido.

1 cucharada de Allspice Dram (ver nota).

8 ml de sirope de jengibre (página 343).

NOTA: el Allspice Dram es un licor aromático que añade una compleja capa de especias a los cócteles. Si no lo encuentras, puedes optar por agregar unos cuantos golpes de algún bíter a la bebida y espolvorear un poco de pimienta de Jamaica triturada por encima.

Mezcla el vodka, el zumo de zanahoria, el acuafaba, el zumo de limón, el Allspice Dram y el sirope de jengibre en una coctelera y agítala enérgicamente durante 10-15 segundos. Añade hielo a la coctelera y agítala otros 20 segundos. Vierte la mezcla en vasos *old-fashioned* con un cubito de hielo de zumo de zanahoria grande (véase El toque profesional) o un cubito de hielo normal. Sirve inmediatamente.

●EL TOQUE● PROFESIONAL

Para conseguir una guarnición divertida, congela zumo de zanahoria en un cubitera grande con un ramillete de zanahoria en cada cubito.

ZANAHORIAS

PARA UNOS 240 ML

ZUMO DE ZANAHORIA CRIOCONCENTRADO

950 ml de puré de zanahoria puro.

Vierte el zumo de zanahoria en una bolsa resellable para el congelador y séllala. Métela en el congelador y aprieta la bolsa aproximadamente cada hora para romper los cristales grandes de hielo que se vayan formando. El objetivo es conseguir zumo congelado con la consistencia de un copo de nieve o un sorbete ligero. Esto te llevará unas 6 horas.

Una vez todo el líquido esté congelado en cristales de hielo, viértelo en un colador fino o en un escurridor sobre un bol. A medida que se vaya derritiendo, el zumo de zanahoria concentrado se descongelará antes que el agua y manará del hielo hacia el bote. Deja que el zumo congelado vaya goteando durante 20-40 minutos, hasta que el color prácticamente haya desaparecido del hielo y tengas un concentrado rico e intenso en el bol. Desecha los cristales de hielo restantes y refrigéralo hasta su uso. (Este zumo puede conservarse hasta una semana en la nevera o seis meses en el congelador).

CRIOCONCENTRADOS

Las soluciones de azúcar y sal tienen un punto de congelación más bajo que el agua, cosa que nos permite preparar zumos superconcentrados por medio del proceso de crioconcentración, una técnica que nos enseñó la buena gente de CREA (Culinary Research & Education Academy). Cuando descongelas la mezcla congelada, lo primero que se funde es el zumo puro, y puedes guardarlo y descartar el hielo sin sabor que queda.

Vierte el zumo de cualquier fruta o verdura en una bolsa resellable para congelador y séllala. En los restaurantes nos encanta hacerlo con el jugo de los productos de temporada alta: guisantes, espárragos, manzanas, tomates. Incluso puedes hacerlo con zumos comprados como base. Solo tienes que seguir las instrucciones de la parte superior de esta página para el zumo de zanahoria crioconcentrado. Puedes repetir el proceso tantas veces como desees, dependiendo de lo concentrado que quieras que te quede el líquido.

Puedes usar estos zumos superconcentrados en salsas, vinagretas o cócteles. Es cierto que dan trabajo, pero aportarán a tu cocina una pureza extraordinaria y una intensidad de sabor que hará que el esfuerzo merezca la pena.

RON FINLEY

ALIAS *EL JARDINERO* GANGSTA

Ron Finley tenía hambre. Pero no encontraba comida; no calorías vacías, que podría extraer fácilmente de una barra de caramelo o una bolsa de patatas fritas de la tienda de la esquina, sino comida real. Un tomate, una manzana, una cabeza de lechuga. Algo para nutrir su cuerpo. No en su vecindario, no en el sur de Los Ángeles.

Decidió crear un huerto en una pequeña porción de hierba en la jungla de cemento alrededor de su casa. La ciudad de Los Ángeles respondió multándolo y, finalmente, emitiendo una orden judicial para arrestarlo, pero era demasiado tarde: la semilla ya se había plantado.

Ron me contaba: *Me cansé de tener que salir de mi comunidad para conseguir comida saludable. Cuando miré a mi alrededor, me di cuenta de que era algo intencionado: en las comunidades de color —negro, marrón, rojo— escaseaban la cosas necesarias para llevar una vida saludable y sostenible. Sucede lo mismo desde Compton hasta Pensacola: no hay comida saludable. En cambio, sí hay alcohol y cigarrillos. Y comida rápida.*

Hacen falta un par de ojos muy especiales para ver una franja de cemento como un lugar donde poder cultivar comida. Ya es bastante difícil para mí cultivar verduras en los tranquilos suburbios; imagina los retos que implica hacerlo en la intensidad urbana del sur de Los Ángeles. Sin embargo, como el auténtico pionero que es, Ron no ve pavimento, sino potencial. Las grietas de un aparcamiento podrían ser lugares donde cultivar

lechugas. Un viejo carro de la compra podría ser una parcela rodante para que crezcan fresas. Una piscina abandonada podría llenarse de tierra y convertirse en un bosque de clorofila y nutrientes.

El Gangsta Garden es más que un nombre pegadizo: es una forma de decir a las personas más necesitadas que existe otra forma de hacer las cosas. *Quería que la gente supiera que puedes cultivar comida y compartirla, y que puedes cambiar tu comunidad entera, y tu salud, a través de la comunicación y la cooperación. Los huertos significan la libertad para mí.*

Y hoy el huerto es solo parte de ella. The Ron Finley Project lleva estas ideas a un público más amplio por todo el mundo. Sus charlas TED son legendarias y han acumulado millones de visitas en YouTube. Viaja por todo el globo enseñando a las distintas comunidades cómo pueden ocuparse ellas mismas de su propia comida. *Damos clases de compostaje; mostramos a la gente cómo plantar, cómo cultivar su propia comida, cómo empezar por una semilla, cómo abrir las raíces. En definitiva, son clases sobre la vida.*

Comer bien es tanto una cuestión de clase como nutricional. Hace falta dinero para comprar productos frescos de buena calidad. Los desiertos alimentarios pueden provocar que a comunidades enteras les resulte casi imposible encontrar algo saludable que comer. Tales desiertos reflejan profundos desafíos sistémicos, problemas que no van a resolverse de un día para otro, pero precisamente eso es lo que más me gusta de Ron: no solo está cultivando comida, también está cultivando comunidades para que controlen su propio destino alimentario.

La población mundial aumenta cada día en 250.000 personas. Los seres humanos continúan acudiendo en masa a las zonas urbanas. La distribución de la riqueza se polariza más cada año. Si vamos a cultivar comida de la forma correcta, tenemos que aprender a alimentar mejor a nuestras comunidades y a nosotros mismos. Tendremos que aprender a mirar una grieta en el pavimento y ver en ella un huerto, como hace Ron Finley.

PARA 4 PERSONAS

BULLABESA DE HINOJO

Este plato está inspirado por mi buen amigo Eric Ripert, chef del restaurante Le Bernardin, que cocina una bullabesa alucinante con mucho sabor a hinojo. En un momento de increíble lucidez, decidí que podía preparar el mismo guiso pero sin pescado, centrándome en el romance entre las patatas y el hinojo. El resultado es un caldo espectacular a base solo de agua, vegetales y anís. Espero que Eric no me mate, pero creo que es un homenaje adecuado a uno de los mejores chefs de marisco del mundo.

BULLABESA

70 ml de aceite de oliva virgen extra.

2 cebollas medianas cortadas en tiras muy finas.

1 bulbo de hinojo grande (reserva las hojas), cortado por la mitad a lo largo, descorazonado, y cortado en tiras muy finas.

2 puerros (solo las partes blancas y verde pálido), lavado y cortado en trozos de 2,5 cm.

2 tomates medianos, cortados por la mitad transversalmente y despepitados.

450 g de patatas nuevas, peladas y enteras, o patatas rojas, peladas y cortadas en trozos de 1,5 cm aproximadamente.

½ cucharadita de hebras de azafrán.

60 ml de Pernod (anís).

Sal.

SALSA ROUILLE

1 diente de ajo grande.

½ pimiento rojo asado, pelado y despepitado.

1 yema de huevo.

1 pizca de hebras de azafrán.

200 ml de aceite de oliva virgen extra.

Sal.

Muchos picatostes o trozos de pan crujiente.

PARA LA BULLABESA

Calienta el aceite en una olla grande a fuego medio-bajo. Añade las cebollas y cocínalas hasta que estén suaves y traslúcidas, alrededor de 10 minutos. Remueve el hinojo y cocínalo durante 5 minutos, y luego agrega los puerros y cuécelos otros 5 minutos.

Mientras se hacen las verduras, ralla los tomates cortados utilizando los agujeros grandes de un rallador plano o de caja encima (o dentro de) un bol; desecha las pieles.

Remueve el puré de tomate en una olla y cuécelo 2-3 minutos, hasta que parte del líquido se haya evaporado y la pulpa del tomate se haya adherido a los vegetales. Añade las patatas, el azafrán y el Pernod y cuécelo todo, removiendo, hasta que el alcohol quede reducido.

Incorpora agua suficiente para cubrir las patatas y sazona ligeramente con sal. Lleva la bullabesa a ebullición a fuego medio-alto y luego rebájalo a fuego lento y hierve alrededor de 25 minutos, removiendo de vez en cuando, hasta que las patatas estén tiernas. Sazona de nuevo con sal si es necesario.

MIENTRAS TANTO, PREPARA LA SALSA ROUILLE

Mezcla el ajo, el pimiento rojo, la yema de huevo, el zumo de limón y el azafrán en el bol de un robot de cocina y bátelos hasta que quede una pasta lisa. Con el robot aún en marcha, echa lentamente el aceite y procésalo hasta que la rouille emulsione y se haga más espesa. Sazona con sal.

Sirve con un cucharón la bullabesa en boles y decórala con las hojas de hinojo reservadas picadas. Sirve con la salsa rouille y picatostes o pan crujiente.

HINOJO

PARA 4 PERSONAS

SOPA DE AJO

Me fascina este plato, que transforma ingredientes humildes —ajo, agua, pan y pimentón— en algo extraordinario por medio del calor y el ingenio. Lo he estudiado a lo largo de los años leyendo y aplicando varias técnicas de fuentes diferentes, incluso he recurrido a recetas de otros siglos. Hace unos años visité el restaurante Lera en Zamora, famoso por sus platos de caza, pero ¿qué es lo que recuerdo de esa visita? A la madre del propietario, Luis Alberto Lera, preparando una sopa de ajo en una cazuela de hierro fundido, dándole al pan tostado de la sopa una textura increíble. Fue tan especial que todavía puedo saborearla. Esta receta es un inicio potente en tu formación en el campo de la sopa de ajo. Puedes probar la versión de la señora Lera en el próximo libro.

3 cucharadas de aceite de oliva virgen extra.

8 dientes de ajo cortados en rodajas muy finas.

1 cucharadita y ½ de pimentón.

2 cucharadas de vino blanco.

210 g de pan rústico sin corteza roto en trozos pequeños.

950 ml de caldo de verduras, casero (página 33) o comprado, o caldo de pollo.

2 huevos grandes batidos.

Sal.

Calienta el aceite de oliva en una cazuela mediana a fuego medio. Agrega el ajo y saltéalo hasta que se suavice un poco, alrededor de 45 segundos, y luego mezcla el pimentón y cocínalo durante 10-15 segundos. Añade el vino y cuece hasta que prácticamente se haya evaporado. Incorpora el pan y cocínalo durante 30 segundos, y a continuación agrega el caldo y llévalo a ebullición. Reduce el calor para cocer a fuego lento hasta que el pan se ablande y los sabores de la sopa empiecen a mezclarse, alrededor de 8 minutos.

Agrega los huevos batidos, removiendo poco a poco pero constantemente con una espátula o una cuchara de madera; los huevos formarán hilos largos, como si fuese sopa de huevo. Cuece la sopa durante 2 minutos más, manteniendo el fuego bajo para que los huevos no se cuezan de más. Sazona con sal y sírvela con un cucharón en boles o cazuelitas de barro.

●EL TOQUE●
PROFESIONAL

Si resulta que tienes un amigo recolector de trufas (o te apetece derrochar en un caro tubérculo en un mercado de lujo), esta sopa sabe increíble con trufa blanca rallada por encima.

AJO

PARA 4 PERSONAS

CEBOLLAS TIERNAS A LA PARRILLA CON ROMESCO DE AJO NEGRO

Esta es la versión salvaje del romesco; la clásica salsa catalana de viaje por el Lejano Oriente, donde conoce a algunos nuevos amigos: el vinagre de arroz, el sake y, el más importante, el ajo negro. Los dientes dulces y casi afrutados de este ajo lentamente caramelizado le dan la vuelta por completo a la experiencia del romesco. Puedes servirlo junto a una variedad de verduras a la parrilla con romesco tradicional (página 337), o apreciar su singular belleza tal como hacen los catalanes: con unos cuantos manojos de cebollas tiernas a la brasa (o calçots, en catalán), como en esta receta.

---

2 o 3 manojos de cebollas tiernas (unas 20 cebollas).

Unas 3 cucharadas de aceite de oliva virgen extra.

Sal.

250 g de romesco de ajo negro (receta a continuación).

Prepara una barbacoa, de carbón preferiblemente, aunque una parrilla de gas también sirve.

Cuando esté caliente, cubre las cebollas tiernas con aceite de oliva y sazónalas con un poco de sal. Ásalas unos 10 minutos, dándoles la vuelta varias veces, hasta que queden negras por todos los lados y tiernas. Envuelve las cebollas en papel de periódico y déjalas reposar unos 5 minutos para que puedan cocerse un poco con su propio vapor.

Desenvuelve las cebollas y retira las capas externas carbonizadas. Sírvelas calientes con el romesco de ajo negro.

DE LO BUENO, LO MEJOR

Me fascina la forma en que una simple técnica puede cambiar radicalmente un ingrediente. Calentar ajo crudo durante varias semanas te proporciona dientes de ajo negros, con un toque de chocolate o tamarindo. Es como llevar el ajo a una cuarta dimensión de sabor. Hemos jugueteado con él en platos tradicionales como el ajoblanco o la bagna cauda, así como en el romesco, y funciona de maravilla. Una vez tengas ajo negro en tu despensa, verás como sigues usándolo: es uno de esos ingredientes que transforma totalmente los platos.

AJO

PARA UNOS 750 G

ROMESCO DE AJO NEGRO

2 pimientos rojos grandes (unos 450 g), partidos por la mitad, descorazonados y despepitados.

5 tomates pera.

1 cebolla dulce, partida en cuatro trozos, pero sin pelar.

100 ml de aceite de oliva virgen extra, y algo más para untar las verduras.

35 g de almendras blanqueadas.

1 rebanada de pan blanco del día anterior sin corteza (de unos 30 g), tostada.

12 dientes de ajo negro.

1 cucharada de vinagre de arroz.

1 cucharada de sake.

Sal.

Precalienta el horno a 190 ℃.

Unta los pimientos rojos, los tomates y la cebolla con aceite de oliva, colócalos en una bandeja para horno y ásalos, dándoles la vuelta de vez en cuando, hasta que estén chamuscados por todas partes y tiernos (alrededor de 35 minutos los tomates y 50 minutos los pimientos y la cebolla). Deja que se enfríen un poco y luego pela los pimientos y retira las pieles de los tomates y la cebolla.

Mientras las verduras están en el horno, pon las almendras en una bandeja pequeña para horno y tuéstalas en el horno durante 7-8 minutos, hasta que queden bien marrones y empiecen a desprender aroma. Resérvalas en un plato.

Pon las verduras asadas en una batidora, añade las almendras tostadas, el pan, el ajo negro, el vinagre de arroz, el sake y el aceite de oliva y bátelo todo hasta que se forme un puré irregular; debe quedar rústico, no completamente liso. Sazona con sal. Puedes conservarlo en el frigorífico hasta dos semanas.

COGOLLOS CON ADEREZO DE AJO CALIENTE

El casco antiguo de Córdoba es uno de los rincones más mágicos de España, y tiene su pilar en la Mezquita, la gran mezquita-catedral, construida durante el reinado árabe. En las estrechas calles que rodean la Mezquita encontrarás docenas de bares de tapas abarrotados de gente bebiendo Jerez y compartiendo platillos. Este es uno de mis favoritos: cogollos tiernos y dulces bañados en un aliño de aceite de oliva ahumado con sabor a ajo. Me gusta añadir un poco de anchoa picada, casi como en una especie de ensalada César a la española, pero no a todo el mundo le gustan tanto las anchoas como a mí. Puedes degustar este plato con cuchillo y tenedor, pero la mejor opción es coger la lechuga con los dedos e hincarle el diente.

4 cogollos de lechuga Little Gem (o corazones de lechuga romana), partidos por la mitad longitudinalmente.

50 ml de aceite de oliva virgen extra.

2 dientes de ajo grandes, cortados muy finos.

1 cucharada + 1 cucharadita de vinagre de Jerez.

2 anchoas en aceite, picadas finamente (opcional).

Sal marina en escamas.

Pimentón.

Llena un bol grande con agua fría. Sosteniendo las mitades de la lechuga por el extremo de la raíz, sumérgelas en el agua y agítalas suavemente para eliminar la arenilla. Sacúdelas para eliminar el exceso de agua, y luego cubre las hojas con servilletas de papel para que se sequen bien. Divide las hojas de lechuga en cuatro platos.

Calienta el aceite de oliva y el ajo en una sartén pequeña a fuego medio, removiendo de vez en cuando, hasta que el ajo esté ligeramente dorado, alrededor de 3 minutos.

Retira la sartén del fuego y echa el aceite y el ajo a cucharones por encima de la lechuga. Riégalo con el vinagre de Jerez. Decora con las anchoas, espolvorea con sal marina y pimentón y sirve.

PARA 4 PERSONAS

ENDIVIAS CON QUESO DE CABRA Y ALMENDRAS

Las endivias se hicieron para comerlas con las manos. La Madre Naturaleza no pondría un vegetal bonito y robusto como este en la tierra para recostarse y ver cómo los humanos se lo comen con cuchillo y tenedor. El crujido fresco y agridulce de las hojas puede contener un montón de sabores distintos, y esa depresión larga y ancha en el centro es un recipiente perfecto para otros ingredientes. En Jaleo rellenamos tallos de endivia con queso cremoso de cabra, jugosos gajos de naranja y almendras tostadas para obtener el tipo de plato que puedes degustar incluso antes de darle el primer bocado. Puedes servirlas como parte de un conjunto de tapas más grande o acompañando a una porción de carne o pescado a la parrilla, como una pequeña ensalada para llevar.

4 endivias, recortadas y separadas en hojas.

2 naranjas, peladas a lo vivo (véase la página 284).

35 g de almendras tostadas, picadas toscamente.

55 g de queso de cabra fresco, desmenuzado.

Aderezo de ajo caliente (página 92).

2 cucharadas de cebollino picado muy fino.

Coloca 12 hojas de endivia en un plato grande y pon encima de cada una de ellas un gajo de naranja, una pizca de almendras picadas y unas cuantas migas de queso de cabra.

Echa un chorrito del aliño de ajo sobre la endivia, decórala con el cebollino y sirve inmediatamente.

PARA 4 PERSONAS

ENDIVIAS CON VINAGRETAS VEGETALES

Me encanta la idea de aliños hechos con frutas o verduras, que ofrecen un sabor que va más allá de la típica vinagreta de aceite y vinagre. Hemos experimentado con todo tipo de combinaciones (apio, manzana, boniato y más), pero estas dos son las ganadoras.

4 endivias, recortadas y separadas en hojas.

VINAGRETA DE REMOLACHA

3 cucharadas de aceite de oliva virgen extra.

80 ml de zumo de remolacha, hervido durante 2 minutos y dejado enfriar.

1 cucharadita de vinagre de Jerez.

½ cucharadita de mostaza de Dijon.

Sal y pimienta negra recién molida.

1/8 de cucharadita de agua de rosas (opcional).

VINAGRETA DE ZANAHORIA

3 cucharadas de aceite de oliva virgen extra.

60 ml de zumo de zanahoria puro.

½ cucharadita de vinagre de Jerez.

½ cucharadita de miel.

2 pizcas de comino molido.

Sal y pimienta negra recién molida.

Bate juntos todos los ingredientes para la vinagreta y échalos a cucharadas sobre las hojas de endivia.

Esta es una de mis incorporaciones favorita
un gin-tonic al estilo español: llena un va
Cabernet de cubitos grandes de hielo, aña
unos pocos dedos de una buena ginebra
tónica y las pieles de limones, limas o nara
jas. Termina con unas cuantas grosellas
flotando en la parte superior.

LOS
BÁSICOS

FRUTAS DEL BOSQUE

Disfruto viendo el desfile de colores de las frutas del bosque en el
mercado a finales de primavera. Mi familia se vuelve loca con las
cestas de frutas del bosque que traigo los domingos del mercado
agrícola de Bethesda. Las comemos de la misma forma que la
mayoría de familias (mezcladas con el yogur, en batidos, a grandes
puñados directamente de la cesta...), pero aquí tienes algunas ideas
originales para darte una juerga con frutas del bosque.

ARÁNDANOS

Pon un puñado de arándanos, de forma desordenada, en un vaso *old-fashioned* con unas cuantas rodajas de limón y ramitas de menta. Añade un chorrito de sirope de jengibre (página 343) y unos cuantos dedos de bourbon.

FRUTAS DEL BOSQUE VARIADAS

Combina cualquier selección de frutas del bosque en una jarra grande con tiras de pieles de cítricos y unas cuantas cucharadas de azúcar. Deja macerar la mezcla una cuantas horas y después vierte una botella de cava.

FRESAS

Mezcla fresas cortadas en cuartos con azúcar moreno y deja que se maceren durante una hora. Sírvelas con cucharadas de crema agria. Mézclalas con un buen chorro de balsámico de buena calidad y un poco de pimienta negra molida.

FRAMBUESAS

Mézclalas con remolacha, pepino, aceite de oliva y vinagre de Jerez en una batidora, tritúralas y cuélalas para conseguir un gazpacho extraordinario.

PARA 4 PERSONAS

GUISANTES DULCES A LO ETXEBARRI

Bittor Arginzoniz es un dios de la parrilla. En su restaurante Etxebarri, ubicado en un diminuto pueblo en las montañas del País Vasco, todo pasa por el fuego: desde la mantequilla de cabra al chorizo casero o la leche que usa para hacer helado. A Bittor le encanta cocinar las verduras sobre un lecho de madera de roble o de árboles frutales que ha dejado consumir hasta convertirse en brasas encendidas. A lo largo de los años ha recopilado una colección especial de utensilios que le permiten cocinar de esta manera cualquier cosa, desde guisantes baby hasta caviar. No poseo las herramientas especiales de Bittor, sus focos que parecen láseres o su bosque de árboles escogidos específicamente para cocinar, pero con esta receta puedo jugar a ser él por un momento. Esta técnica resulta fantástica con guisantes dulces, pero también funciona a la perfección con otros vegetales más pequeños, como tirabeques, judías verdes, edamame y pimientos de Padrón o shishito.

---

450 g de guisantes dulces.
Aceite de oliva virgen extra.
Sal.
Sal Maldon.

Haz fuego en una barbacoa de carbón, usando un buen carbón (nunca briquetas llenas de químicos). Cuando las brasas estén encendidas, utiliza unas pinzas largas para apilarlas formando un pequeño lecho para los guisantes dulces. (Si tienes una chimenea de interior, puedes hacer lo mismo allí).

Pon los guisantes en una cesta para parrilla o un colador de metal. Mézclalos con el aceite suficiente para cubrirlos, espolvorea con sal y mezcla de nuevo. Pon la cesta para parrilla o el colador directamente en las brasas. Cocínalos sin remover alrededor de 1 minuto (dependiendo de lo calientes que estén las brasas), hasta que los guisantes empiecen a estar ligeramente chamuscados.

Estará muy caliente, así que muévete rápido: con un guante de horno y unas pinzas, sacude la cesta para mover y dar la vuelta a los guisantes, y luego deja que se cuezan otro minuto aproximadamente, hasta que burbujeen un poco. Retira la cesta de las brasas y pon los guisantes en un plato. Echa un chorrito de aceite de oliva, espolvoréalos con sal Maldon y sirve.

Improvisando | *Me encanta la pureza y la simplicidad del humo, la sal y el aceite de oliva en este plato, pero puedes añadirle toques más dinámicos si quieres. Los sabores asiáticos funcionan especialmente bien: el aceite de sésamo y el furikake (véase la página 37), o el ponzu, la soja y el togarashi (polvo de chile japonés).*

GUISANTES

PARA 4 PERSONAS

SOPA DE GUISANTES CONGELADOS

Todos necesitamos más guisantes congelados en nuestras vidas. Supongo que no debería decir esto porque llevo mucho tiempo diciéndole a mi mujer que no compre verdura congelada, hasta que me respondió: ¿Por qué no puedo tener verdura congelada y tú si puedes tener guisantes congelados? Pero es que los guisantes congelados son especiales, pequeñas criaturas verdes felices que mantienen su calidad aun en el clima más frío. Cuando era un niño, siempre pensaba que estaban vivos, jugando unos con otros en el hielo. Solía acercarme sigilosamente y abrir el congelador para pillarlos jugando. Pero siempre paraban antes de que pusiera los ojos en ellos. Sin embargo, hoy en día sigo bastante convencido de que se lo pasan bien en mi congelador (como mi gran amigo Mikel Urmeneta ha plasmado más abajo).

---

480 ml de agua.

Sal.

1 bolsa de 370 g de guisantes pequeños congelados.

1 cucharadita de vinagre de Jerez.

1 cucharada + 1 cucharadita de nata fresca.

1 cucharada + 1 cucharadita de semillas de girasol tostadas o pistachos.

Aceite de oliva virgen extra.

Hojas de menta.

Vierte el agua en una cazuela pequeña, añade una buena pizca de sal y llévala a ebullición.

Pon los guisantes y el vinagre de Jerez en una batidora e incorpora con cuidado el agua hirviendo. Bátelo todo hasta que quede completamente liso. Cuela la sopa a través de un colador fino en un bol (podrías saltarte este paso, pero te aportará una sopa extrasuave). Deja que se enfríe y luego métela en la nevera hasta que esté bien fría.

Remueve la sopa y viértela en cuatro boles helados. Acompáñalos con 1 cucharadita de nata fresca y semillas de girasol en cada uno, un chorrito de aceite de oliva y una hoja o dos de menta y sirve.

Improvisando

Los guisantes y el jamón son una combinación clásica en la cocina española; la grasa salada del cerdo y el dulzor de los guisantes forman una alianza muy sólida. Puedes probar esta sopa de cualquier forma: estrictamente vegetariana o con pequeñas tiras de jamón o beicon crujiente. Y puedes servirla caliente, si lo prefieres. Es difícil equivocarse con este plato.

PARA 1 PERSONA

CACIO E PEPE PARA MICROONDAS

Igual que a mí, a mi hija Lucía le encanta trastear en la cocina. Encontró una receta en internet para preparar pasta en el microondas y empezó a probarla, y los dos nos quedamos muy sorprendidos de lo bien que salió la pasta: al dente, bien sazonada, de forma superrápida y fácil; la técnica perfecta para alguien hambriento. Cacio e pepe es la sencilla pasta romana con queso y pimienta negra que hoy en día se ve en todas partes: la salsa se prepara solo con queso pecorino, mantequilla, mucha pimienta y un poco de agua de hervir la pasta. Soy consciente de que los italianos desearían matarnos, pero esta versión para microondas tiene una importante ventaja respecto al plato tradicional: se usa muy poca agua, lo que significa que el agua para cocinar tiene una concentración de almidón que liga perfectamente la salsa. Y como se prepara tan rápido, es un gran sustituto —y mucho mejor— de los macarrones con queso de caja.

---

100 g de coditos (macarrones).

600-700 ml de agua.

½ cucharadita de sal.

75 g de granos de maíz congelados o de guisantes frescos o congelados.

2 cucharadas de mantequilla.

50 g gramos de queso pecorino o parmesano rallado.

Pimienta negra recién triturada.

Mezcla la pasta y el agua en una fuente apta para microondas y añade una pizca de sal. Cuécela en el microondas al nivel máximo durante 5 minutos. Retira la fuente con cuidado, incorpora los guisantes y vuélve a meterla en el microondas 1 minuto más.

Sin prisa pero sin pausa, escurre la mayor parte del agua en un recipiente, de modo que solo queden unas cuantas cucharadas en la fuente de pasta. Agrega la mantequilla y el queso y remueve enérgicamente para emulsionar el queso y la grasa con el agua de cocinar. La salsa debería empezar a parecerse a una versión ligera de los macarrones con queso; si está demasiado espesa o rígida, añade un poco del agua de la pasta desechada y sigue removiendo. Sazona con mucha pimienta negra triturada y come inmediatamente.

ESPINACAS A LA CATALANA

Este es otro bonito ejemplo de la destreza de los catalanes con las verduras, un plato que toda abuela sabe cómo preparar y todo niño sabe cómo devorar. La combinación de fruta deshidratada y frutos secos tostados hacen de las espinacas algo irresistible, incluso para los comensales más exigentes. Puedes usar cualquier fruta deshidratada que tengas a mano y terminar el plato con un chorrito de vino (cualquier vino que estés bebiendo) para ligar todos los sabores. En Jaleo servimos este plato con una mantequilla de piñones que preparamos nosotros mismos —esta pequeña porción de grasa añade una dimensión más al plato—, pero un toque de mantequilla de almendras también servirá.

---

60 g de mantequilla suave de almendras.

1 cucharada de agua.

50 ml de aceite de oliva virgen extra.

1 manzana Granny Smith pelada, descorazonada y cortada a dados de 7 mm.

75 g de frutos secos variados, como almendras, piñones, pistachos o nueces, tostados (ver nota) y ligeramente picados.

90 g de fruta deshidratada variada, como pasas, dátiles, albaricoques (orejones) y/o higos, ligeramente picados.

1 chalota picada.

450 g de espinacas lavadas y cortadas.

Sal.

1 chorrito de vino blanco.

NOTA: es importante que los frutos secos estén tostados. Tuéstalos en una sartén a fuego medio-bajo, removiendo de vez en cuando, hasta que empiecen a desprender aroma y estén ligeramente dorados, entre 5 y 7 minutos. Déjalos enfriar después en un plato.

Mezcla la mantequilla de almendras con agua suficiente para obtener una textura fácil de untar. Dispón la mantequilla de almendras en un plato de servir con una cuchara y pinta el bol con la mantequilla, utilizando la parte trasera de la cuchara. Reserva.

Calienta el aceite en una sartén a fuego medio. Añade los daditos de manzana y saltéalos hasta que empiecen a caramelizarse. Incorpora los frutos secos y saltéalos, removiendo, durante unos minutos. Añade la fruta deshidratada y la chalota picada y cocínalo todo durante 2-3 minutos, hasta que tanto la chalota como la fruta estén tiernas. Agrega las espinacas y deja que se sofrían, removiendo de vez en cuando para que se hagan por todas partes por igual. Sazona con sal. Añade el vino y cuécelo todo alrededor de 1 minuto, hasta que se evapore el alcohol.

Pon las espinacas en el plato de servir pintado con mantequilla de almendras y sírvelas inmediatamente.

Improvisando

Me encanta preparar este plato con otras verduras de hojas oscuras. La col rizada y las berzas cortadas en trozos pequeños son increíbles, pero mi alternativa favorita es la acelga. Cocina primero los tallos, justo antes de añadir las manzanas a la sartén, y luego sigue los pasos de la receta, removiendo las hojas de acelga en lugar de las espinacas.

ESPINACAS

PARA UNAS 60 EMPANADILLAS

EMPANADILLAS DE ESPINACAS

Las empanadillas son un aperitivo tradicional en toda España, ya sean fritas o al horno, con distintos rellenos de carne o verduras. A mi hermano y a mí nos gustaba tanto el relleno de atún que hacía mi madre que nos lo comíamos antes de que tuviese tiempo de rellenar la masa con él. Seguramente terminarás haciendo lo mismo con esta mezcla de espinacas y queso feta, un guiño a la spanakopita griega.

RELLENO DE ESPINACAS

2 cucharadas de aceite de oliva virgen extra.

1 puerro grande (solo las partes blancas y verde pálido), lavado y cortado muy fino.

5 cebolletas (solo las partas blancas y verde pálido), cortadas muy finas.

½ cucharadita de sal.

¼ de cucharadita de pimienta blanca recién molida.

450 g de espinacas congeladas cortadas, descongeladas, escurridas y cortadas toscamente.

15 g de eneldo picado.

15 g de perejil picado .

1 huevo grande batido.

140 g de queso feta en trocitos.

Sal y pimienta blanca.

1 paquete de 340 g de masa de empanadillas .

Aceite de canola para freír.

Yogur con ajo asado (página 339).

PARA EL RELLENO DE ESPINACAS

Calienta el aceite de oliva en una sartén grande a fuego medio. Añade el puerro y las cebolletas, sazónalos con sal y pimienta blanca y cocínalos hasta que se ablanden sin dejar que se doren, alrededor de 3 minutos. Ponlos en un recipiente grande y deja enfriar.

Agrega las espinacas, el eneldo, el perejil y el huevo al puerro y las cebollas y mezcla bien todo. Añade el feta y mézclalo hasta que quede bien repartido. (El relleno puede prepararse antes y guardarse un día o dos en la nevera).

PARA MONTAR LAS EMPANADILLAS

Dispón unas 10 porciones de masa para empanadillas en una superficie de trabajo. Pon 1 cucharada escasa de relleno de espinacas en el centro de la masa, aplica un poco de agua en los bordes y dóblala para envolver el relleno. Presiona los bordes con la parte de atrás de un tenedor para sellarlos y coloca las empanadillas en una bandeja para horno. Mantén las empanadillas cubiertas con un paño de cocina limpio para que no se sequen mientras sigues rellenando y dando forma al resto.

Cubre una fuente grande con servilletas de papel. Calienta unos 5 centímetros de aceite de canola a 180 °C en una cazuela grande y pesada. Incorpora las empanadillas al aceite caliente en pequeñas remesas, dándoles la vuelta rápidamente cuando toquen el aceite para evitar que se llenen de aire, y fríelas hasta que estén crujientes y doradas por ambos lados, entre 1 minuto y medio y 2 minutos. Una vez fritas, ponlas en la fuente. (Puedes mantenerlas calientes en el horno a 90-95 °C mientras terminas de hacer el resto).

Sirve las empanadillas calientes con el yogur de ajo como acompañamiento para mojar.

PARA 4 PERSONAS

ARROZ FRITO CON 20 VERDURAS

El arroz frito es una de las comidas de lunes favoritas de mi familia, una forma de aprovechar el arroz sobrante de la arrocera y las verduras de la nevera, añadiendo vegetales frescos recién salidos del huerto. Así es como mis hijas aprendieron a usar palillos chinos, compitiendo para ver quién podía engullir primero hasta el último grano de arroz. También es una buena forma de hacer que coman verduras. No es sí o no al brócoli o a la coliflor, es cualquier verdura que quieran, lo que les da el poder de elegir. En China Poblano usamos veinte verduras distintas, pero incluso con solo unas cuantas queda increíble. La clave es cortar en trozos pequeños las verduras crudas de forma que se cocinen rápidamente y de manera uniforme y se mezclen con armonía con los granos de arroz.

---

55 ml + 1 cucharada de aceite de cacahuete, canola o cualquier otro aceite neutro.

4 huevos grandes, batidos.

900 g de verduras variadas picadas finamente (en trozos de 6-7 mm): remolacha, brócoli, coles de Bruselas, col, zanahorias, coliflor, maíz, judías verdes, boniatos, champiñones, guisantes dulces, guisantes congelados… ¡cualquier cosa!

2 cucharadas de ajo picado.

2 cucharadas de jengibre picado.

4 cebolletas (solo las partes blancas y verde pálido), cortadas finamente, con las partes blancas y verdes reservadas por separado.

640 g de arroz hervido de grano largo frío.

2 cucharadas de salsa de soja.

Sal.

Brotes de guisante o germinados de judía (opcional).

● EL TOQUE ● PROFESIONAL

Uno de mis trucos favoritos es dejar reposar el arroz sin removerlo durante 1 minuto antes de servirlo, cosa que crea un fondo crujiente que me recuerda al socarrat de una buena paella.

Calienta 1 cucharada de aceite en un wok grande o una sartén a fuego alto hasta que esté brillante. Incorpora los huevos y revuélvelos con una espátula, hasta que las claras estén cuajadas. Ponlos en un plato.

Añade 2 cucharadas del aceite de la sartén e incorpora las verduras más firmes y densas primero (como la remolacha, la zanahoria, el boniato, la coliflor y/o el brócoli) y saltéalas a fuego medio-alto hasta que empiecen a ablandarse, alrededor de 5 minutos. Agrega después las verduras que se cocinan antes (la col, el maíz, la judía verde, los guisantes, los guisantes dulces y/o los champiñones) y saltéalas hasta que todas las verduras se hayan reblandecido y estén ligeramente doradas. Ponlas en un recipiente grande.

Añade las 2 cucharadas restantes de aceite a la sartén y luego agrega el ajo, el jengibre y las partes blancas de la cebolleta y saltea durante unos 20 segundos, hasta que desprendan aroma. Incorpora el arroz y las verduras cocidas, usando la espátula para remover el arroz, y saltéalo todo hasta que el arroz esté lo suficientemente caliente, aproximadamente 3 minutos. Añade los huevos revueltos, rompiéndolos, y luego echa un chorrito de salsa de soja y sazona con sal.

Remueve un poco más el arroz para asegurarte de que todo está repartido de forma equitativa y luego ponlo en platos y sírvelo, decorado con las partes verdes de la cebolleta y brotes de guisantes (o cualquier otra hoja o hierba aromática que te guste; en serio, en esta receta se trata de improvisar).

VERDURAS VARIADAS

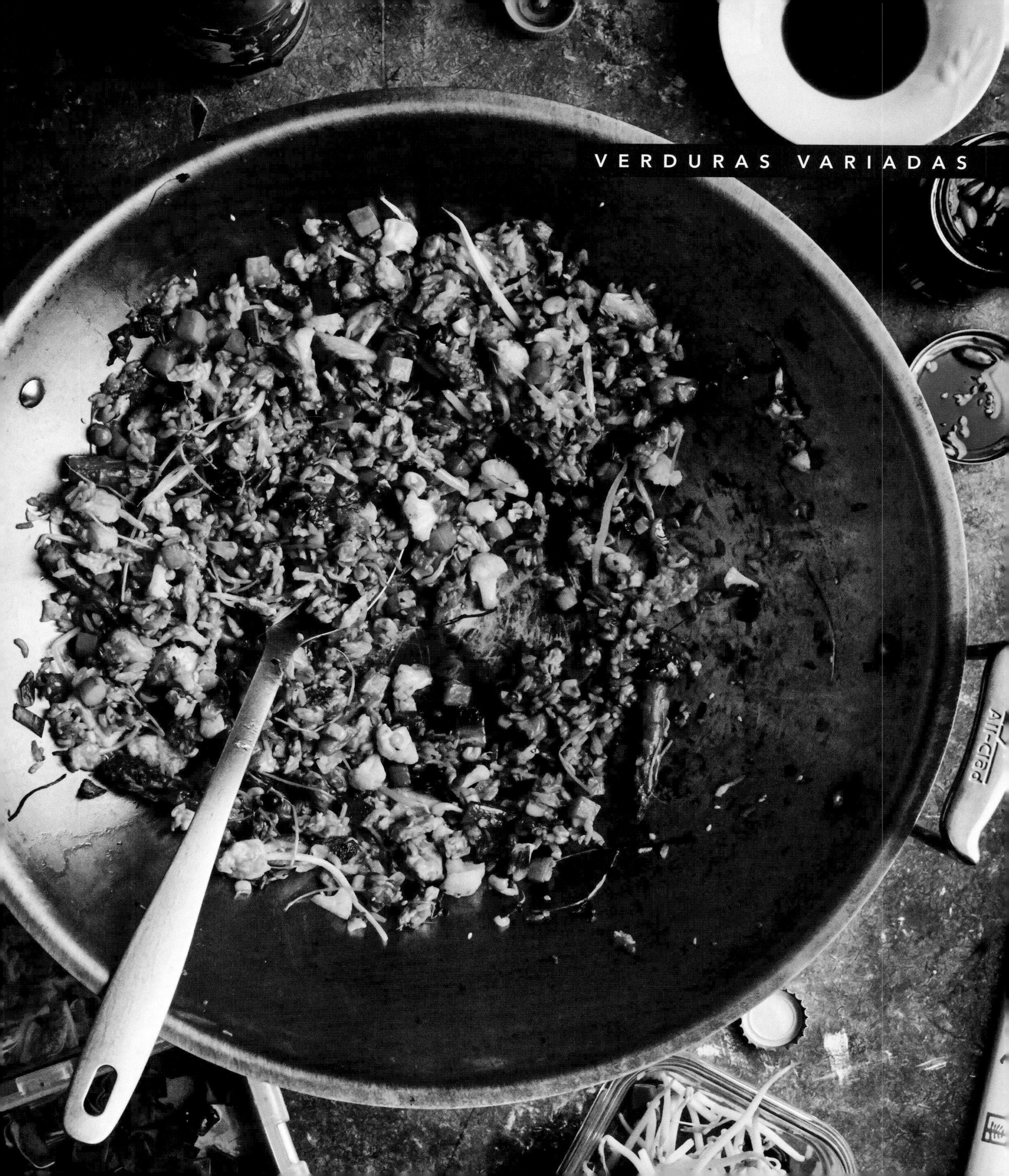

PARA 4 PERSONAS

FIESTA DE TACOS DE ALGA NORI

Estar en la cocina con mis hijas es una de las cosas que más disfruto: juguetear con nuevos sabores y texturas, hablar y comer. Estos tacos de algas son uno de nuestros platos favoritos para preparar juntos. Cualquier persona que haya comido en mi casa sabe lo mucho que me gusta cocinar tacos. Son tacos con hojas de lechuga, endivias, lonchas de jamón, o casi cualquier cosa excepto tortillas; pero, por encima de todo, usamos láminas crujientes de alga nori. Cocinamos un lote grande de arroz, cubrimos la mesa de verduras y condimentos e improvisamos mientras preparamos la cena. Hay que lanzarse: tu nevera, tu despensa y tu armario de las especias están llenos de tesoros. No hay una fórmula establecida; lo genial es que es imposible equivocarse. Esta es una receta mitad japonesa, mitad española, y cien por cien americana.

---

20 láminas crujientes de alga nori.

700 g de arroz para sushi (página 146) o arroz al ajo realmente bueno (página 343).

RELLENOS (elige todos los que quieras)

Aguacate en rodajas o soasado (página 147).

Tomates cherry partidos por la mitad.

Verduras asadas.

Pimientos del piquillo (u otro tipo de pimientos asados de bote).

Picadillo de champiñones (duxelles) (página 244).

Espinacas a la catalana (página 104).

Jamón.

Kimchi.

Caviar.

CONDIMENTOS (tú eliges)

Yogur con ajo asado (página 339).

Salsa de soja.

Ponzu.

Sriracha.

Mojo verde (página 311).

ADEREZOS (de nuevo, tú eliges)

Furikake.

Semillas de sésamo tostadas.

Hierbas aromáticas frescas.

Germinados.

Lechugas baby, separadas en hojas.

Dispón todos los ingredientes en platos o bandejas y espárcelos en la mesa o en la encimera de la cocina. Rellena una lámina de alga nori con un poco de arroz y uno o dos ingredientes como relleno, y añade un condimento y un aderezo. Prepara tacos para ti y también para los demás, sin miedo.

VERDURAS VARIADAS

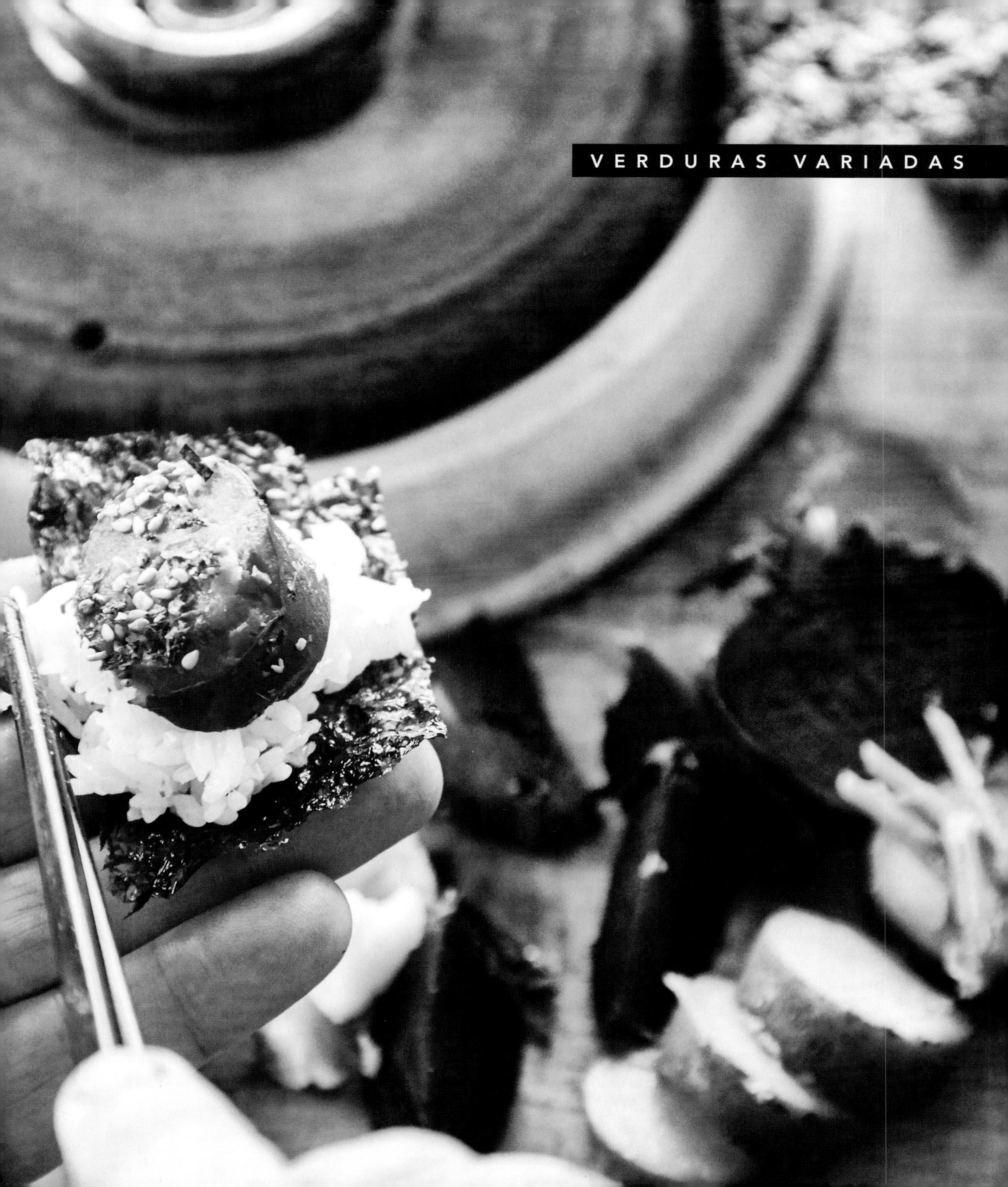

VERDURAS VARIADAS

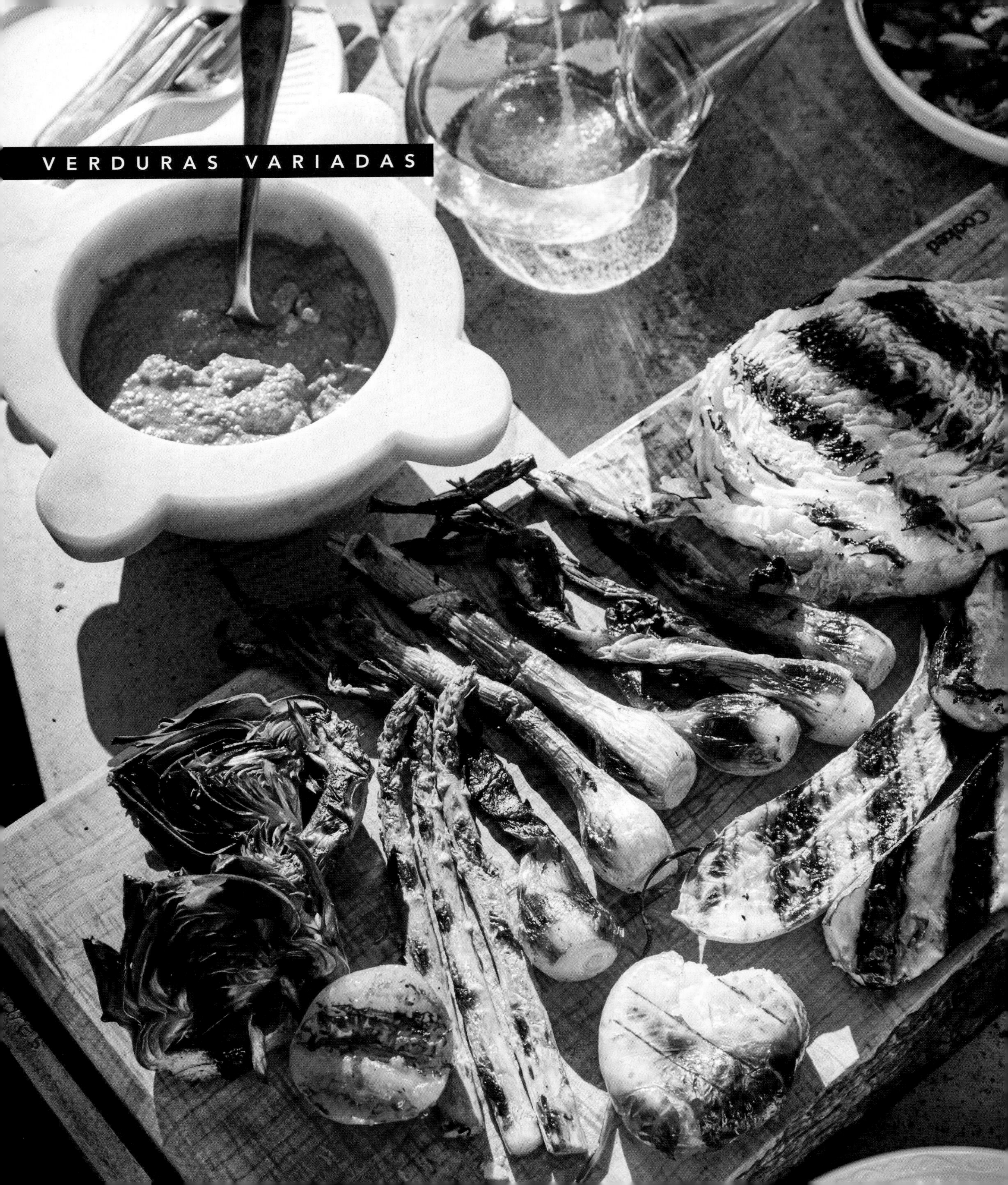

PARA 4 PERSONAS

VERDURAS A LA PARRILLA CON ROMESCO

Los catalanes celebran la llegada de la primavera asando enormes cantidades de las cebollas largas y finas denominadas calçots, *y después retirando la piel externa chamuscada y mojando su interior dulce y suave en boles de salsa romesco. En Estados Unidos no tenemos calçots, pero el romesco funciona muy bien con cualquier verdura a la parrilla. El primer fin de semana cálido de primavera, llama a unos amigos, prepara una remesa de sangría y despídete del invierno de la mejor manera posible: comiendo y bebiendo hasta que todo el mundo quiera volver a hibernar. Puedes sustituir los calçots por espárragos, pero quiero que te superes: compra cinco o seis tipos distintos de verduras y pásalas por el fuego hasta que estén ligeramente chamuscadas y ahumadas. (Si quieres cocinar vegetales más pequeños como judías verdes o guisantes dulces, usa una cesta para parrilla o un colador, como hemos hecho en la página 98, para asarlos). Esto es una fiesta, así que no te reprimas.*

---

4 alcachofas pequeñas partidas por la mitad, sin las hojas más externas ni la pelusilla del centro.

4 patatas medianas.

1 manojo de espárragos, sin la parte leñosa del tallo.

2 calabacines medianos, cortados longitudinalmente en tiras de alrededor de 1,5 cm de grosor.

1 manojo de bimi, o broccolini, sin tallos.

4 corazones de lechuga romana, partidos por la mitad longitudinalmente.

Aceite de oliva virgen extra.

Sal y pimienta negra recién triturada.

Romesco (página 337).

Calienta una barbacoa de carbón (aunque una parrilla de gas también sirve).

Mientras tanto, pon una olla grande con agua en el fuego y llévala a ebullición. Añade las alcachofas y cocínalas durante 10 minutos, o hasta que los corazones estén tiernos. Escúrrelas completamente.

Cuando el fuego esté listo, unta las verduras con aceite de oliva y sazona con sal y pimienta. Envuelve las patatas individualmente en papel de aluminio y entiérralas en las brasas del fuego. (Si usas una parrilla de gas, ponlas directamente en la parte más caliente de la rejilla y ten paciencia). Dispón el resto de las verduras en la rejilla. Cocina los espárragos, los calabacines y el bimi hasta que estén tiernos y ligeramente chamuscados. Asa la lechuga romana hasta que las hojas externas se oscurezcan y se sofrían.

Asa las alcachofas, dándoles la vuelta una vez, hasta que estén ligeramente ennegrecidas por ambos lados.

Esparce papeles de periódico encima de la mesa. Dispón las verduras asadas en tablas de cortar o bandejas grandes para servir y deja que la gente se sirva. Pon un bol grande de romesco en el centro de la mesa. Saca la sangría, la cerveza o el vino y ¡que empiece la fiesta!

PARA 4 PERSONAS

TEMPURA DE VERDURAS

¿Sabías que hay restaurantes japoneses que se dedican exclusivamente a la tempura y que algunos de ellos son tan buenos que han obtenido tres estrellas Michelin? ¡Es cierto! Y eso es porque los japoneses saben que comer diez o doce platos de bocados fritos minuciosamente es una de las formas más deliciosas y sofisticadas de celebrar las verduras. Puedes hacer lo mismo en casa. El primer paso es reunir una gran variedad de vegetales: piensa en formas, colores y tamaños distintos. El siguiente paso es clavar la masa. A lo largo de los años hemos probado docenas de recetas diferentes de tempura (con vodka, con huevo, con bicarbonato, con harinas especiales...), intentando dar con el secreto para la masa perfecta. Pero al final, la masa a la que siempre vuelvo es la más simple de todas: cerveza y harina blanca. Nunca falla.

MASA DE CERVEZA

1 lata o botella de 0,33 l de cerveza suave.

185 g de harina blanca común.

SALSA PARA MOJAR

60 ml + 2 cucharadas de salsa de soja.

3 cucharadas de mirin.

3 cucharadas de agua.

TEMPURA

Algo más de 1 l de aceite neutro, como el de canola u otro aceite vegetal, para freír.

2 boniatos medianos, pelados y cortados transversalmente en rodajas de 6-7 mm de grosor.

12 judías verdes recortadas.

8 tallos de espárragos, cortados en trozos de 15 cm de longitud.

6 setas shiitake grandes, sin los pies, con los sombreros cortados por la mitad.

3 tupinambos, limpios y cortados en rodajas de 6-7 mm de grosor.

12 guisantes dulces.

1 zanahoria grande, pelada y rallada en tiras finas con un pelador en forma de Y.

PARA ACOMPAÑAR

Rábano daikon rallado muy fino.

Jengibre fresco pelado y rallado muy fino.

1 lima, cortada en 4 porciones.

Sal Maldon.

PARA LA MASA

Mezcla la cerveza y la harina en un bol y remueve hasta que se forme una masa; no las mezcles demasiado. Tapa la masa y resérvala en la nevera hasta su uso. Remuévela de nuevo antes de utilizarla.

PARA LA SALSA PARA MOJAR

Mezcla la salsa de soja, el mirin y el agua en una cazuela pequeña y llévala a ebullición. Retira del fuego y deja que se enfríe.

PARA LA TEMPURA

Calienta unos 7 centímetros de aceite a 200 °C en una cazuela grande y profunda a fuego medio-alto, o utiliza una freidora profunda. Trabajando en tandas, moja las verduras en la masa, dejando que el exceso de masa gotee, e incorpóralas con cuidado al aceite caliente. (Cuando frías las zanahorias, junta 3 o 4 tiras para crear un nido antes de cubrirlas con la masa). Fríe las verduras hasta que la masa esté bien dorada. Con una espumadera, pasa la tempura a una rejilla para enfriar o a un plato cubierto con servilletas de papel. Asegúrate de que el aceite vuelva a estar a 200 °C antes de empezar con una nueva remesa.

Sirve la tempura con la salsa para mojar, daikon y jengibre rallados, rodajas de lima y sal Maldon.

VERDURAS VARIADAS

CAPÍTULO **CINCO**

VERANO

ANDALUCÍA

Córdoba

🕐 **23:15** | *Martes, 18 de julio*

En una calle secundaria adoquinada, a la sombra de la gran Mezquita-Catedral de Córdoba, donde los árabes reinaron una vez en el sur de España en un califato que duró cien años, nos encontramos en un patio iluminado con luz tenue, rodeado de platos llenos de verduras. Es la hora de cerrar, el restaurante está vacío y los camareros nerviosos, pero tenemos trabajo por delante.

Cogollos: lechuga romana baby partida por la mitad y aderezada con aceite de oliva con toques de ajo y pimentón; una combinación de hojas calientes y grasas y otras frescas, bañadas con un aroma de ajo asado ahumado.

Berenjenas con miel: rodajas de berenjena en forma de media luna cubiertas de harina y fritas en aceite de oliva, y luego regadas con un chorro abundante de miel.

Salmorejo: el hermano exquisito y sofisticado del gazpacho, un puré de suavidad aterciopelada con tomates, ajo, pan del día anterior y un río de aceite de oliva. El plato se termina con un huevo duro picado y pequeños trozos de jamón por encima. Es el orgullo de Córdoba, tan omnipresente como el sol abrasador del verano.

Nos estamos comiendo toda Andalucía en dirección a Cádiz, donde José y su familia se instalarán durante el verano. Es muy apropiado empezar en el corazón de Córdoba, en el centro neurálgico del que en el pasado fue el gran al-Ándalus, porque casi todo lo que comeremos la siguiente semana lleva la huella del período arábigo de España: arroz, azafrán, miel, una docena de verduras nuevas... Los árabes trajeron consigo casi la mitad de la despensa española de hoy en día al cruzar el estrecho de Gibraltar.

Por supuesto, existen otros platos —el pollo relleno de jamón y queso llamado *flamenquín*, o una porción de rabo de toro estofado—, pero estamos en Andalucía en el mes de julio, y aquí las verduras preparadas de forma sencilla y las sopas frías mantienen a raya el calor sofocante.

> Casi todo lo que comemos tiene la huella del período arábigo de España.

Encontramos otro bar que sigue abierto cerca de la medianoche y pedimos lo mismo que antes. José razona: *Tenemos que ver todas las versiones que podamos de cada plato*, y añade un filete, 450 gramos de gamba blanca hervida y unos cuantos gin-tonics, por si acaso.

No todo tiene que ser verdura.

Vejer de la Frontera

🕐 **12:37** | *Miércoles, 19 de julio*

Los llaman *los pueblos blancos*. Encaramados en lo alto de la montaña a lo largo del sur de España, brillando como faros en un mar de terreno árido, los pueblos blancos son las aldeas con las que sueñas cuando piensas en Andalucía. Y Vejer de la Frontera, a unos 160 kilómetros al sur de Sevilla, tiene todos los ingredientes: casas tan blancas que te harán entornar los ojos al sol, calles tan estrechas en las que a duras penas cabes, bares diminutos en los que el fino corre por la calle durante todo el verano. Deambulamos de bar en bar, requisando los barriles de Jerez que hacen las veces de mesas en esta parte del país, llenándolas de Jerez y aperitivos salados y rodeándolas de amigos temporales.

Vejer puede ser la estrella, pero para José el verdadero tesoro reside a la sombra del pueblo, al final de una estrecha carretera polvorienta, donde un pequeño y modesto bar produce el tipo de menú del que están hechos los recuerdos culinarios. La Venta del Toro básicamente sirve un solo plato: huevos fritos con patatas. *Son huevos con patatas, pero es mucho más que eso*, dice José.

Entramos a codazos en la caja de zapatos donde Maruja Gallardo cocina los huevos, dos a la vez, en 65 mililitros de dorado aceite de oliva andaluz. Al contrario que la mayoría de los españoles, que fríen los huevos de forma agresiva hasta que están crujientes, doña Maruja los cocina en un aceite que apenas hace burbujas, lo que da como resultado unos huevos delicados y cremosos. Estudiamos sus movimientos, buscando el secreto para la delicia que emerge de su cocina. Como todas las grandes cocineras humildes, trabaja por instinto, y cuando le preguntas esto o aquello, sonríe y se encoge de hombros.

Más allá de los famosos huevos, el bar sirve a diario un potaje de verduras. Hoy toca uno de judías verdes guisadas con tomates y garbanzos y un toque de laurel; el tipo de creación mediterránea simple que conmueve profundamente a José.

Un viaje a cualquier lugar de España con José requiere un depósito de hambre y aguante, pero escribir un libro añade una capa extra de intensidad a nuestro plan culinario de alto voltaje. Comemos como hóbbits —segundo desayuno, tercera comida—, buscando pistas para éxitos futuros en los platos que cubren mesa tras mesa.

En un momento dado le recuerdo a José que no podemos escribir un libro de cocina simplemente comiendo, que en algún momento tendremos que meternos en la cocina. Él finge que no me ha oído y pide otro plato de huevos.

Mercado de Abastos, Zahara de los Atunes

> ❝ El gazpacho es más que un plato estándar: es un proyecto para los productos agrícolas de temporada.

🕘 **9:14** | *Viernes, 21 de julio*

¡Hoy hacemos una clase magistral de gazpacho!, anuncia José desde el asiento del conductor de nuestro BMW alquilado, con el destello de la arena y el mar del sur de España de fondo. Después de cuatro días dedicados a comer, por fin estamos preparados para cocinar.

José y su familia llevan años pasando los veranos en Zahara de los Atunes, un pequeño pueblo pesquero en la Costa de la Luz, a medio camino entre Cádiz y Gibraltar. El pueblo no es más que unas cuantas calles llenas de bares y tiendas para turistas, pero la playa se extiende a lo largo de kilómetros; una franja de arena dorada y fina respaldada por el magnífico Mediterráneo, que centellea con la luz de la mañana. En la distancia, las colinas blancas de Tánger señalan la puerta de entrada a África.

Aparcar en Zahara es difícil, de modo que José ha desarrollado su propio sistema: colocar el coche en un espacio inoportuno y encender las luces de emergencia. Una vez dentro del Mercado de Abastos, el lugar donde empiezan todos los días de José en el pueblo, la sensación de urgencia se disipa. Es un pequeño pero poderoso grupo de vendedores, con una representación impresionante de la famosa población de atún rojo nadando en los puestos. Nos instalamos en la barra del bar para tomar un café con leche y una tostada consistente restregada con tomate y chorreando aceite de oliva.

Una vez absorbidas la cafeína y las calorías, José está listo para comprar. Se mueve de un puesto a otro, saludando a los pescaderos, los carniceros y los agricultores con bromas y provocaciones sutiles. La mitad del verano ha convertido las fruterías y las verdulerías en un arcoíris del poderío agrícola de España: pirámides de pimientos, montañas moradas de berenjenas, montones de fantásticos melones de piel áspera y frutas con hueso.

No sorprende que José tenga el gazpacho en mente; aquí está en la mente de todo el mundo, es el héroe del verano andaluz, y se bebe como agua vitamínica para saciar la sed colectiva del sur de España bajo el calor sofocante de julio. Pero los tomates son solo una parte del cuadro. Vamos de un puesto a otro recolectando ingredientes potenciales: cajitas de bayas estivales, una caja de cerezas borgoñas, bolsas de pepinos, pimientos y hierbas aromáticas. *Puedes hacer gazpacho con cualquier cosa*, me explica José por tercera vez esta mañana.

La esposa de José, Patricia, conocida como Tichi, creció justo al este de Zahara, en la bulliciosa ciudad portuaria de Algeciras, y el verano es la excusa para una larga reunión familiar con todo el clan: hermanos, primos, amigos de la infancia. La madre de Tichi, Pilar, es la reina indiscutible del gazpacho, y su interpretación clásica —tomate, pepino, pimiento verde, ajo, aceite de oliva y vinagre de Jerez— se convierte en la savia de la casa durante el verano.

Pero el gazpacho es más que un plato estándar: es una idea, un plan para extraer lo máximo de los productos agrícolas de temporada. Preparamos un gazpacho verde, una versión con melón y menta y un toque de ajo. La caja de cerezas del mercado será la base para otro gazpacho, que se completará con tomates, pimientos rojos y vinagre de Jerez. José dice: *Como todo en la cocina, hay que pensar en el equilibrio. Un poco dulce, un poco salado, un poco ácido. Mezcla, pruébalo y rectifica.* Fresas, sandía, aguacate; todos esperan para convertirse en gazpacho en algún momento de la semana.

Aunque los ingredientes son flexibles, la técnica no lo es. *Siempre hay que batir la base hasta que quede muy lisa. Si quieres textura, añádela con los condimentos,* dice José. Aderezamos algunos de ellos con ingredientes de la propia sopa cortados en trozos muy pequeños, otros con picatostes de pan fritos en aceite de oliva.

José dedica una cantidad de tiempo nada desdeñable a ese otro clásico remedio español contra la sed: la sangría. Cada día hay una nueva sangría que probar antes de la comida. Ayer era de cerezas, vino tinto y vermut como base; mañana será de melocotones, tomillo y vino blanco. Hoy José mezcla trozos de melón verde con azúcar, menta fresca y la piel de una lima y una naranja. (Para más información sobre la filosofía de la sangría de José, véanse las páginas 76-77). Dos horas después, justo antes de que se sirva la comida, vacía dos botellas de cava helado en la jarra. La mayor parte de la sangría desaparece antes de probar los primeros bocados.

Casa Andrés, Zahara de los Atunes

🕐 **16:45** | *Sábado, 22 de julio*

Tomates por todas partes, un mar rojo que cubre la cocina y se desparrama hacia las habitaciones contiguas. El equivalente culinario de aquella escena de *El resplandor*. Nuestro nivel de gazpacho en sangre (NGS) ya ronda el 20 %, así que José busca otras formas de trabajar la fruta. El sofrito, por supuesto; esa salsa de tomate y cebolla que se encuentra en tantas ollas y cazuelas a fuego lento en toda España. Y también el salmorejo, otra parte de la Santísima Trinidad de las sopas frías del sur de España (la tercera es el ajoblanco, de ajo y almendra), elaborado con pan del día anterior, ajo, tomates y aceite de oliva suficiente para que sepa como una mousse de tomate.

Más tomates se cortan por la mitad, se cubren con aceite de oliva y hierbas aromáticas frescas y se meten en el horno a 90 °C durante toda la noche; un ritual anual iniciado por Luis Bellera, el cuñado de José y su compañero favorito en la cocina durante el verano. Los tomates se presentan con una textura parecida a la mermelada, y son adictivos, como una fruta seca para adultos. Los colocamos sobre arroz prensado para crear unos bocaditos de sushi vegetal como aperitivo para más adelante.

Estamos inmersos en una sesión de última hora de la tarde cuando José regresa a nuestro desayuno en el bar del mercado de esta mañana: un plato de huevos revueltos servido sobre un lecho de tomates. *Tomate y huevos, ¿existe una combinación mejor?*, había dicho en el bar, tenedor en una mano, vaso de manzanilla en la otra. *Cada cultura tiene una versión distinta: china, cubana, turca.*

La versión de José empieza con una cazuela muy caliente cubierta de aceite de oliva. Él separa la clara de la yema de los huevos, bate las claras hasta que están espumosas y después incorpora las yemas poco a poco antes de incorporarlo todo a la cazuela. Los huevos apenas han tocado la cazuela cuando José la retira del fuego, removiendo y desechando los trozos cuajados de la masa dorada. Justo cuando los huevos empiezan a cuajarse, los coloca sobre cuatro rodajas gruesas de tomate maduro, aderezadas con aceite de oliva y sal gruesa y un chorrito de vinagre de Jerez. Filete de tomate y huevos.

A pesar de ser el propietario de algunos de los restaurantes modernos más ambiciosos de Estados Unidos; a pesar de sus años enseñando la ciencia de la cocina vanguardista en Harvard, por no mencionar que fue uno de los primeros chefs que puso en práctica el sistema de El Bulli, quebrando platos tradicionales en trozos pequeños y luego juntándolos de nuevo, José sigue siendo un alma antigua en la cocina cuyo GPS interno lo conduce a sabores y texturas de la infancia. En ningún lugar queda más de manifiesto lo que digo que aquí, en la España profunda, hogar de la cocina más pura del país.

Tal vez sea la temperatura que supera los 30 °C; quizá sea su suegra, de setenta y ocho años, que no se sorprende con la innovación, pero lo cierto es que José cocina y come de forma distinta cuando está aquí: con una energía menos juguetona, menos frenética, más centrada en una sola técnica sencilla. La despensa contiene poco más que aceite de oliva, vinagre, sal y hierbas aromáticas frescas. (Por estos lares, la pimienta negra se considera agresiva).

El verano es la época más fácil para ser cocinero, dice. ¿Qué más quieres cuando los sabores son intensos y auténticos? No anhelas la complejidad; anhelas la pureza.

Casa Andrés, Zahara de los Atunes

🕒 **15:30** | *Domingo, 23 de julio*

Hace unos años, José llevó a Eric Ripert, chef del restaurante Le Bernardin, en Nueva York, a Zahara, y ahora Eric y su familia alquilan una casa aquí casi todos los veranos. Muchos días, salen a pasear por el pueblo para tomar un aperitivo y luego la comida. Eric y su mujer, Sandra, se muestran entusiasmados al saber que estamos trabajando en un libro dedicado a las verduras y esperan una alternativa más ligera a las embestidas culinarias habituales. *Tuve que hacer una dieta depurativa después del verano pasado*, me susurra al oído Eric en privado.

Pero no tiene por qué ser así. La cocina rebosa de vegetales: aceitunas de todos los colores y tamaños, marinadas en todo lo que cae en manos de José (hierbas aromáticas, pieles de cítricos, vinagres y especias); espárragos blancos en conserva servidos con una salsa hecha con el líquido de la conserva y queso manchego; un plato con distintas capas de verduras salteadas, como champiñones, pimientos, cebollas y berenjena, cocinadas individualmente para preservar su sabor y su textura.

José convence a Eric para que cocine cada pocos días, y Eric, que es básicamente el tipo más majo del planeta, lo complace. Un increíble tartar de atún un día, un ligero cuscús de verduras el siguiente. Esta tarde, la última de los Ripert en Zahara, la cosa se pone más seria.

Eric está preparando una bullabesa con pez de roca que ha comprado en el mercado de Zahara. Cuece a fuego lento salmonete y cabracho con hinojo, puerros y Pernod, construyendo una base estimulante para su famoso guiso. José, que nunca abandona del todo su cocina, decide hacer *un poco de arroz*, lo que significa una paella del tamaño de un reloj solar, sobre unos langostinos gruesos y dulces. De repente es España contra Francia, la oda de cada país al mar que comparten.

Las verduras quedan en un segundo plano mientras una docena de almas hambrientas alternan bocados entre las dos creaciones: una cucharada del aromático caldo con su toque anisado, un tenedor con arroz pringado con sofrito y esencia de mar; canciones que se baten en duelo cantadas en la clave del Mediterráneo.

Al principio, el único sonido en la mesa es el de los tenedores chocando y las cucharas deslizándose por el plato.

Finalmente, José rompe el silencio: *¡Lo tengo! ¡Una bullabesa sin pescado!*.

¿Una sopa de pescado sin pescado? Eric simplemente sonríe y niega con la cabeza.

Confiad en mí. Será increíble.

PARA 4 PERSONAS

CUATRO RECETAS DE MAÍZ PARA MICROONDAS

Hervido, al vapor, a la parrilla... Hay muchas formas de cocinar el delicioso maíz, pero parece que, para mi eterna sorpresa, el microondas las supera todas. No hay nada más simple: el maíz sale tierno y dulce y las hojas y las barbas se desprenden casi sin esfuerzo. Luego el maíz es tu lienzo: solo tienes que abrir tu despensa, liberar tu imaginación y empezar a pintar. Mayonesa, salsa picante, miso, semillas de sésamo, polvo de chile, migas de palomitas, parmesano rallado... Podrías hacer esto cada día del año y nunca comerías dos veces la misma versión. Aquí presentamos cuatro formas muy elegantes para empezar.

4 mazorcas de maíz en su hoja

Pon 2 de las mazorcas de maíz en el microondas y cocínalas a la máxima intensidad durante 7-8 minutos. Retira el maíz con cuidado y corta la parte inferior de cada mazorca (unos 6 milímetros). Coge la mazorca por la parte superior y las hojas y las barbas deberían desprenderse, dejando una mazorca limpia. ¡Magia! Repite la misma operación con las 2 mazorcas restantes. (Si solo vas a cocinar una mazorca de maíz cada vez, te llevará 5-6 minutos). Cuando el maíz esté cocido, úntalo en abundancia y espolvoréalo con alguna de las siguientes combinaciones.

1 MAÍZ CON SALSA CRIOLLA RÉMOULADE

MEZCLA Y UNTA ABUNDANTEMENTE

75 g de mayonesa.
1 cucharada de mostaza de Dijon.
1 cucharadita de zumo de limón recién exprimido.
1 cucharadita de perejil picado.
1 cucharadita de salsa picante.
1 cucharadita de alcaparras picadas.
Unos cuantos golpes de salsa Worcestershire.
½ cebolleta (solo las partes blancas y verde pálido), cortada en rodajas muy fi
2 cucharaditas de pepinillos picados muy finos.
Sal.

ESPOLVOREA

1 cucharadita de pimentón picante.
¼ de cucharadita de pimienta roja.

2 MAÍZ CON SALSA DE SÉSAMO Y YOGUR

MEZCLA Y UNTA ABUNDANTEMENTE

140 g de yogur griego.

2 cucharadas de tahini.

½ cucharadita de sal.

1 cucharada de zumo de limón recién exprimido.

ESPOLVOREA

1 cucharada de za'atar.

3 MAÍZ CON MANTEQUILLA DE MISO

MEZCLA Y UNTA ABUNDANTEMENTE

4 cucharadas de mantequilla a temperatura ambiente.

2 cucharadas de miso blanco.

ESPOLVOREA

1 cucharada de furikake.

¼ de cucharadita de togarashi.

4 ELOTE LOCO

MEZCLA Y UNTA ABUNDANTEMENTE

1 pizca de polvo de chile piquín o chile de árbol o pimienta roja.

1 pizca de pimienta negra recién molida.

60 g de mayonesa.

ESPOLVOREA

½ cebolla blanca pequeña, picada.

55 g de queso fresco rallado muy fino.

2 cucharadas de quicos picados muy finos.

Hojas de 3 o 4 ramitas de cilantro cortadas finamente.

1 lima cortada en cuatro trozos.

SOPA DE MAÍZ DE AUSTIN GRILL

Cuando me mudé a Washington había un restaurante llamado Austin Grill, que cumplía el sueño de mis amigos Rob y Robin Wilder de tener un restaurante Tex-Mex en D. C. Estaban buscando un chef para abrir un restaurante español, que también sería el primero en la capital. Cuando llegué a la ciudad para hacer una entrevista para esa posición, los Wilder me llevaron a Austin Grill. Lleno de vida y buen karma, fue mi primera experiencia en un Tex-Mex. Quedé enamorado de esta sopa de la gran chef Ann Cashion. Y me enamoró el estilo del restaurante, una comida excelente en un entorno informal y divertido. Acepté el trabajo, me mudé a Washington y con el tiempo creé una serie de restaurantes inspirados en la mezcla especial de Austin Grill de comida seria y ambiente relajado. Este es un pequeño homenaje al Austin Grill, y a mi amigo y socio, Rob Wilder.

---

3 cucharadas de aceite de oliva virgen extra.

1 cebolla amarilla picada.

2 chiles poblanos picados.

2 dientes de ajo picados.

4 mazorcas grandes de maíz, desvainadas, sin barbas y desgranadas.

180-240 ml de leche entera.

Sal y pimienta negra recién molida.

PARA TERMINAR

115 g de queso cheddar rallado.

Cilantro picado.

Nachos.

Calienta el aceite en una cazuela mediana a fuego medio. Añade las cebollas y cocínalas unos 5 minutos, hasta que estén tiernas. Agrega los chiles poblanos y la mitad de los granos de maíz y cuece hasta que todo esté tierno, alrededor de 10 minutos.

Mientras tanto, tritura el resto del maíz en una batidora o en un robot de cocina hasta que quede liso.

Incorpora y remueve el puré de maíz y 180 mililitros de leche en la sopa y cuece a fuego lento unos minutos para que los sabores se fusionen. Añade 60 mililitros más de leche para que la sopa quede más fina, si es necesario. Sazona con sal y pimienta.

Para servirla, dispón una cucharada generosa de queso rallado en la base de cada uno de los cuatro boles. Echa la sopa a cucharones encima y decora con cilantro y nachos.

**• EL TOQUE •
PROFESIONAL**

Esta sopa está de pecado mortal; tanto que casi puedes comértela como si fuera una salsa para mojar. Si quieres convertirla del todo en una salsa para mojar, incorpora unos 235 gramos de queso cheddar en la sopa. Sírvela con un bol de chips de maíz o tortillas de maíz calientes y una ronda de cervezas bien frías.

PARA 4 PERSONAS (UNAS 16 TORTITAS DE MAÍZ)

TORTITAS DE MAÍZ AL ESTILO IRMA ROMBAUER

De los miles de libros de cocina que tengo en casa, uno de mis favoritos es mi ejemplar de una de las primeras ediciones de Joy of Cooking, *firmado por Irma Rombauer. Cada cocina debería tener una biblia culinaria como esta; una guía enciclopédica para preparar todos los platos fundamentales. Sin fotos, sin flash, sin trampas, solo una página tras otra de recetas prácticas. Un verano, hace muchos años, me detuve en uno de esos puestos al lado de la carretera y compré un poco de un fantástico maíz Silver Queen. Cuando llegué a casa, abrí* Joy of Cooking, *encontré esta receta y, quince minutos después, mi familia devoraba estos increíbles pastelitos. También resultan extraordinarios como aperitivo o acompañamiento, o como plato principal si los sirves con huevos, lo cual recomiendo (pruébalo para desayunar).*

160 g de harina de maíz de buena calidad molida a la piedra.

2 cucharadas de mantequilla fundida.

1 cucharadita de sal.

240 ml de agua hirviendo.

120 ml de leche entera.

1 huevo grande.

2 mazorcas de maíz medianas, desvainadas, sin barbas y desgranadas.

125 g de harina blanca común.

2 cucharaditas de levadura.

Mantequilla o aceite para engrasar la sartén.

GUARNICIÓN

Miel (opcional).

Quicos o granos de maíz.

Sal Maldon.

Mezcla la harina de maíz, la mantequilla y la sal en un bol mediano resistente al fuego. Añade el agua hirviendo y remueve hasta que quede suave. Cubre y deja reposar durante 10 minutos.

Bate la leche con el huevo en otro bol, hasta que la mezcla quede espumosa. Incorpórala en la masa de harina de maíz, junto con los granos de maíz. Mezcla la harina blanca con la levadura en un bol pequeño y luego incorpórala a la masa.

Engrasa ligeramente una plancha o una sartén grande y caliéntala a fuego medio-alto. Para cada tortita vierte unos 60 gramos de la masa (1/4 de taza) en la plancha para formar un pastelito fino, de alrededor de 7 centímetros de diámetro; no llenes demasiado la plancha. Cocina las tortitas unos 2-3 minutos, hasta que aparezcan burbujas en la superficie, y luego dales la vuelta y cocínalas hasta que la base esté dorada, 30 segundos o 1 minuto más. Retíralas de la plancha y continúa haciendo más tortitas.

Para servirlas, acompaña cada una con un chorrito de miel (si te apetece), unos quicos o granos de maíz frescos y una pizca de sal Maldon.

Improvisando

Puedes servir estas tortitas con una docena de condimentos distintos, desde salsa de mango fresco hasta guacamole o unos cuantos golpes de tu salsa picante favorita. Yo soy un purista, de modo que los como solos, pero improvisa todo lo que quieras.

UCHEPOS

La primera vez que probé un uchepo fue en una visita a Michoacán para ver las famosas mariposas monarca de la región. (Soy un gran aficionado a las mariposas). A mitad de camino recibí una llamada de Diana Kennedy, la gran autoridad culinaria mexicana, que me citaba en su casa, a unas cuantas horas al sur, en Oaxaca. Diana ha dedicado su vida a descubrir el quién, el qué, el cuándo, el dónde y el cómo de la gastronomía regional mexicana, y cuando te invita a comer, aparcas todo lo que estés haciendo. Así que ese día mi familia fue a ver las mariposas y yo fui a ver a otra fuerza de la naturaleza, una de las antropólogas de la comida más increíbles que el mundo haya visto. Aquel día me sirvió uchepos, que son similares a los tamales, pero hechos con maíz fresco, lo cual les aporta una dulzura y una pureza de sabor extraordinarias. En Oyamel preparamos nuestros propios uchepos. Pueden servirse salados, con salsa y un chorrito de crema, o dulces, con leche condensada.

12 mazorcas de maíz, desvainadas, sin barbas y desgranadas, o 4 paquetes de 280 g de maíz congelado, descongelados.

85 g de harina de sémola.

80 ml de leche.

5 cucharadas de mantequilla.

2 cucharadas de crema mexicana o nata fresca, y más para servir.

2 cucharaditas de sal.

1 cucharadita de azúcar.

8-10 vainas de maíz empapadas en agua caliente hasta que queden muy maleables.

Salsa de tomatillo y chile de árbol (página 338).

Queso fresco.

Para preparar la masa, mezcla algo más de 1 kilo del maíz, la harina, la leche, la mantequilla, la nata, la sal y el azúcar en una batidora y tritura.

Escurre las vainas de maíz empapadas. Coloca una vaina en una superficie de trabajo con el extremo más ancho cerca de ti. Vierte con un cucharón 1/2 taza escasa de la masa en la vaina y echa encima unos 45 gramos de los granos de maíz enteros. Dobla los lados de la vaina sobre el relleno para envolverlo, y luego dobla encima el extremo más lejano; deja abierto el borde más cercano a ti. Pon el uchepo en un plato, con el cierre hacia abajo. Repite el mismo proceso con las vainas, la masa y los granos de maíz frescos restantes.

Rellena el fondo de una vaporera con agua y coloca los uchepos en la cesta de la vaporera. Lleva el agua a ebullición a máxima temperatura y luego reduce la temperatura, tapa la cesta y cocina al vapor los uchepos lentamente durante 1 hora y media, revisando el nivel del agua de vez en cuando.

Sirve los uchepos calientes con la salsa, el queso fresco y la crema. Pueden recalentarse sin problemas, de modo que puedes guardar en la nevera o en el congelador los restos y recalentarlos (descongelándolos antes) en el microondas.

GUERREROS
DE LA COMIDA

UP TOP ACRES

WASHINGTON D. C.

La idea de Up Top Acres empezó con un semillero plantado en la azotea de Oyamel, mi restaurante mexicano en el Penn Quarter de Washington. Primero vino una porción de microhierbas: diminutas hojas de cilantro, brotes de guisantes y pequeñas sombrillas de albahaca y orégano. Luego unas cuantas filas de lechuga tierna. Un inicio humilde, pero las plantas germinaban y las raíces se hundían cada vez a mayor profundidad.

Desde que se construyó el edificio en la esquina de la Séptima con la calle D, su azotea era tan inútil como las miles de azoteas que pueblan el paisaje urbano de D. C. Las azoteas son como desiertos en la ciudad, espacios vacíos que hacen poco más que absorber luz. Pero Kathleen O'Keefe, Kristof Grina y Jeff Prost-Greene, las tres personas que están detrás de Up Top Acres, vieron el potencial para aprovecharlas: convertir estos pequeños terrenos urbanos desiertos en espacios verdes, y de paso alimentar a personas.

La revolución agrícola del siglo XXI es una revolución de ideas. Los agricultores no pueden trabajar más duro de lo que lo hacen, de modo que es preciso hacerlo de forma más inteligente. Por suerte, tenemos a las mentes más brillantes del país buscando soluciones creativas a algunos de nuestros mayores desafíos: los reducidos espacios abiertos, la escasez de agua o el consumo de combustible necesario para transportar la comida. ¿Sabías que el 80 % de los habitantes de Estados Unidos vive en ciudades? ¿O que los alimentos

viajan una media de 2.400 kilómetros antes de llegar a tu mesa? Estos son los retos que tenemos que afrontar en los próximos años, y Up Top está poniendo su granito de arena.

Los huertos de azotea son como los *food trucks* del mundo agrícola: aportan una alternativa a la tradicional granja de mamá y papá y suponen una puerta de entrada más fácil para agricultores jóvenes que quieren poner en marcha sus propios proyectos. Los tres miembros detrás de Up Top, criados en Washington, son como los Vengadores de la agricultura moderna, cada uno con un campo de especialización particular: Kathleen es urbanista, Kristof es experto en ciencias del suelo y Jeff se centra en la parte del negocio. Juntos están ampliando el conjunto de herramientas de la agricultura tradicional. Recogen datos sobre precipitaciones en la ciudad, analizan datos sobre el rendimiento del terreno y se han asociado con la Universidad de Maryland para investigar sobre azoteas verdes.

Este es el camino hacia delante, una forma de combatir la falta de comida, de ayudar a eliminar los desiertos alimentarios, de convertir espacios en desuso en oportunidades. Con innovaciones como estos huertos de azotea, la agricultura se convertirá en algo menos aislado, más interdisciplinar e interconectado, en una parte más de nuestras comunidades. Kathleen dice: *Queremos cambiar el concepto de ciudad que tiene la gente. Queremos que las ciudades sean ecosistemas donde se pueda vivir y respirar, en lugar de junglas de hormigón. Queremos que la agricultura de azotea sea la norma.* Y ya está pasando: Up Top Acres, que se encarga de gestionar fincas en el área de D. C., ha contribuido a que Washington se convierta en la ciudad líder en azoteas verdes y aprovechamiento de aguas pluviales.

Por supuesto, todo esto importaría menos si sus lechugas y hierbas aromáticas no tuviesen tan buen sabor. Pero los productos que cultivan son increíbles. Recolectar hierbas aromáticas para mis restaurantes en la azotea de Oyamel y arrancar zanahorias directamente de la tierra con la vista del Monumento a Washington y la rotonda del Capitolio en la distancia es una pequeña pero potente cata del futuro que nos espera.

PARA 4-6 PERSONAS

ENSALADA DE PEPINOS MACHACADOS

No soy aficionado a seguir modas, pero Matt me insiste en que hoy en día todos los chicos modernos están machacando pepinos. Parece que al machacarlos se quiebran las células del pepino, lo cual permite que se empape mejor del aderezo. Normalmente estos trozos rotos de pepino se condimentan con toques asiáticos (aceite de sésamo, jengibre, cebolletas...), pero el chico español que hay en mí siempre termina apareciendo, así que recurro al pimentón picante ahumado, vinagre de Jerez y mucho aceite de oliva. No podrás parar de comer esta ensalada.

PEPINOS MACHACADOS

2 pepinos sin semillas.
2 cucharadas de sal.

ALIÑO DE AJO

4 dientes de ajo.
Sal.
2 cucharadas de vinagre de Jerez.
2 cucharaditas de pimentón.
2 chiles de árbol, sin tallos, sin semillas y rotos.
2 cucharadas de perejil picado.

GUARNICIÓN

50 ml de aceite de oliva virgen extra.
Perejil picado.

PARA LOS PEPINOS

Pon los pepinos, de uno en uno, en una bolsa de plástico robusta y machácalos suavemente con un rodillo o una sartén pesada para agrietar un poco la piel y la carne; esto creará más huecos y ranuras para absorber el aderezo. Corta los pepinos en cuatro trozos longitudinalmente, y luego córtalos transversalmente en trozos de 2,5 centímetros y colócalos en un plato. Espolvorea los pepinos con la sal y resérvalos en la nevera mientras preparas el aliño.

PARA EL ALIÑO

Pica el ajo muy fino y luego machácalo con un poco de sal hasta obtener una pasta, usando la parte plana de un cuchillo. Pon la pasta en un bol pequeño, añade el vinagre, el pimentón, los chiles y el perejil, y sazona con sal.

PARA TERMINAR

Escurre los pepinos y sécalos con cuidado. Devuélvelos al bol limpio, añade el aderezo y mezcla bien. Deja que se marinen durante 5 minutos para que absorban los aromas del aliño. Pon la ensalada con un cucharón en un bol de servir y echa un chorrito de aceite de oliva por encima. Espolvorea con perejil picado y sirve inmediatamente.

PEPINOS

Improvisando

Ahora que ya sabes cómo machacar un pepino, llévalo a dar una vuelta por el mundo. Sustituye el aliño al estilo español de la receta anterior por cualquiera de estos.

ALIÑO COREANO

1 diente de ajo grande.

1 cucharadita de jengibre fresco rallado.

1 cucharada de gochujang.

1 cucharada de vinagre de arroz.

1 cucharada de aceite de canola.

1 cucharadita de aceite de sésamo tostado.

Semillas de sésamo tostadas.

ALIÑO TAILANDÉS

2 cucharaditas de hierba limón (solo las partes internas tiernas).

1 pizca de chile seco.

1 cucharada de salsa de pescado.

1 cucharadita de azúcar.

El zumo de 1 lima.

2 cucharadas de aceite de canola.

Cacahuetes triturados.

ALIÑO MEXICANO

1 diente de ajo.

1 lata de chile chipotle en adobo.

El zumo de 1 lima.

2 cucharadas de aceite de canola.

Cilantro picado.

Quicos.

PARA 4 PERSONAS

HIELO RALLADO DE PEPINO

El pepino está compuesto por un 96 % de agua, lo que significa que está camino de convertirse en hielo. Cuando trituras un pepino entero en la batidora con limón y azúcar, su color y su sabor realmente cobran vida, y se convierte en un zumo verde brillante con un perfecto equilibrio dulce-ácido. Puedes beberte el zumo solo —te despertará si lo bebes por las mañanas— o mezclarlo con unas cuantas medidas de ginebra para una ronda de cócteles. Sea como sea, aprovecha al máximo este precioso líquido, congélalo y ráspalo en cristales finos. Me gusta servir el hielo rallado en trozos de pepino vaciados, como canoas de pepino, con una nevisca de hierbas aromáticas por encima.

---

2 pepinos sin semillas, cortados en trozos de 2,5 cm.

3 cucharadas de azúcar.

½ cucharadita de sal.

60 ml de zumo de limón recién exprimido; reserva la mitad de 1 limón.

Perejil, menta y/o eneldo, picados.

Pon los pepinos en una batidora, añade el azúcar, la sal, el zumo de limón y la mitad del limón y tritura hasta que queden lisos y de un verde brillante. Cuela en un colador fino.

Vierte el zumo en un plato poco profundo de 20 por 20 centímetros y mételo en el congelador. Cuando el zumo empiece a congelarse (después de unos 20 minutos), rasga la superficie con un tenedor para crear copos finos de hielo de pepino congelado. Ponlo de nuevo en el congelador y repite la operación cada 20 minutos hasta que tengas un plato lleno de hielo rallado de color verde brillante.

Reparte el hielo entre cuatro boles pequeños y decóralos con las hierbas aromáticas que prefieras.

**●EL TOQUE●
PROFESIONAL**

Crea capas de sabores distintos batiendo el pepino con alguna planta aromática como el jengibre o la hierba limón, o con hierbas frescas (eneldo, albahaca y/o cilantro). También puedes llenar boles individuales con yogur griego, esparcir encima unos dados de pepino y culminar cada bol con una cucharada grande del hielo rallado y algunas hierbas aromáticas picadas. Es un final refrescante perfecto para una comida de verano.

BERENJENAS CON MIEL

A las berenjenas les gustan las altas temperaturas y el aceite; une ambas cosas y tendrás unas berenjenas felices. Este es uno de los platos más populares de Jaleo. Es una combinación de salado y dulce procedente del sur de España, donde se serviría con miel de caña, como parte de la influencia árabe que tanto ha impregnado la cocina andaluza. Nosotros empapamos la berenjena en suero de mantequilla para eliminar parte de su amargura y suavizar la carne, y luego la salpicamos con la mejor miel local que podamos encontrar.

---

900 g de berenjenas muy firmes.

60 g de sal.

240 ml de leche entera.

240 ml de suero de mantequilla (u otros 240 ml de leche mezclada con 1 cucharada de vinagre blanco o zumo de limón recién exprimido).

Unos 850 ml de aceite neutro para freír.

Unos 160 g de harina blanca común.

2 cucharadas de miel.

La piel de 2 limones rallada muy fina.

Sal Maldon.

Con una mandolina o un cuchillo afilado, corta las berenjenas en rodajas de 6-7 milímetros. Mezcla las rodajas de berenjena con la sal y extiéndelas en una rejilla para enfriar sobre una bandeja de horno. Déjalas escurrir 15 minutos y a continuación sécalas con servilletas de papel.

Pon las berenjenas en un bol y cúbrelas con la leche y el suero de mantequilla; usa una bandeja pequeña para mantenerlas sumergidas. Deja que se empapen en el congelador durante al menos 2 horas, hasta un máximo de 8 horas.

Cuando las berenjenas estén listas para freír, calienta 5 centímetros de aceite a 180 °C en una cazuela grande y profunda. Cubre una bandeja grande con servilletas de papel. Pon la harina en un cuenco ancho.

Escurre las rodajas de berenjena y sécalas. Trabajando por tandas, enharina las rodajas de berenjena, sacudiéndolas para eliminar el exceso, incorpóralas al aceite caliente y fríelas alrededor de 3 minutos, hasta que estén doradas. Ve poniendo las rodajas en el plato cubierto con servilletas para escurrirlas. Asegúrate de calentar el aceite a 180 °C antes de freír una nueva remesa.

Apila las rodajas fritas en una fuente o en platos individuales y rocía con la miel por encima. Espolvorea con la piel de limón rallada y la sal Maldon y sirve inmediatamente.

PARA 4 PERSONAS

BERENJENAS DANZANTES

Probablemente te sorprendería saber con cuánta frecuencia uso el microondas en casa; no solo para calentar restos o leche para el café, sino también para cocinar. Aunque no te lo creas, es una muy buena forma de cocinar verduras, desde espárragos al vapor hasta mazorcas de maíz (véase la página 128). La berenjena es otra buena opción, con su carne suave y húmeda, que permite que la verdura se cueza al vapor en su propio jugo en apenas unos minutos en el microondas.

La salsa es una versión de la que adereza el nasu dengaku, el plato japonés con berenjenas glaseadas con una capa dulce-salada-umami de miso y mirin. La parte danzante *procede de las hojuelas de bonito, atún seco laminado muy fino, que serpentean a medida que el calor emerge de la berenjena.*

SALSA DE JENGIBRE Y SOJA

1 trozo de 2,5 cm de jengibre fresco, pelado y rallado muy fino.

3 cucharadas de azúcar.

2 cucharadas de salsa de ostras.

2 cucharadas de salsa de soja.

2 cucharadas de vinagre de arroz.

1 cucharada y ½ de vino de Shaoxing (vino chino para cocinar) o Jerez seco.

70 g de doenjang (pasta de judías de soja fermentadas) o miso suave.

1 cucharadita y ½ de aceite de sésamo tostado.

BERENJENAS

4 berenjenas japonesas (de alrededor de 200 g cada una).

Hojuelas de bonito (katsuobushi).

PARA LA SALSA

Mezcla el jengibre, el azúcar, la salsa de ostras, la salsa de soja, el vinagre de arroz y el vino de Shaoxing en una cacerola pequeña y caliéntala a fuego medio, removiendo de vez en cuando, hasta que se disuelva el azúcar. Incorpora el doenjang y el aceite de sésamo y mantenlos calientes a fuego bajo.

PARA LAS BERENJENAS

Pincha las berenjenas por varios sitios con un tenedor. Envuélvelas individualmente con film transparente. Cuécelas de dos en dos en el microondas a la máxima intensidad, dándoles la vuelta una vez, hasta que estén tiernas (unos 4-5 minutos).

Desenvuelve las berenjenas con cuidado y córtalas por la mitad longitudinalmente. Pinta con salsa los lados cortados y después corta cada mitad en 4 porciones. Disponlas en una bandeja para servir, espolvoréalas con hojuelas de bonito y sirve inmediatamente.

NIGIRI VEGETALES

Koji Terano, un chef de Osaka que forma parte de mi equipo de I+D, desarrolló esta preciosa exhibición de sushi. La variedad de sabores y texturas del mundo vegetal consiguen que cada bocado de nigiri sea tan interesante y delicioso como los preparados con pescado.

PARA 1 KG APROXIMADAMENTE
ARROZ PARA SUSHI

400 g de arroz para sushi.   1 cucharada y ½ de azúcar.
120 ml de vinagre de arroz.   1 cucharadita de sal.

Enjuaga el arroz en un bol con agua fría, removiendo suavemente para eliminar parte del almidón. Escurre y repite la operación dos veces; el agua debería estar prácticamente clara la tercera vez. Escurre el arroz.

Pon el arroz en una cazuela mediana, añade 480 mililitros de agua, remueve y déjalo en remojo durante 10 minutos. Tapa la cazuela y llévala a ebullición a fuego alto, y luego cuece el arroz a fuego lento durante 15 minutos. Retira la cazuela del fuego y deja que el arroz se cueza al vapor 5 minutos.

Mientras el arroz se está cociendo, mezcla el vinagre de arroz con el azúcar y la sal en un bol pequeño, removiendo hasta que el azúcar y la sal se disuelvan.

Esparce el arroz en una bandeja de horno y riégalo con el vinagre sazonado por encima. Con una cuchara de madera, extiende con suavidad el arroz para separar los granos y repartir el vinagre, asegurándote de no aplastar demasiado los granos. Sigue extendiendo el arroz hasta que esté lo suficientemente frío para trabajar con él. Cúbrelo con un paño de cocina limpio si no vas a usarlo inmediatamente.

1 NIGIRI DE SHIITAKE

1 cucharada de aceite de oliva virgen extra.

4 setas shiitake carnosas, sin tallos, con los sombreros cortados por la mitad.

8 óvalos de arroz para sushi (página anterior).

Salsa de soja.

La piel rallada y el zumo de ½ limón.

Sal Maldon.

Calienta el aceite de oliva en una cazuela pequeña a fuego medio-alto. Agrega las shiitake y cocínalas, dándoles la vuelta de vez en cuando, durante 4-5 minutos, hasta que estén tiernas y doradas por ambos lados. Retíralas del fuego.

Pon encima de cada óvalo de arroz un trozo de shiitake. Píntalo con un poco de salsa de soja y espolvorea cada uno de ellos con un poco de ralladura de limón, una gota o dos de zumo de limón y sal Maldon.

2 NIGIRI DE AGUACATE

1 cucharadita de aceite de oliva virgen extra.

8 rodajas de 6-7 mm de grosor, firmes pero maduras, de un aguacate Hass de tamaño mediano.

8 óvalos de arroz para sushi.

Salsa de soja.

½ lima.

Pimienta negra recién molida.

Sal Maldon.

Calienta el aceite en una cazuela antiadherente grande a fuego medio-alto. Añade las rodajas de aguacate y cocínalas alrededor de 1 minuto, hasta que se doren. Ponlas en un plato y corta cada rodaja transversalmente por la mitad.

Pon 2 rodajas de aguacate encima de cada óvalo de arroz, con la cara dorada hacia arriba. Unta un poco de salsa de soja en el aguacate y exprime unas cuantas gotas de zumo de lima. Decora cada nigiri con un poco de pimienta negra y una pizca de sal Maldon.

3 NIGIRI DE TOMATE

4 tomates pera, escaldados y pelados (véase la página 161).

2 cucharaditas de sal.

2 cucharaditas de azúcar.

8 óvalos de arroz para sushi.

Aceite de oliva virgen extra.

8 hojas de albahaca pequeñas.

Sal Maldon.

Precalienta el horno a 110 °C. Cubre una bandeja de horno con papel para hornear.

Corta los tomates en cuatro trozos longitudinalmente y vacía las semillas (resérvalas para otro uso). Dispón las cuñas de tomate en la bandeja de horno y sazónalas con sal y azúcar. Hornea alrededor de 3 horas, dando la vuelta a los tomates una o dos veces hasta que estén bastante secos. Deja que se enfríen.

Pon un trozo de tomate encima de cada óvalo de arroz. (Te sobrarán trozos de tomate; guárdalos para ensaladas y bocadillos). Echa un chorrito de aceite de oliva y decora cada nigiri con una hoja de albahaca y unas cuantas pizcas de sal Maldon.

4 NIGIRI DE BERENJENA

3 cucharadas de salsa de soja.

2 cucharadas de azúcar moreno.

½ cucharadita de vinagre de arroz.

1 berenjena japonesa pequeña.

8 óvalos de arroz para sushi.

1 cucharadita de jengibre fresco rallado muy fino.

Para preparar la salsa, mezcla la salsa de soja y el azúcar moreno en un cazo pequeño y llévalo a ebullición, removiendo para disolver el azúcar. Retíralo del fuego y deja que se enfríe la salsa, y a continuación incorpora el vinagre de arroz.

Pon la berenjena en un plato apto para microondas, cúbrela con plástico transparente y cocínala durante 4 minutos. Retírala y deja que se enfríe un poco.

Cuando la berenjena esté lo suficientemente fría como para manipularla, córtala por la mitad longitudinalmente y luego en tiras que encajen perfectamente sobre el arroz. Pon un trozo de berenjena encima de cada óvalo de arroz y píntala con la salsa. (Esto puede recordarte al unagi, la anguila glaseada con soja que se usa frecuentemente en el sushi). Decora cada óvalo con una pizca de jengibre rallado.

PARA 4-6 PERSONAS

FASSOLAKI LADERA
JUDÍAS VERDES ESTOFADAS CON SALSA DE TOMATE

Crecí comiendo judías verdes estofadas con tomate; cantidades enormes de aceite de oliva, a veces pimentón picante, y las judías cocidas hasta el punto del colapso. Pensé que esto era específico de España, pero luego empecé a ver la misma combinación en otras cocinas mediterráneas. Viajando por Grecia, tuve la fortuna de conocer a Aglaia Kremezi, una autora de libros de cocina que vive en la isla de Ceos, una de las islas griegas más bonitas, un lugar todavía virgen que vive al ritmo del mar Egeo. Ella me sirvió este extraordinario plato de judías verdes, muy similar al que comía de pequeño, pero con el añadido de la patata. Me fascina que los mismos ingredientes y las mismas ideas viajen por espacios tan amplios y se reinterpreten según el momento y las circunstancias. Esto significa que puedes añadir un toque personal —una especia, hierbas aromáticas, otra verdura— y escribir tu propio capítulo en la larga historia de los tomates y las judías verdes.

Improvisando

A Aglaia le gusta sustituir la mitad de las judías verdes por otra verdura: calabacines pequeños, o incluso ocra. Como acabo de decir, juega y pon tu sello propio a este encantador plato mediterráneo.

JUDÍAS VERDES

100 ml de aceite de oliva virgen extra.

230 g de cebollas cortadas toscamente.

Sal.

3 dientes de ajo cortados toscamente.

900 g de judías verdes jóvenes, con los extremos recortados.

2 cucharaditas de pimienta de Alepo o un buen pellizco de pimienta roja triturada.

450 g de patatas, peladas y cortadas en cubitos de 3,5-4 cm.

Pimienta negra recién triturada.

50 g de perejil picado.

4-5 tomates maduros, descorazonados, cortados en cuatro trozos y triturados en una batidora, o una lata de unos 800 g de tomate troceado, con su jugo.

Pan crujiente.

Queso feta desmenuzado (opcional).

Calienta el aceite de oliva en una cazuela grande de hierro fundido esmaltado a fuego medio-alto. Incorpora las cebollas, espolvoréalas con unos buenos pellizcos de sal y saltéalas hasta que se ablanden, alrededor de 5 minutos. Añade el ajo, las judías y la pimienta de Alepo y saltea, removiendo frecuentemente, hasta que las judías estén tiernas, durante aproximadamente 10 minutos.

Coloca las patatas encima de las judías en una capa, presionando para acomodarlas. Sazona con sal y pimienta molida y espolvorea con todo el perejil excepto 2 cucharadas. Pon encima los tomates y llévalos a ebullición a fuego alto. Cubre la cazuela, reduce el fuego a medio-bajo para que se cuezan a fuego lento y cocínalas hasta que las judías y las patatas estén tiernas y los tomates se hayan descompuesto, alrededor de 25 minutos. Remueve de vez en cuando y revisa periódicamente que haya el líquido suficiente en la cazuela, añadiendo un poco de agua si la salsa se vuelve muy seca. Sazona de nuevo con sal y pimienta.

Con una espumadera, pasa las judías y las patatas a una bandeja para servir. Si es necesario, incrementa la intensidad del fuego y cocina la salsa hasta que espese. Vierte la salsa sobre las judías y las patatas, espolvoréalas con el perejil restante y sírvelas calientes o a temperatura ambiente, con pan crujiente y, si quieres, con queso feta.

PIMIENTOS DEL PIQUILLO

El rey de los pimientos españoles. Estas bellezas de color rojo brillante procedentes del norte de España pueden comprarse asadas y envasadas en todos los supermercados del país. Su tamaño y su estructura robusta los hace perfectos para rellenar. Ten siempre unos cuantos botes en tu despensa para preparar tapas improvisadas. O, si no los tienes envasados, asa tus propios pimientos, los más pequeños que encuentres. Ásalos en una llama viva, dándoles la vuelta de vez en cuando, o en el horno a 200 °C, hasta que la piel burbujee y la carne esté suave. Pélalos y retírales las pepitas. ¡Ahora ya están listos para rellenarlos!

IDEAS

01   Bate 225 gramos de queso de cabra fresco con un túrmix hasta que quede ligero y cremoso. Incorpora 1 cucharada de albahaca fresca picada, perejil y/o tomillo y rellena los pimientos con una cuchara.

02   Rellena los pimientos con trozos de mozzarella ahumada y cocínalos en el horno a 200 °C hasta que el queso se funda. Sírvelos sobre pan tostado, con mojo verde por encima (página 311).

03   Prepara una ensalada de atún o de patata con el alioli vegano (página 311) y rellena los pimientos con ella.

04   Asa los pimientos enteros en el horno a 180 °C hasta que estén muy concentrados y casi almibarados. Aderézalos con balsámico y soja y sírvelos con cualquier cosa, desde tostadas hasta huevos fritos o carne o pescado a la parrilla.

PARA 4 PERSONAS

SÁNDWICHES DE TOMATE CORAZÓN DE BUEY

Como mucha gente en todo el mundo, crecí comiendo ingredientes embutidos entre dos trozos de pan. Mis primeros recuerdos culinarios son los sándwiches de tomate y mayonesa que mis padres preparaban con pan de molde tostado. A veces añadían una capa de jamón serrano. Siempre había pensado que los sándwiches de tomate eran exclusivos de mi infancia, pero luego llegué a Estados Unidos y descubrí el BLT. Aunque me encanta el beicon, cuando los tomates están en su mejor momento siempre escojo este sándwich antes que un BLT.

CEBOLLA ROJA ENCURTIDA

60 ml de agua.

3 cucharadas de vinagre de vino tinto.

1 cucharada de azúcar.

1 pizca de sal.

1 cucharadita de hojas de tomillo fresco.

1 cucharadita de granos de pimienta negra enteros.

1 cebolla roja pequeña, cortada por la mitad longitudinalmente y en rodajas muy finas.

PARA LOS SÁNDWICHES

2 tomates corazón de buey extragrandes (ver nota), escaldados y pelados (véase la página 161).

60 g de mayonesa con hierbas y mostaza (receta a continuación).

4 medianoches o bollos para hamburguesa, abiertos por la mitad y tostados.

Sal y pimienta negra recién molida.

Aceite de oliva virgen extra.

1 aguacate Hass partido por la mitad, sin hueso, pelado y cortado en rodajas.

Brotes de alfalfa.

NOTA: es importante que los tomates tengan más o menos el mismo diámetro que los panecillos para que el sándwich esté equilibrado. Un tomate corazón de buey extragrande debería servir para 2 o 3 sándwiches.

PARA LA CEBOLLA ROJA ENCURTIDA

Mezcla el agua, el vinagre, el azúcar, la sal, el tomillo y los granos de pimienta en una cazuela pequeña y llévala a ebullición, removiendo para disolver el azúcar y la sal. Pon las rodajas de cebolla en un bol resistente al fuego, vierte el escabeche sobre ellas y reserva durante 1 hora para que se vaya avinagrando.

Escurre el escabeche de la cebolla y resérvalo para encurtir más cebollas. (Las cebollas encurtidas pueden prepararse por adelantado y guardarse en la nevera hasta una semana).

PARA PREPARAR LOS SÁNDWICHES

Corta transversalmente los tomates en rodajas de unos 2-2,5 centímetros de grosor. Necesitarás 4 buenas rodajas para los sándwiches; reserva las que te sobren para otro uso.

Extiende la mayonesa por ambas partes de los panecillos. Coloca las rodajas de tomate en las partes inferiores, sazona con sal y pimienta y rocía con un chorrito de aceite de oliva. Termina los sándwiches con las rodajas de aguacate, la cebolla roja encurtida y los brotes de alfalfa. Ciérralos y sirve.

TOMATES

PARA UNOS 285 G

MAYONESA CON HIERBAS Y MOSTAZA

230 g de mayonesa o mayonesa vegana.

2 cucharadas de alcaparras.

1 cucharada y ½ de mostaza de Dijon.

1 cucharada de perejil picado.

1 cucharada de eneldo picado.

2 cucharaditas de zumo de limón recién exprimido.

Sal.

Pon la mayonesa, las alcaparras, la mostaza, el perejil, el eneldo y el zumo de limón en un bol y mézclalos bien. Sazona con sal. Reserva en la nevera hasta su uso. (La mayonesa puede conservarse en la nevera una semana como máximo).

CARTAS
DE AMOR

EL SOFRITO

En la cocina tenemos tendencia a centrarnos en el plato final (y a ponerlo en Instagram, Facebook o Twitter y ver cómo llegan los *likes*). El destino final se convierte en nuestro foco, pero lo que importa es el camino. Demasiado a menudo pasamos por alto la columna vertebral de esos platos: los caldos, las salsas tradicionales que son el sello de la gastronomía de cada país. Colgamos en Instagram la mejor porción de sushi de erizo de mar o de otoro, pero no hablamos de la soja o del arroz o del vinagre de arroz. Los detalles importan, y no siempre salen en la foto.

Para un cocinero español, ningún plato ejemplifica mejor que el sofrito la importancia de los detalles. Sobre el papel es sencillísimo: aceite de oliva, tomates, tal vez cebolla, dependiendo de la zona y de lo que estés cocinando. Pero el sofrito siempre es más que la suma de sus partes. Es la espina dorsal de la cocina española, la salsa sobre la cual construimos innumerables platos tradicionales.

Ramon Closes fue uno de mis primeros mentores, y en su restaurante L'Antull, en Roses, tuve la suerte de aprender cómo preparar grandes cantidades de comida y muchos platos distintos partiendo de una misma base. Ramon era un gran jefe, pero si el sofrito no se hacía como él quería, estallaba y las sartenes podían volar por toda la cocina. Mi trabajo como cocinero joven era hacer una gran remesa de sofrito dos veces a la semana, que se usaría durante los atareados meses de verano. Empezábamos a cocinarlo a primera hora de la mañana y terminábamos seis horas más tarde, cuando empezaba el servicio de comidas. La velocidad es lo que cuenta en muchas de las cocinas actuales, pero el sofrito es un recordatorio de que la mayoría de los grandes platos necesitan tiempo.

La clave para conseguir un buen sofrito es cocinar a fuego lento las cebollas por separado hasta que se vuelvan muy blandas; tres o cuatro horas de cocción para una remesa enorme. (Nosotros pasábamos las cebollas por una picadora de carne para triturarlas un poco antes de cocinarlas. Sigo pensando que es la mejor manera). Al principio el aceite está caliente, pero a medida que el agua

del vegetal se evapora, las fibras se rompen y los azúcares se descomponen y transforman los aromas duros de la cebolla en algo dulce y mágico. Es como domesticar un caballo salvaje. No lo haces por medio de la fuerza bruta, sino del afecto; lo convences de que estás de su lado. Luego añades los tomates y continúas con esa cocción a fuego lento, larga y mágica, extrayendo el agua del fruto rojo brillante hasta que queda reducido a una mermelada densa y dulce. Unas cuantas hojas de laurel añaden un toque verde sutil, y unos cuantos golpes de pimentón le dan un final salado y ahumado.

Nada me hacía más feliz que reservar la remesa de sofrito en el mostrador antes del servicio de aquel día. Luego, después del servicio, cuando el sofrito ya se había enfriado, lo dividía en recipientes más pequeños y lo llevaba a la cámara frigorífica, listo para ser la base de docenas de platos: un buen arroz, un guiso de pescado, una cazuela de verduras cocidas a fuego lento. Un gran sofrito es el que apenas se nota, pero es la mano invisible que sostiene la cocina española.

PARA UNOS 675 G

SOFRITO

Regla número uno: nunca hagas un sofrito si tienes prisa. La clave para un buen sofrito es cocinar las cebollas muy lentamente, hasta que adquieran un intenso color caramelo (aquí hablamos de 45 minutos, lo cual es suficiente, pero es aún mejor si las dejas cocer alrededor de 2 horas). Preparar un sofrito me parece muy terapéutico, una forma de desconectarse del caos y hacer que el mundo se ralentice a mi alrededor. Ver cómo estos ingredientes tan sencillos se transforman en algo tan conmovedor y vital es, para mí, la expresión definitiva de la gran cocina, una misteriosa forma de alquimia que hace que todo lo que toca el sofrito sea mejor, incluido el cocinero.

300 ml de aceite de oliva virgen extra.
2 cebollas grandes, picadas muy finas.
1 cucharadita de azúcar.
1 cucharadita de sal.
10 tomates pera maduros.
1 cucharadita de pimentón dulce.
3 hojas de laurel.

Calienta el aceite en una cazuela mediana a fuego medio-bajo. Añade las cebollas, el azúcar y la sal y cuécelas, removiendo de vez en cuando, hasta que estén blandas y bien doradas, alrededor de 45 minutos. Las cebollas deben quedar caramelizadas, pero si empiezan a ponerse demasiado oscuras, añade 1/2 cucharadita de agua para que no se vuelvan marrones.

Mientras tanto, corta los tomates por la mitad y rállalos en los agujeros grandes de un rallador plano o de caja puesto encima (o dentro) de un bol. Retira las pieles.

Incorpora el puré de tomate, el pimentón y las hojas de laurel a las cebollas y cuécelo todo otros 20 minutos aproximadamente, a fuego medio. Sabrás que el sofrito está listo cuando los tomates se hayan descompuesto y hayan adquirido prácticamente un color teja y el aceite se haya separado de la salsa. Retira el sofrito del fuego y retira las hojas de laurel. Puede conservarse tapado en la nevera hasta dos semanas.

● EL TOQUE ●
PROFESIONAL

Preparar un buen sofrito requiere tiempo, por lo que lo mejor es hacer una remesa grande. Una vez se haya enfriado, puedes ponerlo en una cubitera y congelarlo. Un solo cubito añadirá una profundidad instantánea a sopas, guisos y salteados de todo tipo, españoles o no.

PA AMB TOMÀQUET
(PAN CON TOMATE)

El pa amb tomàquet está presente en casi todas las mesas de Cataluña. Puede que se haya convertido en la esencia icónica de su dieta y en un motivo de orgullo para los catalanes, pero en realidad fueron los andaluces que llegaron para construir las vías férreas por toda la región quienes lo llevaron al norte. Es un ejemplo extraordinario de cocina de aprovechamiento: pan de hace varios días y tomates demasiado maduros combinados de una forma que eleva ambos ingredientes a un todo increíble.

Hay muchas formas de preparar pan con tomate, pero el mayor punto de disputa es cómo aplicar el tomate. La forma tradicional es cortar los tomates por la mitad y restregarlos encima del pan tostado; si el pan está crujiente y el tomate jugoso, los salientes del pan atraparán toda la riqueza pulposa del tomate. Los catalanes se toman tan en serio su pa amb tomàquet que cultivan tomates especiales para ello, diminutos, con la piel muy fina y superjugosos. Sin embargo, a no ser que tengas unos fantásticos tomates de verano, es mejor que ralles la carne y la pongas en el pan con una cuchara, como en la siguiente receta. (Pero no le digas a ningún catalàn que te lo he dicho yo).

---

2 tomates maduros.

3 cucharadas de aceite de oliva virgen extra, y un poco más para rociar.

Sal.

4 rebanadas de pan rústico (ver nota).

1 diente de ajo cortado por la mitad (opcional).

NOTA: cuando puedo encontrarlo, uso pan de cristal, un pan catalán muy fino con una corteza muy crujiente y muchos recovecos irregulares en la miga. Pero una buena baguette o chapata también te servirán.

Corta los tomates por la mitad y rállalos en los agujeros grandes de un rallador plano o de caja, encima (o dentro de) un bol. Retira las pieles. Añade el aceite de oliva a los tomates rallados y sazona con sal.

Tuesta el pan. A mí me encanta el humo y el carbón de una barbacoa, pero una rejilla de horno o una tostadora también te servirán. Si lo deseas, frota el diente de ajo en el pan antes de añadir los tomates. Pon la mezcla de tomate a cucharadas sobre la tostada, echa un chorrito más de aceite de oliva y sirve.

Improvisando

No es necesario tener una mente de cirujano para darse cuenta de que el pan con tomate es una base brillante para otros ingredientes. Cualquier buen embutido (chorizo, lomo embuchado o, por supuesto, jamón) es lo obvio, pero unas rodajas de queso manchego, anchoas o escalivada (página 192) también son buenos socios. Puedes usarlo asimismo como base para un bocadillo extraordinario.

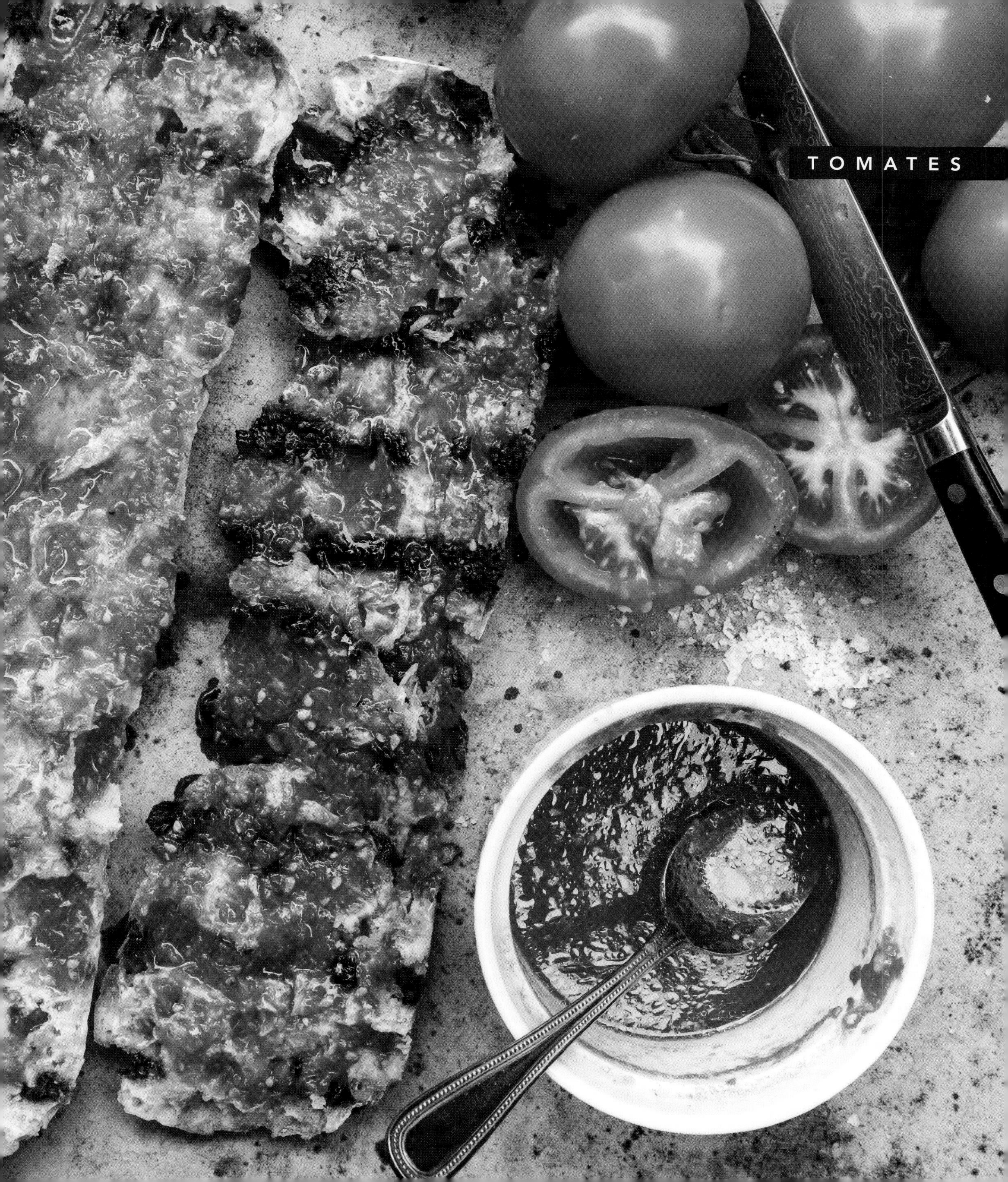

PARA 4 PERSONAS

LA ENSALADA DE TOMATE MÁS DULCE DE CHINA

En Estados Unidos tenemos la idea de que una comida china está compuesta por muchos platos enormes que se amontonan en la mesa, pero esa es solo una parte de la historia. En uno de mis primeros viajes a China con mi familia fuimos a un sitio muy famoso por su jiaozi, los famosos dumplings del norte del país. Los dumplings eran ligeros y delicados, con muchos rellenos distintos, pero lo que más me impresionó de la comida fue la diversidad de pequeños platos —casi como tapas— que lo iniciaron. Recuerdo sobre todo un pequeño plato de tomates cubiertos de azúcar. Sí, ¡azúcar! Los gránulos dulces y crujientes casaban sorprendentemente bien con los tomates, transformándolos en los héroes inesperados de una comida inolvidable que me ayudó a expandir mis creencias sobre la cocina china.

4 tomates autóctonos (alrededor de 900 g).
450 g de tomates cherry o tomates de uva.

ADEREZO

120 ml de vinagre de arroz.

2 cucharadas y ½ de azúcar.

1 cucharada y ½ de aceite de sésamo tostado.

Sal.

MEZCLA DE AZÚCAR

60 g de azúcar.

¼ de cucharadita de sal.

1 cucharada de aceite de canola o de sésamo tostado.

GUARNICIÓN

Cilantro picado.

Menta picada.

Pimienta blanca recién molida.

ESCALDAR Y PELAR LOS TOMATES

Esta técnica funciona para todos los tomates, incluso los cherry. Lleva a ebullición una olla con agua. Con un cuchillo afilado, marca las partes inferiores de los tomates. Hierve los tomates cherry 5 segundos y los autóctonos 30 segundos y luego retíralos del fuego y ponlos inmediatamente en un baño de hielo. Cuando los tomates se enfríen, las pieles deberían poder retirarse fácilmente. Dispón todos los tomates en un plato y deja que se sequen al aire en la nevera durante por lo menos 1 hora.

PARA EL ADEREZO

Mientras los tomates se están secando, pon el vinagre de arroz, el azúcar y el aceite en un bol pequeño y mézclalos bien. Sazona con sal.

PARA LA MEZCLA DE AZÚCAR

Pon el azúcar y la sal en un bol pequeño y mézclalos bien. Echa el aceite lentamente, solo hasta que se incorpore; el azúcar debe tener la textura de la arena húmeda. El aceite crea una especie de *membrana* alrededor de los cristales de azúcar, de modo que se disolverán más lentamente sobre los tomates.

PARA SERVIR

Corta los tomates autóctonos en 6 porciones cada uno. Dispón los trozos de tomate y los tomates cherry en cuatro platos y condimenta cada uno con 2 o 3 cucharadas del aderezo. Decora con cilantro y menta, sazona con pimienta blanca y espolvorea cada uno con 2 o 3 cucharadas de la mezcla de azúcar, asegurándote de que todos los tomates tengan algo de azúcar crujiente por encima. Sirve inmediatamente.

MI SALSA DE TOMATE

Preparo esta salsa para mi familia los días entre semana a finales de verano, cuando los tomates de mi huerto están jugosos y estallan de sabor. Fuera de los meses de verano, los tomates enteros pelados de lata funcionan mejor para esta salsa que los tomates frescos de fuera de temporada.

Es imprescindible —¡imprescindible!— que el aceite esté muy caliente cuando incorpores los tomates, porque tienes que freírlos, no hervirlos. Es el paso simple pero esencial que aporta intensidad a esta salsa y la distingue de cualquier salsa de tomate que he probado hasta hoy, y por eso a mis hijas les encanta. Yo añado pimentón al final, porque me gusta mucho el trasfondo ahumado; es la parte española que llevo en la sangre. No lo olvides: la primera receta de la salsa de tomate de Italia de la que se tiene registro se llamaba salsa española. *¡Bum!*

---

150 ml de aceite de oliva virgen extra.

8 dientes de ajo.

1,8 kg de tomates maduros, pelados (véase la página 161) y cortados a dados, o 3 latas de 800 g de tomates enteros, escurridos y picados, con 350 ml del jugo reservados.

Sal.

Azúcar.

1 cucharadita de pimentón (opcional aunque altamente recomendado).

1 cucharadita de pimienta negra recién molida.

Calienta el aceite en una sartén grande a fuego medio-alto. Añade el ajo y cocínalo hasta que los dientes se hayan ablandado y empiecen a tomar color, alrededor de 3 minutos. Sube el fuego a la intensidad máxima y cuando empiecen a salir burbujas del aceite, incorpora los tomates (¡ten cuidado con las salpicaduras!). Deja que se fríen sin tocarlos durante algunos minutos, hasta que se forme una corteza en la parte inferior de los tomates. Remueve y repite la operación, dejando que se fríen en el aceite sin tocarlos unos cuantos minutos cada vez; sé paciente, tendrás que hacerlo tres o cuatro veces para extraer el auténtico sabor de los tomates. Sazona los tomates con sal y azúcar. Cada tomate es distinto, de modo que sigue probando y rectifica mientras se cuecen; la cantidad de azúcar que añadas dependerá de la dulzura de los tomates.

Reduce la intensidad del fuego y deja que la salsa se cueza a fuego lento durante 1 hora, o hasta que quede espesa y consistente. (Si la salsa se vuelve demasiado espesa, añade un poco de agua para diluirla). Incorpora el pimentón, si lo vas a usar, y la pimienta, y sazona de nuevo con sal y/o azúcar, si la salsa lo requiere. Sirve inmediatamente o deja que se enfríe y guárdala en un recipiente hermético en la nevera hasta una semana.

Improvisando | Puedes empezar sirviendo esta salsa con pasta (450 ml de salsa por 450 g de pasta seca sería una buena proporción) y parmesano rallado o queso manchego curado, pero no la reduzcas a esto. Yo uso esta salsa para todo: para echar encima de los huevos fritos, para incorporarla a un estofado, para servirla como base en un plato de judías verdes u otras legumbres frescas guisadas, o incluso para un tentempié a medianoche, directamente a cucharadas de la nevera.

PARA 4 PERSONAS

TARTAR DE TOMATE

Cuando El Bulli empezó a servir esta vuelta de tuerca del tartar clásico, no se informó a los clientes de que llevaba tomate. Era increíble observar a la gente mientras lo comían y sus expresiones cuando descubrían que eran tomates y no ternera. Es asombroso que un tomate asado a fuego lento pueda adquirir la textura y la apariencia de la ternera cruda, especialmente cuando se condimenta con todos los ingredientes tradicionales del tartar.

Los tomates secados en el horno tardan en hacerse, de modo que lo mejor es duplicar o incluso triplicar las cantidades de esta receta para tenerlos en tu despensa. Puedes usarlos para preparar los nigiri de tomate (página 147), y también funcionan perfectamente en un sándwich, encima de una hamburguesa o en una ensalada. Guárdalos en el frigorífico bajo una capa de aceite de oliva y aguantarán unas cuantas semanas.

TOMATES SECADOS EN EL HORNO

4 tomates corazón de buey (1,5 kg aproximadamente), escaldados y pelados (véase la página 161).

1 cucharadita de azúcar.

1 cucharadita de sal.

1 pepino grande pelado, partido por la mitad longitudinalmente, sin pepitas y cortado a dados de 6-7 mm.

1 cucharada de chalota picada.

1 cucharada de cebollino picado, y un poco más para la guarnición.

1 cucharadita y ½ de salsa HP.

2 cucharaditas de mostaza Savora.

Sal y pimienta negra recién molida.

Crackers o pan tostado.

PARA LOS TOMATES

Precalienta el horno a 120 °C. Cubre la bandeja del horno con papel de horno.

Corta los tomates en 6 porciones cada uno y retira las semillas; puedes reservarlas para otro uso, como el tabulé de coliflor (página 232). Coloca los trozos de tomate, con la parte cortada hacia arriba, en la bandeja de horno y sazona con azúcar y sal. Hornéalos durante 3 horas aproximadamente, dándoles la vuelta una o dos veces, hasta que estén lo bastante secos. Retíralos del horno y deja que se enfríen. (Los tomates pueden prepararse hasta una semana antes de usarse. Ponlos en un recipiente hermético poco profundo, cúbrelos con aceite de oliva y resérvalos en la nevera hasta que vayas a usarlos).

PARA EL TARTAR

Cuando quieras servir el tartar, corta los tomates secos a daditos y ponlos en un bol. Incorpora el pepino, las chalotas, el cebollino, la salsa HP y la mostaza y mezcla bien. Sazona con sal y pimienta.

Dispón el tartar en platos individuales y decóralos con cebollino. Sirve con crackers o pan tostado.

DE LO BUENO, LO MEJOR: La mostaza Savora es una mostaza clásica de Dijon hecha con una mezcla de especias, que incluye nuez moscada, canela y pimienta roja. Convierte todo lo que toca en un plato delicioso; no hay otra igual. Si no tienes salsa HP, puedes sustituirla por salsa de carne, pero realmente la HP marca la diferencia.

PARA 4 CÓCTELES

BLOODY MARY AUTÓCTONO

Me enamoré del Bloody Mary a una edad muy temprana; demasiado temprana, dirían algunos. No tenía más que ocho años cuando vi el nombre en una carta escrita a mano en un bar de barrio en Barcelona, cerca de la Sagrada Familia, donde me llevaban mis padres. Yo no paraba de preguntarle a mi padre qué era el Bloody Mary. Finalmente se rindió y le pidió al barman que me hiciese uno, con solo un poquito de vodka. No recuerdo haber bebido tanta agua nunca más en mi vida; el problema no era el alcohol, sino las especias y la sal. Pero me encantó. Suelo prepararlo al final del verano, con los tomates de mi huerto, o con tomates dañados, que compro a mitad de precio en el mercado agrícola.

---

2 tomates autóctonos grandes (alrededor de 900 g), preferiblemente amarillos, sin pepitas y picados (ver nota).

120 ml de vodka.

2 cucharaditas de alcaparras.

2 cucharaditas de harissa (o más, si quieres).

El zumo de 1 lima.

Unos cuantos golpes de salsa Worcestershire.

2 pimientos encurtidos (piparras o chiles picantes), sin los tallos, y 4 más para la guarnición.

Sal.

Hielo.

NOTA: compra los tomates más jugosos que encuentres. Prueba con diferentes variedades de tomates autóctonos de temporada y cada Bloody Mary saldrá distinto; esa es la parte divertida.

Pon los tomates, el vodka, las alcaparras, la harissa, el zumo de lima, la salsa Worcestershire y los pimientos encurtidos en una batidora y tritura hasta que quede una pasta lisa. (Trabaja en distintas tandas si no tienes una batidora grande). Sazona con sal y rectifica al gusto con más salsa Worcestershire y/o un poco más de harissa, si quieres. Cuela la mezcla si la prefieres extralisa.

Viértela en vasos con mucho hielo y decora los Bloody Mary con las piparras o chiles picantes.

Improvisando | *Lo que hace tan delicioso el Bloody Mary es el equilibrio de sabores: salado, agrio, dulce y picante, además del fondo umami que aportan los tomates y la salsa Worcestershire. Puedes conseguir este mismo equilibrio fácilmente cambiando los elementos de base claves. Para un Bloody Mary de estilo asiático, prueba con salsa de pescado con lima y sriracha. O hazlo mexicano con chipotle, salsa Maggi y lima.*

TARTA DE TOMATE

Esta receta es el máximo exponente del poder de los tomates en temporada alta. No estoy hablando de julio o principios de agosto, cuando los tomates son muy buenos, pero todavía están reuniendo fuerza. La preparo en septiembre, cuando todo un verano de sol ha llevado los tomates casi a su perfección. La marinada exprés añade otra capa de sabor a la tarta, pero el toque más importante es cocinar los tomates por separado en el horno con antelación; así se concentra su sabor y textura en una consistencia dulce y sabrosa, casi de mermelada. Aquí reside la diferencia entre una tarta blanda y pastosa y otra crujiente con mucho sabor a tomate.

2 cucharadas de azúcar.

2 cucharaditas de sal.

1 cucharada de aceite de oliva virgen extra.

2 dientes de ajo machacados.

1 ramita de tomillo grande.

½ cucharadita de vinagre de Jerez (o vinagre de vino blanco, o de cava).

Pimienta negra recién molida.

6 tomates medianos (alrededor de 1,8 kg), escaldados y pelados (véase la página 161).

1 paquete de 400 g de masa de hojaldre, descongelada pero todavía fría.

1 huevo batido, para barnizar.

Aceite de oliva virgen extra para pintar.

Hierbas aromáticas como tomillo, albahaca y perejil, para decorar.

Sal Maldon.

Pon el azúcar, la sal, el aceite de oliva, el ajo, el tomillo, el vinagre y la pimienta en un bol grande y remueve para disolver el azúcar y la sal. Agrega los tomates y dales la vuelta para cubrirlos con la salsa. Deja que se marinen a temperatura ambiente durante 45 minutos.

Coloca una rejilla en el centro del horno y precaliéntalo a 190 °C. Cubre una bandeja de horno con bordes con papel de horno.

Retira los tomates de la marinada (resérvala) y córtalos en rodajas de 6-7 milímetros de grosor. Dispón las rodajas de tomates en filas superpuestas en la bandeja de horno cubierta de papel, unas 6-8 rodajas por fila. Vierte un poco de la marinada por encima de los tomates y hornéalos hasta que estén asados y empiecen a adquirir un poco de color, alrededor de 30 minutos. Sácalos del horno y deja que se enfríen.

Mientras los tomates están en el horno, pon la marinada que has reservado en una cacerola pequeña, llévala a ebullición y deja que se cueza a fuego lento unos 10 minutos, hasta que se haya espesado un poco. Deja que se enfríe.

En una superficie de trabajo enharinada, estira con un rodillo la masa de hojaldre hasta conseguir un rectángulo de 23 por 33 centímetros y entre 1,5 y 3 milímetros de grosor. Pincha la masa con un tenedor por todas partes. Barniza la masa con huevo y coloca los tomates encima en capas superpuestas, dejando un borde de unos 20 milímetros alrededor. Pinta sutilmente los tomates con un poco de aceite de oliva y hornea la tarta 30-40 minutos, hasta que la masa de hojaldre esté dorada.

Retírala del horno y unta ligeramente los tomates con la marinada reducida. Báñala con un chorrito de aceite de oliva y decórala con hierbas aromáticas y una pizca de sal Maldon. Sirve inmediatamente.

El pan duro le da cuerpo al gazpacho, y el aceite de oliva le añade una capa de intensidad.

GAZPACHO

El gazpacho es tan versátil y extraordinario que merecería ser un verbo en lugar de un sustantivo: ¿*gazpachará*? Ya sea de frutas o de verduras, mientras sea jugoso y suave, la respuesta probablemente será *sí*. En mi casa lo *gazpachamos* todo, desde los espárragos hasta los calabacines. A continuación te explico cómo hacerlo.

INGREDIENTES PARA UNA DE LAS VERSIONES DE LAS PÁGINAS 172-173:

240 g de pan sin corteza cortado en trozos de 2,5 cm.
60 ml de vinagre de Jerez.
150 ml de aceite de oliva virgen extra.
Sal y pimienta negra recién molida.
Guarnición para la versión elegida.

Pon los ingredientes de la versión de gazpacho que elijas, los trozos de pan y el vinagre de Jerez en una batidora (trabaja en distintas tandas si es necesario) y bátelo todo hasta que quede muy liso. Con la batidora en marcha, añade el aceite de oliva poco a poco y bátelo hasta que emulsione. Vierte el gazpacho en un bol y guárdalo en la nevera hasta que esté bien frío.

Prueba el gazpacho frío y añade sal y pimienta al gusto. Viértelo en boles o tazas, decora y sirve.

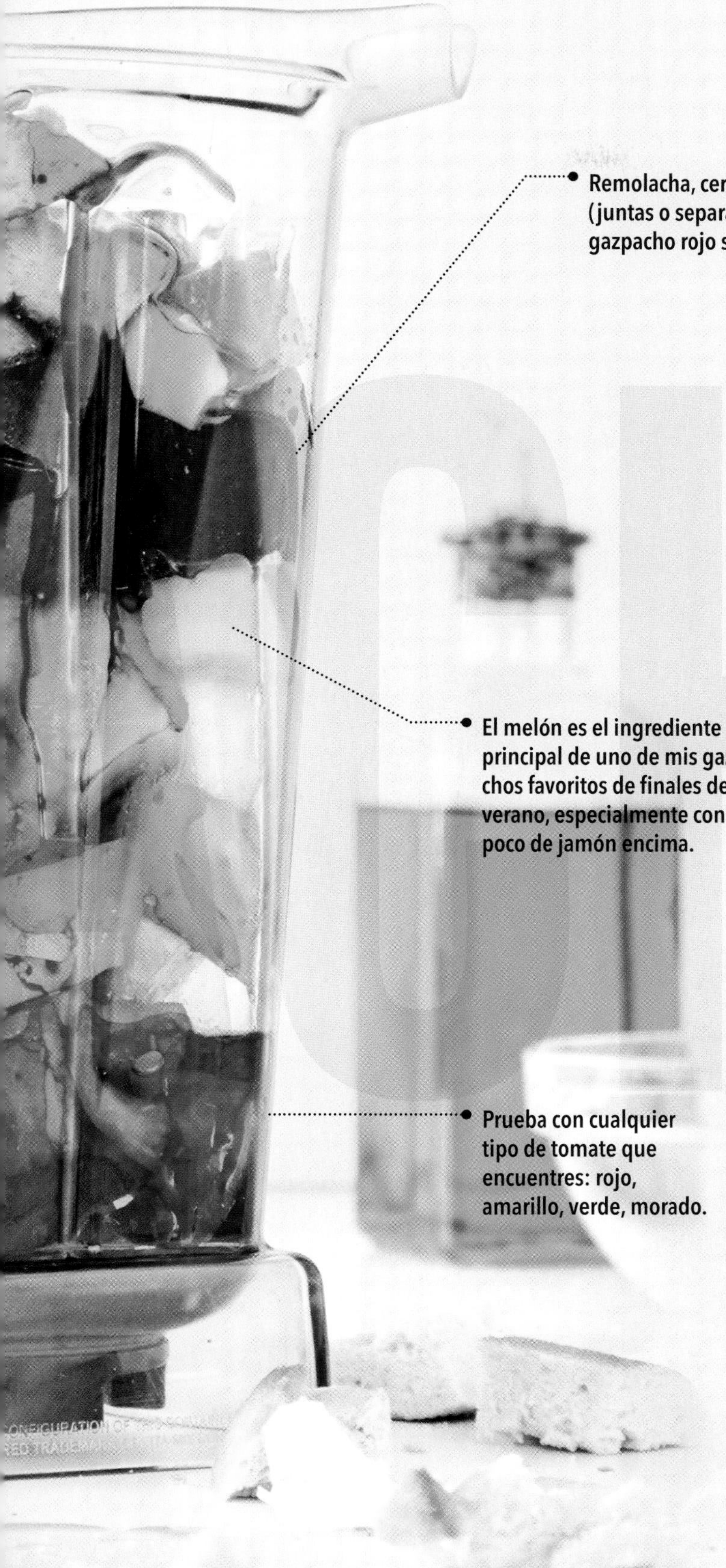

Remolacha, cerezas y frambuesas
(juntas o separadas) crean un
gazpacho rojo sangre extraordinario.

El melón es el ingrediente
principal de uno de mis gazpa-
chos favoritos de finales de
verano, especialmente con un
poco de jamón encima.

Prueba con cualquier
tipo de tomate que
encuentres: rojo,
amarillo, verde, morado.

CONSEJOS

01 Prepara la base del
    gazpacho con las mejo-
    res frutas o verduras de
    temporada que encuen-
    tres. Debe ser jugoso y
    tener mucha dulzura
    natural: remolacha,
    cerezas, melón y, por
    supuesto, tomates de
    todos los colores.

02 Utiliza grandes cantida-
    des de aceite de oliva
    –le aportará intensidad
    y cuerpo al gazpacho–, y
    una buena medida de
    vinagre de Jerez para
    avivar los sabores.

03 Si quieres un gazpacho
    extraliso, pásalo por un
    colador después de batirlo.

04 Decora el gazpacho con
    trozos de sus ingredientes
    principales cortados a dados
    muy pequeños: tomate,
    pepino, pimiento, melón…
    Lógico y encantador.

GAZPACHO CLÁSICO

1 pepino, pelado, partido por la mitad longitudinalmente, sin pepitas y cortado en trozos.

1 pimiento verde, descorazonado, despepitado y cortado a dados.

1,350 kg de tomates pera, cortados en 4 trozos.

2 dientes de ajo.

120 ml de Jerez oloroso.

GUARNICIÓN

Tomates cherry cortados por la mitad y picatostes.

OTRAS VERSIONES

1 GAZPACHO DE TOMATE AMARILLO

1 pepino, pelado, partido por la mitad longitudinalmente, despepitado y cortado en trozos.

1 pimiento amarillo, descorazonado, despepitado y cortado a dados.

1,350 kg de tomates amarillos, cortados en 4 trozos.

2 dientes de ajo.

120 ml de Jerez oloroso.

GUARNICIÓN: tomates cherry cortados por la mitad y picatostes.

2 GAZPACHO DE CEREZAS

450 g de cerezas maduras deshuesadas.

450 g de tomates maduros cortados en trozos irregulares.

1 pimiento rojo, descorazonado y despepitado.

240 ml de agua.

GUARNICIÓN: cerezas troceadas, tomate y pimiento.

3 GAZPACHO DE AGUACATE

3 aguacates, partidos por la mitad, sin hueso y pelados.

1 pepino pequeño, pelado, cortado por la mitad longitudinalmente y sin pepitas.

1 pimiento verde, descorazonado y despepitado.

½ calabacín pequeño.

1 diente de ajo pequeño.

240 ml de agua.

GUARNICIÓN: aguacate cortado en cubitos y picatostes.

4 GAZPACHO DE REMOLACHA

450 g de remolacha, cocida (hervida o asada), pelada y cortada en trozos pequeños.

450 g de tomates maduros, descorazonados y cortados por la mitad.

1 pepino pequeño.

1 pimiento verde, descorazonado y despepitado.

1 diente de ajo.

2 cucharadas y ½ de Jerez oloroso.

GUARNICIÓN: gajos de naranja y queso de cabra desmenuzado.

5 GAZPACHO DE MELÓN

1 cucharada de hojas de menta.

450 g de melón Galia o cualquier otro melón verde, pelado y cortado en trozos irregulares.

1 pimiento verde, descorazonado, despepitado y cortado en trozos.

1 diente de ajo.

350 ml de agua.

GUARNICIÓN: jamón cortado a dados y hojas de menta.

6 GAZPACHO DE ESPÁRRAGOS BLANCOS

1 lata de 450 g de espárragos blancos, con su líquido.

4 cebolletas, solo la parte blanca (las hojas se reservan como guarnición), cortadas en rodajas muy finas.

1 diente de ajo pequeño.

1 cucharada de yogur.

240 ml de agua.

GUARNICIÓN: hojas de cebolleta picadas.

PARA 4 PERSONAS

ENSALADA DE SANDÍA Y RÁBANO SANDÍA

La sandía es una fruta muy loca. Su tamaño y su forma ya invitan a imaginar todo tipo de ideas interesantes. Yo pensé en asarla a la parrilla en rodajas gruesas, pero Matt me dijo: Nadie quiere comer sandía caliente (aunque yo realmente no estoy de acuerdo). Pensé en empaparla en algún extraño brebaje que le diese un sabor completamente nuevo. Después recurrí a mi librería, donde encontré una receta en un libro de cocina español de 1879 que enseñaba a los lectores a rellenar una sandía con pollo y trufas negras enteras antes de enterrarla bajo tierra. Es, probablemente, la receta más fascinante, misteriosa e irrealizable que he visto nunca. Después de todo eso, acabé en un lugar familiar: esta ensalada ligera, refrescante y supersencilla que servíamos en Ku, un restaurante de noodles que llevamos en Las Vegas durante años. Tendrá que sacarte del apuro mientras ultimo los detalles de la sandía rellena enterrada bajo tierra.

ALIÑO

120 ml de vinagre de arroz.

3 cucharadas de azúcar.

1 cucharadita de sal.

1 cucharadita y ½ de aceite de sésamo tostado.

ENSALADA

2 rábanos sandía (170 g cada uno), pelados y cortados en juliana con una mandolina.

1 sandía pequeña sin pepitas (1,8 kg), sin corteza, con la carne cortada a dados de 1,3 cm y fría (o 600 g de sandía ya sin piel y cortada a dados).

2 tazas de brotes de guisantes.

GUARNICIÓN

Semillas de sésamo blanco.

PARA EL ALIÑO

Pon el vinagre de arroz, el azúcar, la sal y el aceite de sésamo en un bol pequeño y bate con unas varillas hasta que el azúcar y la sal se hayan disuelto.

PARA LA ENSALADA

Añade los rábanos cortados en juliana al aliño y deja que se marinen unos 10-20 minutos.

Escurre los rábanos y reserva el aliño. Apila unos 150 gramos de sandía en cada uno de los cuatro platos de ensalada. Pon encima los rábanos cortados en juliana y después los brotes de guisante. Vierte un poco del aliño reservado por encima de las ensaladas, decora con las semillas de sésamo y sirve.

PROTEÍNA IMPOSIBLE

Mira esa bonita sartén a tu izquierda. ¿Qué ves? Unos huevos revueltos mullidos, una hamburguesa de salchicha soasada, tomates asados. Añade judías y morcillas y tendrás un desayuno inglés completo.

Solo que esto que ves en la foto no son huevos. Ni salchicha. Son plantas, amigos. El revuelto dorado está hecho con judías de soja verde y la crujiente hamburguesa con proteína de patata y aceite de coco. ¿Te ha estallado la cabeza lo mismo que a mí?

Es una locura ver hasta dónde ha llegado el mundo de la proteína alternativa desde sus inicios. Tiempo atrás, convertir las judías de soja en una forma vagamente parecida al pavo para celebrar un Día de Acción de Gracias vegetariano se consideraba un truco mágico. O simular tiras de beicon con tempeh y humo líquido. Sé que muchos vegetarianos valoran las proteínas alternativas que parecen carne, aunque no saben a nada parecido a la carne, pero estos ingredientes no me decían nada, ni a mí ni a ninguno de mis amigos no vegetarianos.

Soy un omnívoro descarado. Me encanta la carne tanto como a cualquiera, pero sé que no necesito más carne en mi vida. Lo mismo vale para cualquier norteamericano. Menos del 10 % de nosotros comemos la cantidad de verduras recomendada; en cambio, consumimos de media casi el doble de la proteína animal que recomienda el Departamento de Agricultura de Estados Unidos. Lo que más impresiona es la factura que la producción de carne le pasa al planeta: solo el ganado representa más gases de efecto invernadero que todos los coches, barcos y aviones juntos.

Hacia el año 2050 habrá nueve mil millones de bocas que alimentar en el planeta. Está claro que necesitamos soluciones nuevas a la pregunta inmemorial de cómo alimentar un mundo de seres humanos hambrientos. La buena noticia es que durante la pasada década se disparó la cantidad de dinero y de investigación destinada a abordar estos asuntos fundamentales.

La diferencia entre el momento actual y hace diez años es que de repente la gente se ha dado cuenta de que la cuestión va mucho más allá de satisfacer a los vegetarianos. Tenemos que encontrar una solución sostenible a uno de los grandes desafíos de la historia de la humanidad: cómo alimentar rápidamente a un mundo en expansión sin destruir el bonito planeta que habitamos.

Esta convergencia de retos y oportunidades —cómo satisfacer los deseos de los vegetarianos, cómo alimentar rápidamente a un mundo en expansión, cómo promover un mayor consumo de verdura y menor de carne entre los seres humanos— ha convertido estas cuestiones en un problema mucho más importante que encontrar la manera de elaborar un tofu que parezca pavo. De repente, las mentes que piensan en cómo llegar a Marte son las mismas que reflexionan sobre cómo preparar una deliciosa hamburguesa solo con proteínas vegetales aisladas.

Impossible Foods, productores de la hamburguesa de *salchicha* de la sartén, se hicieron famosos como creadores de la *hamburguesa que sangra*. (También se hicieron célebres por ser los productores de la hamburguesa que logró cuatrocientos millones de dólares de inversión por parte de personas como Bill Gates). Hay otras empresas que también están haciendo grandes avances: Epic Burger Inc., Beyond Meat o Just Scramble, que produce unos huevos vegetarianos que mi familia come de vez en cuando. (Los mismos huevos mullidos que ves en la sartén). Todas estas empresas tienen en común algo brillante: no solo quieren ofrecer a los vegetarianos nuevas formas de proteína, sino que también quieren persuadir a los carnívoros para que avancen hacia una dieta vegetariana. Esto significa crear productos que no solo parezcan proteína animal, sino que además tengan su textura y su sabor.

Es casi tan imposible crear estos alimentos a la última como predecir hacia dónde va todo este movimiento. Jugar con nuestra comida a un nivel molecular es un asunto serio, y tendremos que ser muy cautos acerca de cómo estas tecnologías influyen en nuestras dietas. Ahora bien, cada vez que me dispongo a comer una sartén de salchichas y huevos como esta, siento que estoy masticando el futuro, y me gusta cómo sabe.

PARA 4 PERSONAS

ENSALADA DE CALABACÍN CRUDO CON PARMESANO Y LIMÓN

El calabacín es muy versátil: funciona bien casi con cualquier forma de elaboración (salteado, a la parrilla...) y con cualquier perfil de sabor (Oriente Medio, chino, latino...). Pero resulta muy especial cuando lo comemos en su estado más simple: crudo, cortado en rodajas finas y rodeado de los sabores del Mediterráneo, su musa favorita. De acuerdo, quizá la presentación es algo sofisticada; definitivamente más parecida a lo que encontrarías en uno de mis restaurantes que a un plato cocinado en mi casa, pero esto es solo porque el plato es tan fácil de preparar que necesito que hagas algo más. Puedes saltarte las florituras y simplemente disponer las finas láminas en el plato en lugar de enrollarlas, pero es divertido jugar con la comida.

ALIÑO DE LIMÓN

1 cucharada + 1 cucharadita de zumo de limón recién exprimido.
1 cucharadita de miel.
50 ml de aceite de oliva virgen extra.
Sal.

2 calabacines medianos (340-450 g).
Sal.

PARA TERMINAR

1 trozo de parmesano para rallar.
Aceite de oliva virgen extra.
Sal Maldon.
Pimienta negra recién triturada.
Hojas de tomillo.
Hojas de capuchina (opcional).

PARA EL ALIÑO DE LIMÓN

Pon el zumo de limón y la miel en un bol pequeño y remueve hasta que se mezclen bien. Incorpora el aceite de oliva y bátelo lentamente hasta que el aliño emulsione. Sazona con sal.

PARA LA ENSALADA

Corta los calabacines por la mitad transversalmente. Corta 3 de las mitades longitudinalmente en una mandolina lo más finas que puedas; si las rodajas son demasiado gruesas se romperán cuando las enrolles. Si no tienes una mandolina, puedes usar un pelador de verduras afilado. Corta el calabacín restante a dados de 6-7 milímetros.

Pon las rodajas y los dados de calabacín en un bol, sazona con sal y remueve bien. Deja que reposen 5 minutos.

Enrolla cada tira de calabacín alrededor de tu dedo y coloca las láminas enrolladas en una bandeja o en platos de ensalada individuales. Espolvorea el calabacín a dados alrededor de los rollitos y rocía con el aliño de limón.

Ralla un poco de parmesano por encima de los calabacines, echa un chorrito de aceite de oliva y decóralos con sal Maldon, pimienta, tomillo y hojas de capuchina, si quieres.

PARA 4 PERSONAS
SOPA DE CALABACÍN DE TICHI

Mi mujer, Tichi, es una maestra de las sopas de verduras. Creció en la costa del sur de España, donde las sopas vegetales como el gazpacho y el ajoblanco ayudan a la gente a sobrellevar los largos y calurosos veranos. Su sopa de calabacín ha sido la favorita de la familia y amigos durante años, pero cuando le pedí la receta para este libro descubrí un secreto preocupante: usa cubos de caldo Knorr para prepararla. No sé qué es peor para un chef: averiguar que tu mujer tiene una aventura o enterarte, al cabo de veinticinco años de casados, de que usa pastillas de caldo para cocinar. Saqué inmediatamente los cubitos de la cocina, pero, incluso usando solo agua, la sopa de Tichi es muy especial.

---

900 g de calabacines.
2 cucharadas de aceite de oliva virgen extra.
1 cebolla mediana, picada.
1 diente de ajo picado.
Sal.
240 ml de agua.
4 porciones de *quesitos*.

GUARNICIÓN

Aceite de oliva virgen extra.
Sal Maldon.
Pimienta negra recién triturada.
Cubitos de calabacín crudo.
Picatostes (opcional).
Semillas de sésamo (opcional).

Con un cuchillo afilado, corta una rodaja de calabacín de 2,5 centímetros de grosor. Corta este trozo de calabacín en cubitos y resérvalos para la guarnición. Pela el resto del calabacín, córtalo en cuatro trozos longitudinalmente y luego córtalo transversalmente en trozos de 1,3 centímetros de grosor.

Calienta el aceite de oliva en una cazuela grande a fuego medio. Cuando esté caliente, añade la cebolla, el ajo y una pizca de sal, ajusta el fuego para mantener un hervor suave y cuece unos 5 minutos, removiendo frecuentemente, hasta que la cebolla esté blanda y traslúcida pero aún no haya adquirido color. Agrega el calabacín troceado y el agua y lleva a ebullición. Cuece hasta que el calabacín se haya ablandado, aproximadamente 10 minutos.

Pon el calabacín y el líquido que haya quedado en la cazuela en una batidora (hazlo en varias tandas si es necesario). Incorpora los *quesitos* y bate hasta que la sopa esté muy lisa. Ajusta la consistencia con agua si lo deseas, y sazona con sal generosamente.

Vierte la sopa en boles y decórala con los daditos de calabacín. Echa un chorrito de aceite de oliva y espolvorea con sal Maldon y unos cuantos golpes de pimienta negra triturada. Añade como guarnición los dados de calabacín crudos y los picatostes o las semillas de sésamo, si las usas.

Improvisando | *Esta receta es un mapa de carreteras para el mundo de los purés de verduras. Cambia los calabacines por espárragos, brócoli, calabaza, champiñones, patatas o puerros, o por cualquier verdura que se te ocurra.*

PARA 4 PERSONAS

CALABACINES A LA PARRILLA CON MUCHAS HIERBAS

Mi padre, Mariano, solía comprar calabacines enormes que cortaba en rodajas muy gruesas y cocinaba como si fuesen un filete. Me encantaban los calabacines grandes que comíamos en España cuando era pequeño, pero me he enamorado del calabacín joven de primavera que cultivo en mi huerto. Realmente no tiene importancia: simplemente hazte con unos cuantos calabacines buenos, de cualquier medida, enciende la parrilla y reúne un pequeño bosque de hierbas aromáticas. Cuando las hierbas golpean el calabacín caliente y su perfume te alcanza, es como dar un bocado directamente al huerto.

---

4 calabacines medianos, cortados longitudinalmente en tiras de 1,3 cm de grosor.

Aceite de oliva virgen extra.

Sal.

1 cucharada de za'atar.

Un puñado grande de hierbas aromáticas, como eneldo, tomillo, albahaca, menta, estragón y/o hojas de hinojo.

Calienta una parrilla, preferiblemente de gas, o precalienta una plancha.

Mezcla el calabacín con el aceite de oliva suficiente para untarlo ligeramente y sazona con sal. Cuando la parrilla (o la plancha) esté caliente, coloca las tiras de calabacín transversales a las rejillas (o líneas rugosas) y cocínalos durante 2 o 3 minutos (puedes girarlos en un ángulo de 45 grados a media cocción para conseguir que se marquen las líneas), hasta que estén ligeramente dorados; luego dales la vuelta y repite la misma operación.

Coloca los calabacines en cuatro platos pequeños. Espolvorea con el za'atar y decora con las hierbas aromáticas.

●EL TOQUE● PROFESIONAL

Esta aromática pila de calabacín encajaría perfectamente con el yogur con ajo asado (página 339) o, aún mejor, con una cucharada de tahini batido. Mezcla 130 gramos de tahini, un diente de ajo y un poco de jugo de limón en un robot y procésalo durante 2 minutos. Con el robot en marcha, empieza echando 60 mililitros de agua, unas cuantas gotas cada vez y luego un chorro fino una vez haya emulsionado. La salsa debe quedar ligera y cremosa. Dispón una cucharada grande de tahini en cada plato y usa la parte trasera de la cuchara para extenderlo por todas partes y luego pon el calabacín encima.

KOLOKITHOKEFTEDES
TORTITAS DE CALABACÍN CON SALSA DE YOGUR

Me enamoré perdidamente de Santorini, de su accidentada belleza volcánica y sus impecables productos agrícolas. Una tarde me topé con un pequeño restaurante familiar: humilde, pero llevado con sentido del orgullo y un propósito. Allí, en la cocina, me encontré a una mujer que cocinaba remesas de tortitas de calabacín cultivado en terreno volcánico; cremoso, crujiente y dulce como ningún otro que hubiese probado. Me he pasado años intentado recrear esa magia y esto es lo más cerca que he llegado, sin un volcán y una abuela griega a mi alrededor.

340 g de calabacines, rallados de forma irregular.

2 cebolletas cortadas en rodajas muy finas.

1 cucharada de perejil picado.

1 cucharada de menta picada.

1 cucharadita de orégano seco.

25 g de panko (pan rallado japonés).

60 g de kefalograviera, queso manchego curado o pecorino, rallado o triturado.

2 cucharadas de harina blanca común.

½-1 cucharadita de sal, dependiendo del queso que uses (el manchego es menos salado que el kefalograviera y el pecorino).

2 claras de huevo grandes.

2 cucharadas de aceite de canola, y un poco más si es necesario.

Aceite de oliva virgen extra.

150 g de salsa de yogur de alcaparras (página 339).

Pon los calabacines, las cebolletas, las hierbas, el panko, el queso y la harina en un bol grande y mezcla bien. Sazona con sal.

Bate las claras de huevo en un bol mediano hasta que se formen picos firmes. Incorpora las claras en la mezcla de calabacín.

Calienta el aceite de canola en una sartén antiadherente a fuego medio-alto. Añade 2 cucharadas de la masa a la sartén para cada tortita y crea pastelitos de 7 centímetros (no llenes del todo la sartén) y cocínalas, dándoles la vuelta una vez, hasta que estén bien doradas, alrededor de 1 minuto por lado. Ponlas en un plato y cocina las tortitas restantes, añadiendo más aceite a la sartén si es necesario.

Salpica las tortitas con un poco de aceite de oliva virgen extra y sírvelas con la salsa de yogur de alcaparras para mojar.

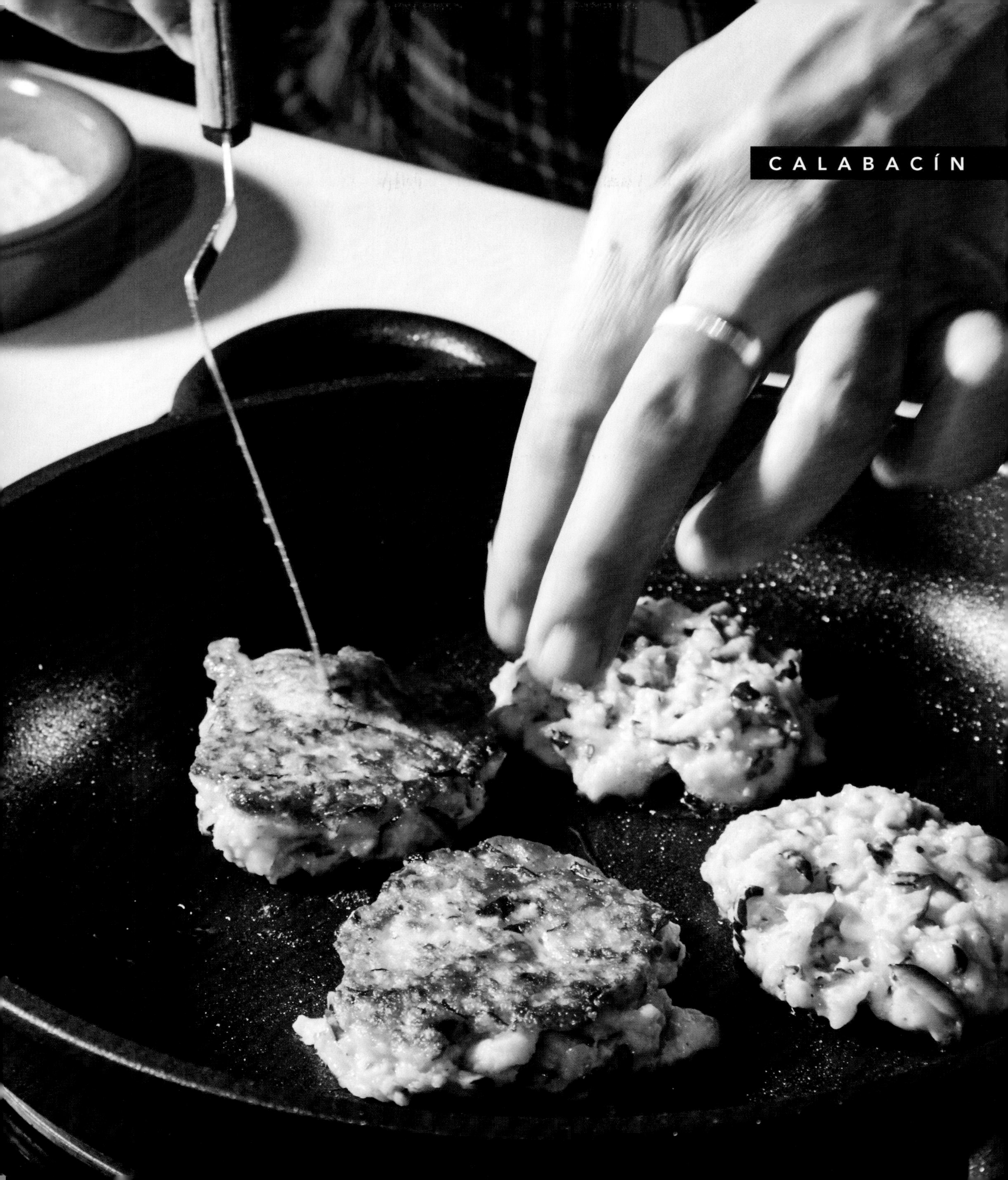

PARA 4 PERSONAS

CHEESEADILLA (EMPANADA DE QUESO) DE FLORES DE CALABACÍN

Una primavera, una docena de miembros de mi equipo y yo pasamos unas cuantos días en Chef's Garden, en Ohio (véase la página 56), experimentando con la extraordinaria profusión de plantas de la finca. Estuvimos trabajando en proyectos intensos, intentando capturar la esencia de cada hortaliza de formas nuevas y estimulantes. Este plato, sin embargo, surgió casi como una ocurrencia tardía: Rubén García, mi director creativo, ralló queso en una sartén antiadherente y luego empezó a incorporar distintas hierbas aromáticas y hojas y verduras baby en el queso mientras se fundía y se endurecía en forma de caparazón crujiente. La cheeseadilla había nacido. Esta versión incluye flores de calabacín, pero puedes meter todo tipo de cosas en el queso: hierbas aromáticas, flores comestibles, puntas de espárragos o tiras de verduras crudas.

ALIÑO BALSÁMICO

1 cucharada de vinagre balsámico.

½ cucharadita de sal.

Pimienta negra recién triturada, al gusto.

2 cucharadas de aceite de oliva virgen extra.

115 g de parmesano rallado.

12 flores de calabacín limpias.

GUARNICIÓN

Hojas de albahaca.

Sal Maldon.

Yogur griego (opcional).

PARA EL ALIÑO

Pon el vinagre balsámico, la sal y la pimienta en un bol pequeño. Vierte el aceite de oliva, batiéndolo con unas varillas para mezclarlo con el resto de los ingredientes. Reserva y bátelo de nuevo antes de servir.

Calienta una sartén antiadherente grande a fuego medio. Para cada cheeseadilla, echa 2 cucharadas colmadas de parmesano en la sartén y utiliza la parte trasera de la cuchara para extender el queso hasta formar un círculo de 7,5 centímetros. Cocina hasta que el queso se funda y luego incorpora, presionando con los dedos, una flor de calabacín encima de cada círculo y sigue cocinando unos 4 minutos, hasta que el queso esté dorado y crujiente. Levanta con cuidado las cheeseadillas con una espátula y dales la vuelta, y luego cocínalas durante 30 segundos más o menos, para que las flores se doren un poco. Ponlas en un plato de servir y repite el proceso para preparar más cheeseadillas.

Justo antes de servir, salpica las cheeseadillas con el aliño balsámico. Decora con hojas de albahaca, un par de escamas de sal Maldon y unas cuantas cucharadas de yogur griego, si lo deseas.

PARA 4-6 PERSONAS

SANCOCHO PUERTORRIQUEÑO

Se me pone la piel de gallina cada vez que recuerdo las largas colas que se formaban enfrente del restaurante de José Enrique en San Juan, cada tarde a las cinco en punto, semanas después de que el huracán María arrasase Puerto Rico. Inspirándonos en las extraordinarias habilidades del mismo José y de su equipo, preparamos sancocho, un humilde guiso de carne y verduras que es desde hace mucho un básico de la isla. El primer día servimos a un centenar de personas. Al día siguiente, a varios centenares. Para el final de la semana la gente hacía cola durante horas para conseguir un bol de este maravilloso estofado.

Yo había estado de compras en un gran distribuidor de comida, buscando algo que pudiese alimentar a mucha gente. Tenían bolsas de verduras cortadas para preparar sancocho que eran perfectas para nosotros: sin preparación, listas para ser cocinadas. Los propietarios nos dijeron que tardaríamos semanas en acabar con sus provisiones de verduras para sancocho, pero las agotamos en dos días.

El sancocho es un plato copioso, especialmente cuando la temperatura exterior es de 35 ℃. Pero siempre he oído decir que la comida caliente sosiega a la gente cuando hace calor. (Solo tienes que preguntar a alguien del Sudeste Asiático). Más que tranquilizarlos, llenó sus estómagos y sus almas en un momento de gran necesidad. Todas las personas que estaban en la cola consiguieron un bol. José Enrique y yo estábamos al otro lado de un pequeño muro que separaba la calle del restaurante, pasando los boles tan rápidamente como podíamos llenarlos. Servimos a toda aquella gente uno por uno, a ricos y a pobres por igual.

Servimos sancocho a más de diez mil personas durante aquellos primeros días después del María. Teníamos un equipo increíble de cocineros —Wilo, Manolo, Mario, Enrique y tantos otros—, que aunaron esfuerzos y cocinaron como si su vida dependiera de ello, porque las vidas de otras personas sí dependían de ello. Fue una época devastadora para millones de personas, pero lo dice todo de la gente de Puerto Rico que yo recuerde aquellas primeras semanas como las más importantes para mí como cocinero.

50 ml de aceite de oliva virgen extra.

1 cebolla dulce grande, cortada en trozos irregulares.

4 cebolletas cortadas en trozos de 6-7 mm.

3 dientes de ajo cortados toscamente.

6 tomates pera, escaldados y pelados (véase página 161), partidos por la mitad, despepitados y cortados a dados, o una lata de 800 g de tomates troceados, escurridos.

1 cucharada de achiote molido muy fino o pimentón dulce.

2 plátanos macho verdes o medio maduros (más cercanos al amarillo), pelados y cortados en trozos de 2,5 cm.

2 yucas (450 g cada una), peladas y cortadas en trozos de 2,5 cm (ver nota).

2 mazorcas de maíz, desvainadas, sin barbas y cortadas en tercios.

4 muslos de pollo, con hueso y piel.

1 paletilla de cerdo de 450 g, deshuesada y cortada en trozos de 3,5-4 cm.

1 cucharada y ½ de sal, o al gusto.

100 g de cilantro picado.

4 patatas medianas, peladas y cortadas en trozos de 2,5 cm.

PARA ACOMPAÑAR

650 g de arroz cocido (o arroz al ajo realmente bueno, página 343).

4 aguacates Hass cortados por la mitad, deshuesados, pelados y cada mitad partida en dos longitudinalmente.

Pequeñas ramitas de cilantro.

2 limas, cortadas en cuatro trozos.

Salsa picante.

NOTA: la yuca suele venderse cubierta de cera. Utiliza un pelador de verduras resistente para retirarle la piel. Después corta cada yuca transversalmente en tercios. Haz cuatro trozos de cada porción y extrae luego el núcleo leñoso, si lo hay.

Calienta el aceite de oliva en una cazuela grande de hierro fundido esmaltado a fuego medio-alto. Incorpora la cebolla y las cebolletas y cuécelas hasta que estén blandas y doradas, de 12 a 15 minutos. Añade el ajo y cocínalo hasta que se ablande, alrededor de 3 minutos. Agrega los tomates y cuécelos hasta que se descompongan, el líquido se reduzca y empiecen a adherirse al fondo de la cazuela.

Incorpora el achiote y cuécelo durante 1 o 2 minutos, y luego añade los plátanos, la yuca, el maíz, el pollo, el cerdo y la sal. Agrega después la mitad del cilantro y el agua suficiente para cubrirlo todo. Llévala a ebullición y después reduce la intensidad del fuego y cuece a fuego lento durante 30 minutos, hasta que la carne esté tierna y cocida por todas partes.

Pon el pollo y el cerdo en un plato y resérvalos. Añade las patatas a la cazuela y cuécelas hasta que estén tiernas, durante 20 minutos aproximadamente.

Mientras se cuecen las patatas, retira la carne de pollo de los huesos. Corta la carne en trozos pequeños o desmenúzala con los dedos.

Incorpora de nuevo el pollo y el cerdo al sancocho y añade también el cilantro restante. Cocina el estofado 3 minutos más, removiendo bien para que se mezclen todos los sabores. Sazona con sal.

Sirve el guiso caliente, con el arroz, los aguacates, el cilantro, las rodajas de lima y la salsa picante a un lado.

VERDURAS VARIADAS

VERDURAS VARIADAS

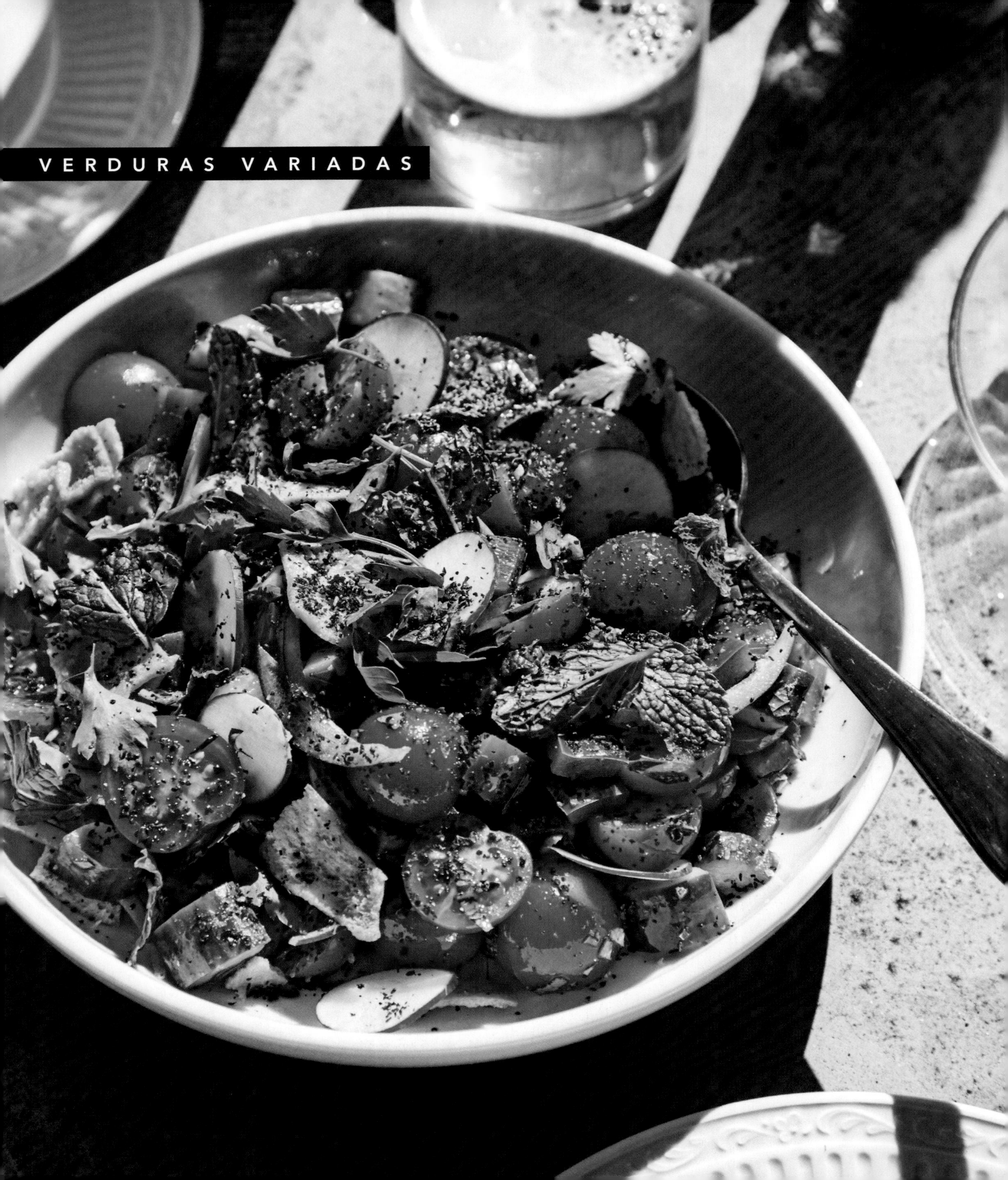

PARA 4 PERSONAS

ENSALADA FATTOUSH

Puedes reconocer a los grandes cocineros no por lo que hacen con los mejores ingredientes, sino por lo que consiguen con los restos. Todos los grandes cocineros italianos, franceses y españoles preparan platos increíbles con pan duro, y los mexicanos hacen cosas asombrosas con tortillas sobrantes. En el Líbano, y en cualquier lugar de Oriente Medio, hay una serie de platos en los que se aprovecha un pan sin levadura, llamado fattat, de varios días. La ensalada fattoush es la reina del fattat. Tiene todo lo que busco en una ensalada: muchas texturas, un gran sabor y la frescura radiante de las hierbas aromáticas y la vinagreta de jarabe de granada. Probablemente por este motivo sigue siendo uno de los platos más populares en Zaytinya. Puedes usar pan de pita seco, como hacen los cocineros libaneses con tablas, pero las chips de pita del supermercado también sirven.

1 pepino sin pepitas, cortado en 4 trozos longitudinalmente y luego a dados de 2 cm.

1 pimiento verde, descorazonado, despepitado y cortado en trozos de 2 cm.

6-8 rábanos, cortados en rodajas muy finas.

12 tomates cherry, partidos por la mitad.

60 g de cebolla roja cortada muy fina.

15 g de perejil picado.

12 g de menta picada.

1 cucharadita de zumaque.

120 ml de vinagreta de jarabe de granada (página 342).

Sal.

900 g de chips de pita (o 4 pitas de varios días, tostadas y rotas en trozos de 1,3 cm).

Pon el pepino, el pimiento, los rábanos, los tomates, la cebolla, el perejil, la menta y el zumaque en un bol grande. Mézclalo todo con la vinagreta suficiente para cubrir generosamente los vegetales. Sazona con sal y remueve de nuevo.

Pon las chips de pita por encima de la ensalada y sirve.

PARA 1 COCA GRANDE (PARA 4 PERSONAS)

COCA DE ESCALIVADA

Los catalanes tienen unas raíces vegetales muy profundas: algunos celebran la llegada de la primavera devorando enormes montones de cebollas tiernas chamuscadas y cuentan por docenas las creaciones vegetales complejas entre sus recetas más preciadas. La escalivada es, seguramente, su receta más querida: berenjenas, cebollas, pimientos y tomates, asados al fuego hasta que estén blandos, dulces y ahumados, y luego aliñados con aceite de oliva y vinagre de Jerez. Puedes (¡y deberías!) hacer escalivada sola para apreciar su genialidad, pero una de las formas más populares de comerla es encima de una coca, el pan plano fino y crujiente típico del noreste de España; dos clásicos catalanes en uno.

En esta receta las verduras se asan al horno, pero si quieres encender tu barbacoa y cocinarlas sobre carbón desarrollarán un sabor ahumado más profundo y tomarán un bonito color.

ESCALIVADA

1 berenjena mediana (de unos 450 g).

1 cebolla grande.

1 pimiento rojo.

2 tomates grandes.

2 cucharadas de aceite de oliva virgen extra, y más para bañar las verduras.

1 cucharada de vinagre de Jerez.

Sal y pimienta negra recién molida.

COCA

180 ml de agua templada.

1 cucharadita y ½ de azúcar.

1 cucharadita y 1/8 de levadura instantánea.

220 g de harina blanca común.

1 cucharada de aceite de oliva virgen extra, y un poco más para untar la masa.

¾ de cucharadita de sal.

Filetes de anchoa (opcional).

PARA LA ESCALIVADA

Precalienta el horno a 200 °C.

Pon las verduras en una bandeja de horno grande y úntalas con aceite de oliva. Hornea hasta que los tomates, el pimiento y la berenjena se hayan ablandado, alrededor de 45 minutos. Pon la berenjena, el pimiento y los tomates en una bandeja. Asa la cebolla unos 20 minutos más, hasta que esté muy blanda y ligeramente dorada. Ponla en la bandeja y deja que se enfríe un poco.

MIENTRAS TANTO, PREPARA LA MASA PARA LA COCA

Pon el agua, el azúcar y la levadura en un bol mediano y remueve hasta que el azúcar se disuelva. Deja que repose 5 minutos y luego incorpora la harina, el aceite de oliva y la sal hasta formar una masa blanda. También puedes preparar la masa en un robot de cocina: mezcla el agua, el azúcar y la levadura en el robot de cocina y pulsa unas cuantas veces para que se disuelva el azúcar. Añade la harina y la sal y pulsa hasta que la masa se cohesione. Deja que repose unos minutos y luego pulsa de nuevo durante 30 segundos.

Pon la masa sobre una superficie ligeramente enharinada y amásala unos 5 minutos, hasta que esté blanda y elástica. Coloca la masa en un bol untado con un poco de aceite y dale la vuelta para que se bañe entera. Cubre el bol con film transparente y deja que la masa repose en un lugar templado hasta que doble su tamaño, unos 45 minutos.

PARA TERMINAR LA ESCALIVADA

Cuando las verduras estén lo suficientemente frías para trabajar con ellas, corta la berenjena por la mitad, retira la carne y ponla en un colador y deja que se escurra en el fregadero 10 minutos. Mientras tanto, pela el pimiento y los tomates (las pieles estarán sueltas y serán fáciles de quitar). Retira los corazones y las semillas y corta el pimiento en tiras. Corta los tomates, la berenjena y la cebolla también en tiras.

Mezcla todas las verduras en un bol grande y remuévelas con las 2 cucharadas de aceite de oliva y el vinagre de Jerez. Sazona con sal y pimienta y reserva. (Puedes preparar la escalivada hasta dos días antes y guardarla, tapada, en la nevera).

PARA LA COCA

Precalienta el horno a 260 °C. Cubre con papel de horno una bandeja de horno con bordes.

Pon la masa sobre una superficie de trabajo ligeramente enharinada y dale palmadas hasta convertirla en un cuadrado irregular. Cúbrela con un trapo húmedo y deja que repose 10 minutos.

Coloca la masa en la bandeja de horno y dale palmadas o estírala hasta convertirla en un rectángulo o un óvalo de 6-7 milímetros de grosor y un tamaño aproximado de 35 por 28 centímetros (si lo prefieres, puedes hacer dos cocas más pequeñas). Pinta la masa con aceite de oliva. Reparte la escalivada por encima de la masa en una capa regular. Si te gustan las anchoas, añade unas cuantas (lo recomiendo mucho).

Hornea la coca hasta que la corteza esté dorada y crujiente, alrededor de 20 minutos. Retírala del horno y sírvela inmediatamente.

CAPÍTULO **SEIS**

OTOÑO

BETHESDA

I-495 Sur a D. C.

🕘 **9:35** | *Viernes, 27 de octubre*

Tenemos que trabajar en unos cuantos platos con ajo negro, me va diciendo José desde el asiento trasero de un Uber con rumbo a Washington cuando su móvil empieza a vibrar. *Quédate con esta idea... ¿Hola? ¡Qué pasa, guapa!*

Llaman desde Puerto Rico, le informan del estado de las dieciséis cocinas que todavía operan en la isla. *¿Qué está haciendo FEMA? ¿Y la Cruz Roja? Podemos hacerlo solos, pero deberían estar allí. De acuerdo, adiós.*

Se guarda el teléfono. *El ajo negro es mágico. Tiene una historia...* La vibración vuelve.

Un productor de *60 minutos*. *Dile a Anderson que me gustaría mostrarle algo personalmente*, dice José. *De acuerdo, lo que necesites.*

En fin... ¿Quizá podríamos hacer un alioli con ajo negro? No, ya lo tengo: un gazpacho negro...

Un editor de *The Washington Post*. El movimiento independentista catalán está en ebullición y José quiere compartir algunas ideas sobre ello. *Sí, sí, puedo tenerlo para mañana. No hay problema.*

¿Por dónde íbamos?

El trayecto diario entre Bethesda y D. C. para ir al trabajo podría quebrar el espíritu del más tenaz guerrero de la carretera, pero parece que José ni siquiera se da cuenta del mar de luces de freno que tenemos enfrente. *Me cunde más el trabajo en el coche que en la oficina.*

> " No existe el concepto de un día típico en la vida de José Andrés.

Es difícil mantener un registro del ecosistema en expansión de los restaurantes de José, que se extiende desde las arenas de South Beach hasta los vibrantes neones del Strip de Las Vegas o el caos controlado de Ciudad de México. Español, mexicano, turco-griego-libanés, chino-mexicano, chino-japonés-peruano, español-americano de vanguardia, camioneta de sándwiches. Es probable que cuando leas este párrafo ya exista un puesto de limonada ruso-brasileña en una esquina de Shanghái, de modo que no me hagas responsable de los números que te voy a dar: treinta y cuatro restaurantes en total, con más de dos mil empleados, repartidos a lo largo de más de ocho mil kilómetros.

Ahora bien, el corazón del imperio es el Penn Quarter, donde el primer restaurante de José, Jaleo, sigue ocupando la misma esquina entre la Séptima y la calle E. Hoy empezamos aquí nuestro recorrido, que es un portal a nuestros días juntos en España. Piernas de jamón cuelgan del techo, mesas de futbolín del F. C. Barcelona convertidas en mesas para cenar. Llenamos la mesa de clásicos del mundo vegetal español: patatas bravas, servidas en cilindros y salpicadas con salsas como si fuesen una pintura modernista; pisto manchego, pimientos, calabacines y berenjena cocidos hasta que se funden en una sabrosa mermelada y cubiertos por un paraguas de huevos de codorniz estrellados; tallos gruesos de espárragos a la parrilla sobre un lecho de romesco, la salsa catalana de pimiento asado que transforma casi cualquier verdura cocinada a la parrilla o en el horno en un auténtico tesoro.

> 66 Treinta y cuatro restaurantes en total, con más de dos mil empleados, repartidos a lo largo de más de ocho mil kilómetros.

Unas cuantas manzanas más allá, en la Novena, en el Zaytinya hacen lo que haría cualquier buen restaurante turco-griego-libanés: nos llenan la mesa de mezze, pequeños platos de riqueza concentrada diseñados para avivar el apetito: tzatziki, hummus, berenjena rellena, coliflor crujiente con pasas y tahini. Y después mi plato de verdura favorito de todo el universo de José: coles de Bruselas Afelia, aderezadas con yogur con ajo asado, granada y semillas de cilantro, un plato que toca más sabores y texturas de los que encontrarías en muchas comidas completas.

China Chilcano se ha especializado en dim sum y ceviche; no puede decirse que sea la puerta más lógica hacia el mundo vegetal, pero allí encontramos muchas fuentes de inspiración para el libro: brochetas de setas a la parrilla, una ensalada de quinoa muy rica y aromática. Incluso los ceviches alimentan la imaginación: *Puedes preparar un buen ceviche a partir de casi cualquier verdura: coliflor, setas, boniatos. Ya lo verás.*

El personal de Oyamel sabe perfectamente qué hacer cuando ven llegar al jefe. Un barman se pone en marcha, mezclando tequila, triple seco y zumo recién exprimido en el cóctel favorito de José: un margarita de granada con *aire de sal.* (Es imposible sobreestimar la sencilla genialidad de la nube salada que corona la bebida; no hay tragos desagradables de sal gruesa, solo una sutil corriente de salinidad en cada sorbo). El joven cocinero que está trabajando en la mesa de guacamole de la entrada empieza a deslizar aguacates de sus pieles rugosas y a ponerlos en el enorme mortero de piedra, junto con cebolla roja y chile verde. En la cocina, las tortillas de maíz recién hechas se calientan en una plancha, y los frijoles refritos se calientan con queso y se enrollan en un plato, como si fuesen una tortilla. José pasa muchas horas en este bar, su puesto favorito en Washington, sirviendo tacos a amigos y compañeros.

Se podrían escribir muchos libros a partir de las cartas de estos restaurantes, pero José quiere que estos platos sean un punto de partida para nuestro libro, no un objetivo, cosa que nos lleva a nuestro destino final: la sede de ThinkFoodGroup, el cerebro de la operación.

Tres plantas de oficinas y salas de reuniones con una brillante cocina de pruebas conectando el espacio. Gran parte de la magia empieza aquí, en la calle D, donde el equipo de I+D trabaja duro para hacer funcionar esos pequeños detalles que importan. Es aquí donde Koji Terano decide si la masa de tempura para el pescado tiene que ser distinta de la que se usa para las verduras en Fish, en Maryland. Es allí donde Charisse Dickens prueba la diferencia entre las huevas de salmón marinadas y las huevas de trucha marinadas para la última carta del minibar. Y donde Rubén García añade los toques finales a los platos que alimentan todo un imperio de restaurantes.

Es también el lugar perfecto para probar algunas de las cuestiones más problemáticas del mundo vegetal. ¿Las coles de Bruselas crujientes asadas a la parrilla saben igual de bien

que las coles de Bruselas crujientes fritas? (No). ¿El acuafaba es un sustituto adecuado para la clara de huevo en el pisco sour? (Sin duda). ¿La col puede cocinarse en una sandwichera hasta que esté crujiente? (No exactamente).

Respuestas a preguntas que nadie ha hecho.

Casa de José, Bethesda, Maryland

🕐 **13:15.** | *Sábado, 28 de octubre*

No existe un día típico en la vida de José Andrés. Nadie, y él quien menos, sabe qué le traerá la vida mañana.

Esto es, por ejemplo, lo que ha pasado hoy: José se ha levantado y ha practicado hebreo mientras tomaba café. Le han pedido que lea un texto en un bar mitzvá en D. C., y se enfrenta al encargo como un estudiante que empolla para un examen final.

Cuando regresa del bar mitzvá, su equipo está inmerso en la preparación de las recetas del día. Se cambia el traje por una camiseta en la que se lee *Los inmigrantes alimentan América*, una de las muchas que guarda en una pila limpia, listas para ser usadas en cualquier momento.

La parrilla está caliente. Muchas parrillas, en realidad. El patio trasero de José es el sueño rojo y crepitante de un pirómano: un horno de leña, una barbacoa de Texas Pit Crafters, un horno de brasa español de Josper, una belleza resplandeciente de Grillworks con rejillas ajustables. Enterramos remolachas y nabos en un lecho encendido de brasas. Cortamos coles de Saboya en filetes gruesos y las asamos en la parrilla. Llenamos un colador con guisantes dulces y lo colocamos directamente sobre las brasas, para que el humo y el fuego penetren lo justo para perfumar sutilmente este delicado vegetal y empiece a burbujear.

José deja a algunos chefs a cargo de las llamas mientras nosotros nos dirigimos a su huerto con Bennett Haynes, el jefe de producción de ThinkFoodGroup. (*¿A que es muy guay tener un jefe de producción?*, dice José). Aparece su hija Inés, con una cesta en la mano, lista para recoger algunas de las últimas verduras de la temporada. Pero hay menos de las que José esperaba; otra derrota en su batalla contra la fauna hambrienta de Bethesda, que ya dura unos cuantos años. *Dios, ¡estos ciervos son unos cabrones! ¡No dejan en paz mis lechugas!* José e Inés se consuelan agitando el compost por turnos con una horquilla; un momento de orgánico vínculo emocional entre padre e hija.

Cuando las primeras nubes se dispersan y emerge un intenso sol de otoño, José entra en la cocina para traer una olla de verduras. Desde el fondo de la entrada de vehículos arrastra un enorme plato reflectante, que inclina hacia el sol: es una cocina solar, un artefacto que permite cocinar utilizando la potencia del sol. Cuando unos minutos más tarde las verduras empiezan a cocerse a fuego lento, José sonríe de oreja a oreja. *Esto es lo que utilizamos para alimentar a la población de Haití después del terremoto.*

Alrededor de las dos recibimos la noticia de que un pequeño grupo de admiradores de José viene a comer. Unos minutos más tarde, llega un autobús y deja en el acceso para vehículos de José a trece mexico-norteamericanos bien vestidos. José no da señales de pánico. Envía a su chef de Jaleo, Rodolfo, a encender un fuego en el hoyo para la paella. Abre una botella mágnum de champán. Problema resuelto.

Hay una paella para cada estación, reza un viejo axioma español, aunque José se pone nervioso cuando usa el término *paella*: *La gente de Valencia me mataría si me viesen repetir la palabra a todas horas como hace todo el mundo.* Allí, a las versiones improvisadas las llaman *arroz con cosas.* No es muy pegadizo, pero sí descriptivo.

Hoy las *cosas* incluyen una amplia variedad de verduras de temporada: remolacha, zanahorias, boniatos, calabaza, coliflor, brócoli, setas, judías verdes. *Todo encaja, siempre que lo cortes en trozos pequeños iguales.* José empieza con los tubérculos y luego agrega las verduras más tiernas. Cuando todas las verduras se han ablandado y han cogido algo de color, incorpora varias cucharadas enormes de sofrito.

Rodolfo esparce el arroz por la sartén y añade agua. *Puedes usar caldo, pero hay tanto sabor en esta sartén que no lo necesitas*, dice José.

Rodolfo saca su móvil y añade una alarma. *Dieciocho minutos, treinta segundos arriba o abajo.* Calibrar el arroz con el líquido es el componente técnico más exigente al preparar una paella, o cualquier plato de arroz similar. Los maestros del arroz lo hacen casi siempre a ojo, ajustando el calor a medida que se avanza en la cocción para apresurar la evaporación si es necesario, o añadiendo más líquido si parece que se están quedando cortos.

Cuando el temporizador llega a los diecisiete minutos, Rodolfo y José añaden unos puñados de leña al fuego, y las llamas crecen hasta rodear la sartén. Este último impulso intenso es lo que crea el socarrat, la capa crujiente de arroz en el fondo de la sartén, intocable para los fanáticos del arroz de toda la península ibérica.

Los invitados llenan una mesa larga en el patio de José y el chef lleva la sartén a la mesa. Con cierto aire teatral, desata una tormenta de hierbas aromáticas frescas desde 90 centímetros por encima del arroz.

Alrededor de las 16:30 nos encontramos en otro Uber, de vuelta a Washington. Tecleo enérgicamente mientras solventamos los detalles de su editorial sobre la controversia de la independencia de Cataluña. *Es hora de dar voz a la mayoría silenciosa de Cataluña.* José lo manda a un editor de *The Washington Post* minutos antes de la hora límite de las 17:00.

> " En el fondo de su corazón yace una voz contraria, una voz que se rebela contra la sabiduría convencional.

Una hora después, una llorosa Sonia Sotomayor lo abraza en el *backstage* de una charla TED. José termina de dar una conferencia sobre su trabajo en Puerto Rico en un local atestado y la primera jueza asociada latina en la Corte Suprema de Estados Unidos ha esperado pacientemente para hablar con él.

Mercado agrícola de Bethesda

🕙 **10:45** | *Domingo, 29 de octubre*

José no se acerca a los mercados como hace la mayoría de los chefs, parloteando con indiferencia con los vendedores antes de marcharse con un buen montón de productos. Él devora el mercado de cabo a rabo, asediando con preguntas, poniéndolo todo patas arriba. Su energía funciona como una corriente eléctrica que viaja de un puesto a otro, golpeando a compradores y vendedores por igual en la creencia de que, de repente, todo es posible.

Y lo es. Se ofrecen recetas, se toman selfis, se besan bebés. José corre de un puesto a otro, construyendo bocados a partir de un menú secreto que solo él conoce: pan de un puesto, queso de otro y fruta de un tercero, todo bañado con un zumo esotérico o un destilado local.

José se comporta de la misma forma en cualquier mercado, desde la bodega de barrio a La Boquería de Barcelona, pero el mercado dominical de Bethesda revela una dimensión distinta. Es un motivo de orgullo haber contemplado cómo el mercado de su patio trasero ha crecido desde unos cuantos agricultores vanguardistas hasta una red de más de setenta personas vendiendo cualquier cosa, desde setas silvestres hasta microverduras o porciones de costilla de res ahumada.

Es más que un mero lugar donde comprar: es un sitio donde intercambiar ideas, absorber información y ocuparse de los aspectos más importantes del mundo de la comida en general. José debate sobre la belleza de las judías frescas, con cáscara, frente a las secas. Apoya la grandeza del invernadero. Reflexiona sobre la diferencia entre los cultivos básicos modificados genéticamente y los atractivos híbridos como los pluots (una mezcla de ciruela y albaricoque) y las kalettes (un cruce de col rizada y col de Bruselas). (Una pista: los organismos modificados genéticamente dependen de la manipulación intencionada del ADN de una planta).

A lo largo de dos horas, adquirimos lo mejor de la producción agrícola de Maryland: una caja de patatas violeta, dos cajas de tomates autóctonos (*¡Maravillosos tomates a mediados de octubre! ¡Las temporadas están desapareciendo, amigo mío!*), bosques de brócoli, coliflor y romanesco. Cuando José dice *Apoya a los agricultores locales* no quiere decir que compres una cesta de patatas jóvenes; se refiere a que compres la maldita finca entera.

A las 11:30, las hijas de José, Inés y Lucía, nos encuentran a cinco quesos de profundidad en una cata en Stonyman Gourmet. *Cuando no encontramos a mi padre, vamos hasta el mercado y buscamos un montón de comida en el suelo. Si la vemos, sabemos que está allí.* Los quesos —un bloque fondant de queso de cabra a la ceniza, una porción de queso mantecoso tipo gruyer— son de primera categoría, la recompensa a meses escuchando a José perorar sobre la excelencia de la cultura del queso del Atlántico Medio.

Después intenta convencerme de que el queso es un vegetal, en una de nuestras frecuentes discusiones sobre lo que constituye un vegetal (véase: tequila, vino, tabaco). *Los animales se alimentan de pasto y hierbas y estos tíos lo convierten en algo precioso.* Mi réplica —que, según esa misma lógica, una vaca que se alimenta de pasto también sería un vegetal— no hace mella en su determinación.

Casa de José, Bethesda, Maryland

🕐 **15:45** | *Domingo, 29 de octubre*

Dentro del caos de una vida impredecible, sin ataduras, a veces los domingos en casa son lo único parecido a la cordura en el programa de José. Si no está en la carretera, está en casa cocinando, con sus hijas y su mujer de ayudantes, lo quieran o no.

José coge alrededor de un kilo de esos tomates imposibles de octubre que compró en el mercado, los escalda, los pela y los corta en trozos grandes. Llena el fondo de un horno holandés con algo más de un dedo de aceite de oliva y lo calienta a fuego vivo junto con un buen puñado de dientes de ajo pelados. Cuando los dientes de ajo se han dorado y el aceite humea ligeramente, añade los tomates, que chisporrotean al contacto con el aceite. *¡No lo toques!*, exclama cuando me ve coger un cucharón. *Simplemente deja que los tomates se frían* *en el aceite; pero que se* frían. *Cuando una parte desarrolle una costra, puedes remover y volver a empezar.*

Esta es la salsa de tomate de José, lista para aderezar pasta, legumbres o arroz a la cubana. Ponemos unas cuantas tazas en una sartén, añadimos un puñado de judías verdes y las dejamos cocer hasta que están tiernas y carnosas. El resto serán fideos, cuando las chicas tengan hambre.

Mete unos cuantos tomates amarillos grandes en la batidora, junto con alcaparras, piparras y una cucharada de harissa para agregar un toque picante. Luego añade vodka. Lo que parece una improvisación sabe como una receta conseguida después de muchos años de pruebas, y es el Bloody Mary autóctono de Maryland.

Cocina de guerrilla; eso es lo que quiero para este libro. Nada es demasiado raro, nada se queda fuera, me dice como si no hubiese pasado los últimos doce meses a su lado, luchando contra molinos gigantes.

Gran parte de lo que mueve a José está enraizado en la tradición, en la creencia de que las cosas se han hecho siempre de una forma determinada por alguna razón. Pero en el fondo de su corazón también descansa una voz contraria, una voz que se rebela contra la sabiduría convencional; una fuerza algo maliciosa que aplasta al ángel bueno y lo lleva a decir y a hacer cosas extraordinarias.

En el momento justo: las últimas patatas de José; patatas violeta de Perú del tamaño de pelotas de golf. *Mira esto.* Coge el filtro que ha usado para el café de la mañana y vacía los posos en una bandeja de horno. Aprieta las patatas en el lecho húmedo de posos, luego alcanza el pequeño cubo de compost que hay al lado del fregadero y vacía su contenido —pieles de zanahoria, de cebolla, restos de calabacín— encima de las patatas. Después las mete en el horno, Dios sabe con qué objetivo.

Una hora más tarde, las patatas emergen humeantes, oliendo ligeramente a tierra húmeda y a café de bar de camioneros. Excavamos entre el follaje como niños buscando huevos de Pascua, consiguiendo cada uno una sola esfera violeta cocida. La pelamos e hincamos el diente en la carne.

Un silencio prolongado.

Luego:

Creo que es la mayor genialidad que me he inventado.

Dejaré que seas tú quien lo decida (véase la página 52).

PARA 4 PERSONAS

MANZANAS BORRACHAS

En los años ochenta, cuando era un estudiante hambriento, peregriné hasta Crissier, en Suiza, para visitar el restaurante de Frédy Girardet, uno de los mejores del mundo por entonces. No tenía dinero para comer allí, pero hice el viaje solo para ver la entrada y la carta en la puerta. Al final del servicio, los cocineros, que me habían visto merodeando fuera, me invitaron a entrar para que viese cómo se organizaba la cocina: una cocina clásica francesa. Había un pequeño puesto en el exterior del restaurante, donde vendían libros, mermeladas y otras cosas; allí compré el libro de cocina de Frédy Girardet y aprendí a preparar todos sus platos. Su sencilla sofisticación me conmovió profundamente y me enseñó muchísimo sobre la cocina. Esta receta de manzanas, con su explosión de vino tinto especiado, es un recordatorio de aquellos primeros tiempos hambrientos, cuando pude disfrutar de la brillantez de Frédy Girardet.

1 botella (750 ml) de vino tinto Rioja.
115 g de azúcar.
3 manzanas Granny Smith.
1 naranja.
1 ramita de canela.
Helado de vainilla o nata montada (opcional).

Pon el vino y el azúcar en una cacerola pequeña, llévalo a ebullición, removiendo para que se disuelva el azúcar, y hierve hasta que el vino se haya reducido a unos 240 mililitros, alrededor de 40 minutos.

Mientras tanto, pela y descorazona las manzanas y córtalas en rodajas. Colócalas en un cuenco grande no reactivo. Retira la piel de la naranja en tiras largas con un pelador de verduras o un cuchillo afilado, evitando la parte de piel blanca más amarga. Agrega la piel de naranja y la ramita de canela a las manzanas.

Vierte el vino reducido sobre las manzanas y dales la vuelta para cubrirlas bien de vino. Deja reposar a temperatura ambiente hasta que se enfríen completamente, y luego colócalas en una bolsa resistente con cierre hermético y guárdalas en la nevera por lo menos un día, dándole la vuelta a la bolsa de vez en cuando para mantener las manzanas bien cubiertas de vino. (Las manzanas pueden conservarse en el frigorífico hasta cinco días).

Retira y desecha las tiras de piel de naranja y la ramita de canela. Pon las rodajas de manzana en boles, vierte un poco del sirope de vino sobre ellas y sírvelas, solas o acompañadas de helado de vainilla o nata montada.

PARA 4 PERSONAS

ENSALADA WALDORF

La Santísima Trinidad manzana-apio-nuez es la base de la clásica ensalada Waldorf, algo con lo que hemos jugado durante años en mis restaurantes. Esta versión parece una hilera de hormigas adultas sobre un tronco, con queso azul batido sustituyendo a la mantequilla de cacahuete. La receta es una carta de amor a Maryland, el estado donde tengo mi hogar, que produce algunas de las mejores manzanas y los mejores quesos de América.

APIO MACERADO

5 tallos de apio, sin las hojas.

350 ml de sidra o zumo de manzana.

80 ml de vinagre de sidra de manzana de alta calidad.

½ cucharadita de sal.

CREMA DE QUESO AZUL

230 g de nata espesa.

60 g de queso azul.

½ cucharadita de sal.

GUARNICIÓN

30 g de quicos o nueces picadas.

Hojas de apio de color verde claro.

NOTA: si te ha sobrado crema de queso azul, úsala para ponerla encima de patatas al horno o como salsa para mojar crudités.

PARA EL APIO MACERADO

Pela los tallos de apio con un pelador de verduras o un cuchillo afilado. Córtalos en trozos de 10 centímetros de largo.

Pon la sidra, el vinagre de sidra y la sal en un bol y añade el apio. Cúbrelo y déjalo macerar en la nevera durante 2 horas.

MIENTRAS TANTO, PREPARA LA CREMA DE QUESO AZUL

Pon la nata y el queso azul en un cazo pequeño y cuécelos a fuego medio-alto, mezclándolos hasta que quede una crema lisa. Cuela la crema en un bol mediano y deja que se enfríe, y luego métela en la nevera hasta que esté fría, por lo menos 2 horas.

PARA TERMINAR EL PLATO

Escurre el apio, reservando el líquido de la maceración, y sécalo bien. Pon el apio en un bol, tápalo y métrelo en la nevera.

Vierte el líquido de la maceración en una cazuela mediana y llévalo a ebullición. Deja que hierva a fuego lento, removiendo si es necesario, alrededor de 35 minutos, hasta que se haya reducido a un sirope. Ponlo en un bol pequeño y deja que se enfríe a temperatura ambiente.

Cuando la crema de queso azul se haya enfriado, bátela con un túrmix hasta que quede uniformemente firme. Pon la crema en una manga pastelera con una boquilla plana pequeña, o en una bolsa de plástico fuerte con cierre hermético y recorta la esquina inferior.

Coloca la parte lisa del apio hacia abajo en un plato de servir. Echa unas gotas del sirope de manzana en el centro de cada pieza y rellena el apio con crema de queso azul. Decora con los quicos y las hojas de apio. Sirve frío.

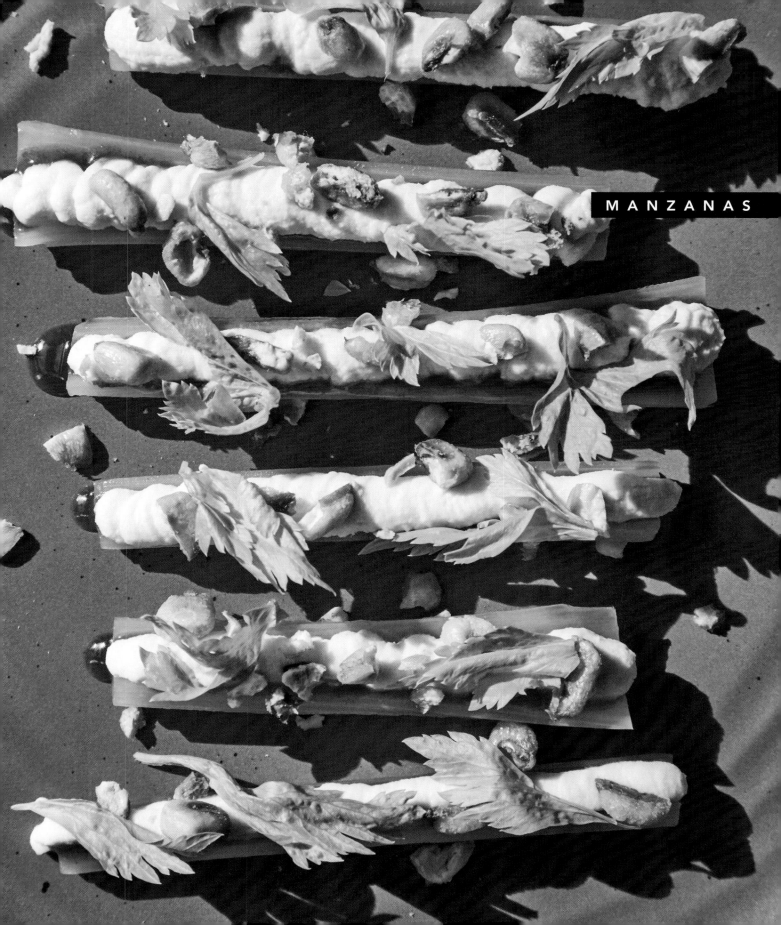

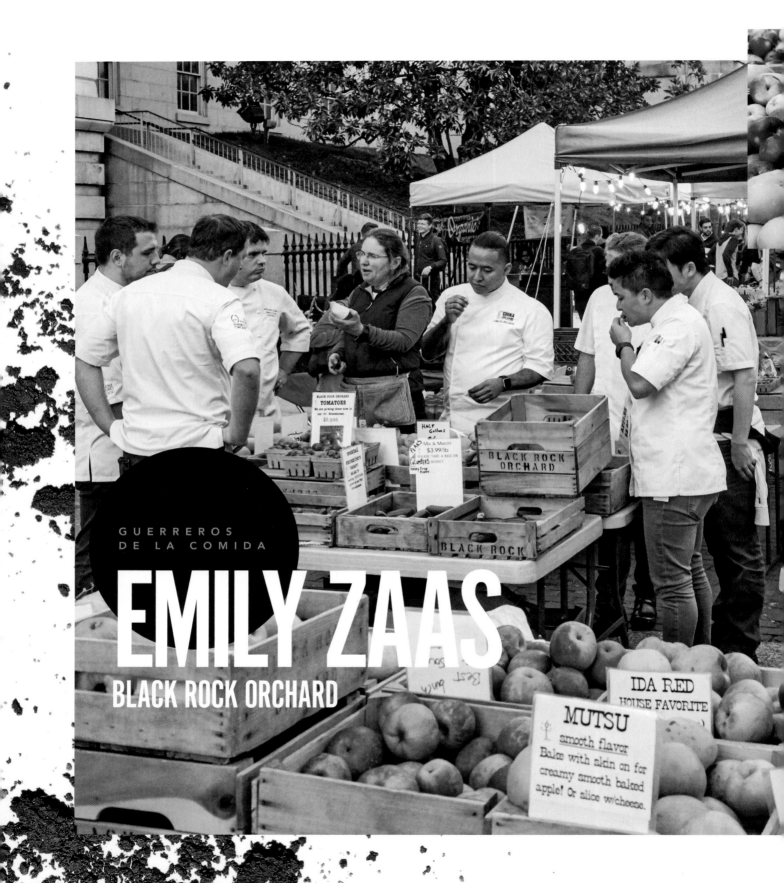

GUERREROS
DE LA COMIDA

EMILY ZAAS
BLACK ROCK ORCHARD

Aunque supiera que mañana el mundo se hundirá, seguiría plantando mi manzano.
—Martín Lutero

Yo nací y me crie en Asturias, el reino mágico de las manzanas, donde los huertos de árboles frutales cubren las colinas como papel pintado y la sidra fluye libremente en los centenares de sidrerías. Así que cuando con dieciocho años aterricé en la Gran Manzana, me sentí como en casa. En los largos y fríos meses de invierno no podíamos encontrar ni un tomate ni una lechuga que no procediese de California, pero siempre teníamos a nuestro alcance deliciosas manzanas.

Las manzanas me han seguido a todos los lugares a los que he ido en mi vida, y también hasta la calle F, a una manzana de mis restaurantes, en el mercado agrícola de Penn Quarter, donde David Hochheimer y Emily Zaas de Black Rock Orchard venden algunas de las mejores frutas a los cocineros y los restaurantes de D. C.

La historia del Black Rock se inició con el padre de David, un físico cuyo amor a la vida rural le impulsó a comprar una extensión de algo más de 3.700 metros cuadrados de tierra en la frontera entre Maryland y Pensilvania. Plantó árboles frutales como fuente de ingresos futuros, y cuando David alcanzó la adultez, los árboles empezaban a dar frutos. Después de casarse, en 1985, la mujer de David, Emily, se unió al equipo, y Black Rock creció hasta convertirse en una de las pequeñas fincas familiares más importantes del Atlántico Medio.

Aunque en Black Rock se cultivan setenta y siete variedades de fruta, desde higos hasta grosellas espinosas, pasando por tomates Purple Zebra, todas ellas excepcionales, mis favoritas son las manzanas y las peras. Cultivan todos los tipos de los que hayas oído hablar: Fuji, Pink Lady y Bosc, las superestrellas de los mercados agrícolas de América, y además todo tipo de variedades menos conocidas, como Potomac, Canal Red o Mutsu.

Lo que hace especial a Black Rock, además de la increíble calidad de su fruta, es la profunda sabiduría de David y Emily. Te va a costar encontrar a alguien que sepa más que ella de manzanas y peras. Puede explicarte qué manzanas alcanzan la plenitud a 3 °C, qué parte de la carne de distintas peras se oxida primero o qué variedad casa mejor con un queso azul de Maryland o una espuma de cangrejo tibia en minibar.

Emily no vende fruta solo para introducirla en los platos de los bares y las cartas de los restaurantes del área de Washington. Ella es el centro de atención, de pie encima de su caja de manzanas, dando sermones sobre la fruta tanto a chefs como a cocineros aficionados. Puede que sea bajita, pero cuando se pone encima de esa tarima, destaca por encima de todos nosotros. Sabe que probamos una salsa de manzana el otoño pasado en Oyamel. Recuerda los experimentos con fruta seca que colgaba del techo de minibar. Siempre sabe exactamente qué frutas suyas están en su mejor momento, y nosotros escogemos confiando totalmente en su criterio.

En el mundo de la cocina moderna hay sitio para todo tipo de fincas agrícolas. Me encantan las del tipo de Up Top Acres (véase la página 136), que utilizan las innovaciones técnicas para luchar contra desafíos alimentarios singulares, y también el Chef's Garden de Ohio (véase la página 56), que cultiva un producto exótico y extraordinario que no podrías encontrar en ningún otro sitio. Pero lo que realmente convierte a Black Rock en algo especial es tan viejo como el tiempo: un conocimiento profundo y una pasión sin límites. Esto es lo que se necesita para dar de comer a la gente.

BRÓCOLI

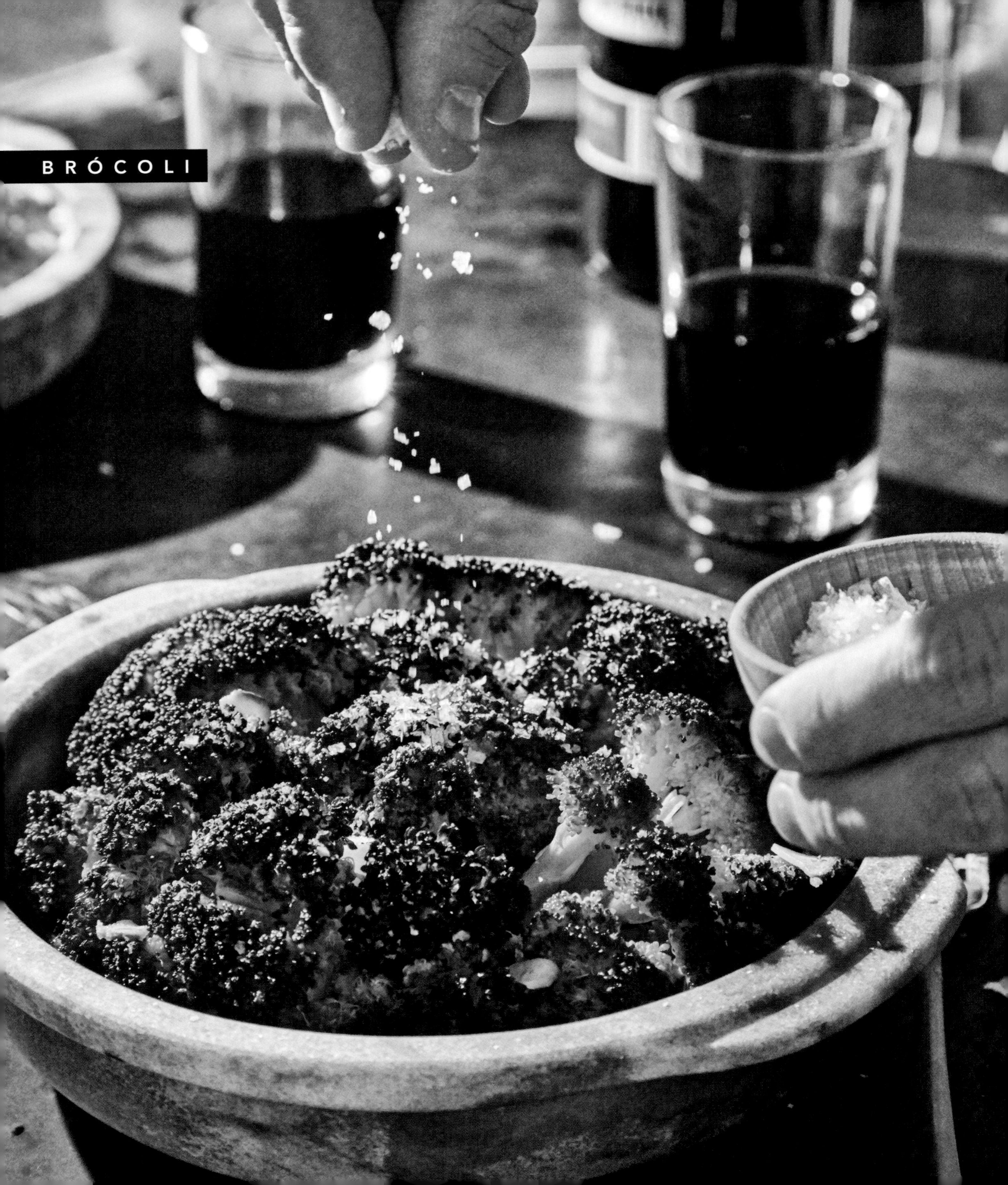

BRÓCOLI AL HORNO INCREÍBLEMENTE FÁCIL Y DELICIOSO

La mayor parte de los niños americanos comen brócoli hervido cuando están creciendo; es lo que los padres añaden a un plato de macarrones con queso o de nuggets de pollo, esperando que sus hijos coman algo verde. Me encanta el brócoli hervido, pero ya no soy un niño, y ahora sé que si los padres realmente quisieran que sus hijos comiesen brócoli, se lo darían asado al horno en lugar de hervido. Cocinarlo con calor seco ayuda a extraer tanto su dulzura natural como su lado crujiente, de modo que todo el mundo sale ganando. Esta deliciosa receta de brócoli al horno se basa en una técnica normalmente utilizada para los filetes o las piernas de cordero, y las finas rodajas de ajo se ablandan con el calor y se fusionan con el brócoli.

2 brócolis medianos frescos y tersos (unos 680 g en total).

3 o 4 dientes de ajo, cortados en rodajas finas.

100 ml de aceite de oliva virgen extra.

Sal.

Pon una rejilla en el centro del horno y precaliéntalo a 230 °C.

Corta los tallos del brócoli tan cerca de la corona como te sea posible y resérvalos para otra receta (como el pesto de brócoli de la página 214). Coloca las coronas, de pie hacia arriba, y cualquier florete suelto, en una bandeja para horno en la que queden ajustadas, como si estuvieses reconstruyendo las cabezas de brócoli sin los tallos. Presiona las rodajas de ajo entre los grumos.

Unta el brócoli generosamente con aceite de oliva —sin miedo— y sazona con sal. Vierte unos 6-7 milímetros de agua tibia en la bandeja de horno.

Hornea el brócoli durante unos 25 minutos, hasta que las coronas estén doradas y los tallos residuales estén tiernos. Si las coronas se doran antes de que los tallos estén tiernos, cubre el brócoli con papel de aluminio sin apretar y continúa horneándolo. Sírvelo caliente.

Improvisando | Ahora que ya dominas el brócoli al horno, aderézalo con lo que quieras:

1 Aceite de oliva, vinagre de Jerez, hierbas frescas picadas y almendras picadas.

2 Salsa de pescado, zumo de lima, cilantro picado y cacahuetes troceados.

3 Aceite de oliva, zumo de limón, parmesano rallado o en escamas y pimienta roja triturada.

4 Romesco (página 337) o romesco de ajo negro (página 91).

5 Yogur con ajo asado (página 339).

PASTA CON PESTO DE BRÓCOLI

¿Cuántas veces has comprado brócoli y luego has tenido que tirar la mitad porque no sabías qué hacer con esos gruesos tallos? Es una locura la cantidad de producto que se tira cada día en Estados Unidos, por ejemplo (150 millones de kilos, para ser exactos); acabar con el desperdicio de comida implica una combinación de educación y soluciones prácticas. Espero que esta receta aporte un poco de ambas cosas: preparas pesto con los tallos de brócoli y luego usas las puntas de los floretes crujientes y las rodajas finas de los tallos para decorar la pasta. Es una forma inteligente de aprovechar todo lo que puedas de esa cabeza de brócoli y, además, es un nuevo modo de experimentar con un viejo amigo.

---

1 cabeza de brócoli grande (unos 450 g).

Sal.

PESTO (para unos 950 ml)

Brócoli cocido (el de arriba).

75 g de hojas de albahaca.

5 dientes de ajo medianos.

115 g de queso pecorino rallado.

400 ml de aceite de oliva virgen extra, y un poco más para guardar.

Sal y pimienta negra recién molida.

450 g de orecchiette, gemelli, cavatappi u otro tipo de pasta pequeña y estriada.

Queso pecorino rallado.

Lleva a ebullición una olla grande con agua para hervir la pasta. Mientras tanto, corta las puntas (los últimos 6-7 milímetros) de los floretes del brócoli con unas tijeras o un cuchillo afilado. Resérvalas para decorar. Corta los tallos del brócoli justo por debajo de los floretes. Pélalos y córtalos transversalmente en diagonal. Resérvalos para la guarnición.

PARA EL PESTO

Corta el resto del brócoli en trozos pequeños. Ponlo en una fuente apta para microondas, añade 2 cucharadas de agua y 1/2 cucharadita de sal, cúbrela con film transparente y cuécelo en el microondas hasta que apenas empiece a estar tierno, alrededor de 2 minutos.

Escurre el brócoli y ponlo en un robot de cocina. Agrega la albahaca, el ajo, el queso pecorino y ponlo en marcha, echando progresivamente el aceite mientras va funcionando. (También puedes hacerlo con un mortero y una mano, a la manera tradicional). No lo proceses de más; el pesto debe tener trozos. Sazona con sal y pimienta.

Sala generosamente el agua hirviendo, añade la pasta y cocínala al dente. Extrae alrededor de 120 mililitros del agua de la cocción y escurre la pasta.

Coloca la pasta en un bol grande, añade unos 350 mililitros del pesto y remueve ligeramente hasta que la pasta esté cubierta en abundancia con la salsa. Añade más si es necesario, y un poco del agua de hervir la pasta para conseguir una salsa más sedosa. (Pon el resto del pesto en un bote, cúbrelo con una fina capa de aceite de oliva y consérvalo en la nevera hasta una semana).

Pon la pasta en platos individuales o en una fuente de servir. Espolvorea las rodajas de tallos de brócoli y las puntas de los floretes por encima, junto con un poco de pecorino rallado, y sirve.

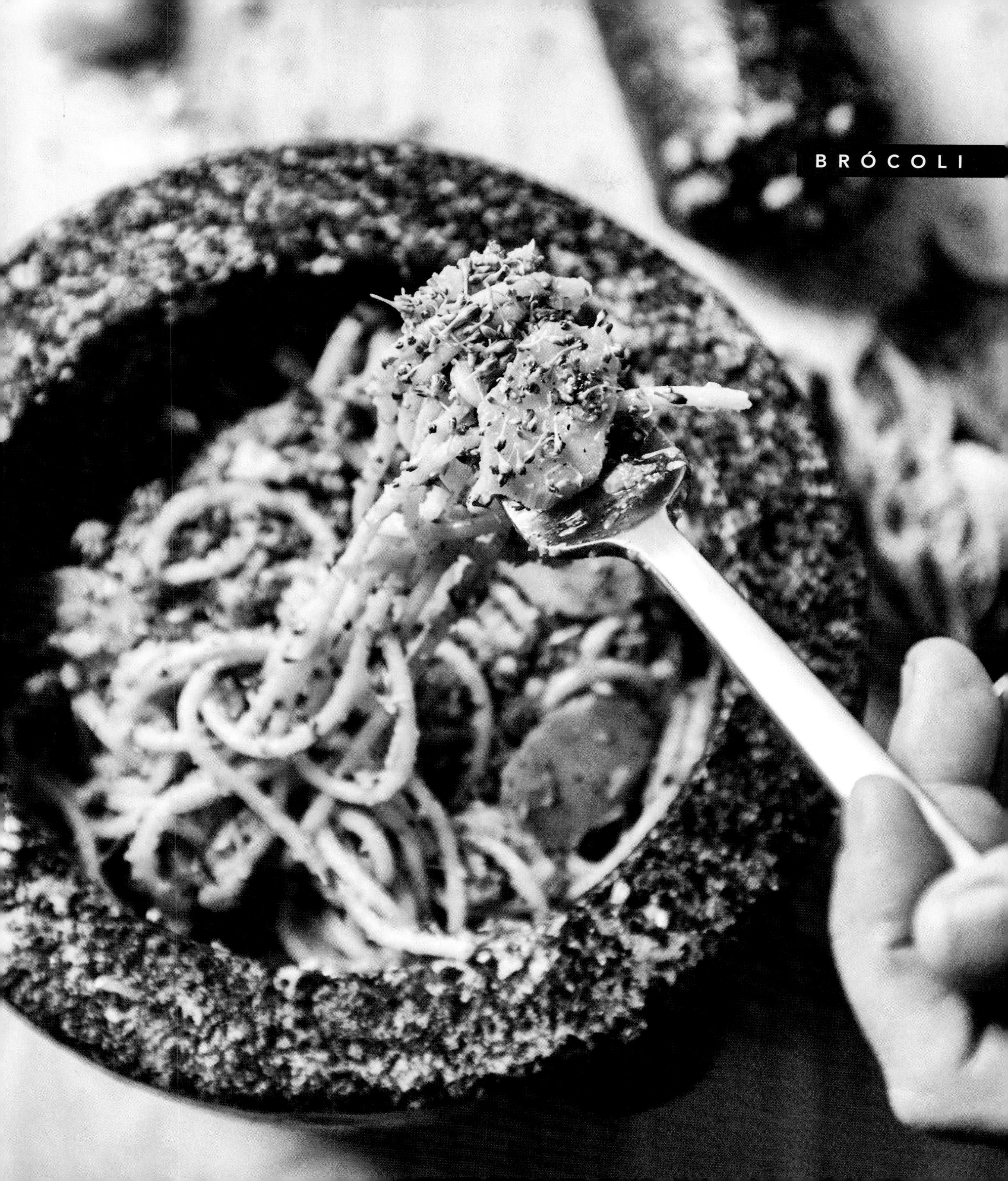

RECORTES DE VERDURAS

Soy un gran defensor de aprovechar hasta el último trozo de verdura.
No solo porque en Estados Unidos tenemos un gran problema con el
despilfarro de alimentos, sino también porque esos pobres trozos
que suelen acabar en la basura encierran un potencial enorme. A
continuación te explico algunas de las cosas que más me gusta hacer
para aprovechar los recortes que casi todo el mundo descarta.

SEMILLAS DE CALABAZA

¡La misma gente que compra semillas de calabaza en una tienda las está tirando en casa! Lávalas, mézclalas con aceite de oliva, sal y pimentón y hornéalas a 200 ºC durante 10 minutos.

PIELES O CÁSCARAS

Hornéalas a 150 ºC hasta que estén crujientes. Los aromas concentrados son una base espectacular para obtener un rico caldo de verduras.

PULPA DE VERDURAS

Si tienes una licuadora, seguro que te suenan estos montones de confeti vegetal. Añade alguna de estas pulpas a un arroz frito y conseguirás un plato excepcional. (Yo incluso mezclo la pulpa en remesas de hummus tradicional).

HOJAS DE ZANAHORIA

Mézclalas con un diente de ajo, unas cuantas cucharadas de piñones o almendras, algunas cucharadas de queso parmesano y 100 mililitros de aceite de oliva para preparar un pesto. Viértelo por encima de zanahorias asadas (o de cualquier otra receta, en realidad).

HOJAS DE NABO O REMOLACHA

Ásalas en una bandeja de horno a 190 °C hasta que estén crujientes. Úsalas para decorar cualquier plato que hayas preparado con este tubérculo, o sigue la receta de mojo verde (página 311), sustituyendo el cilantro por hojas escaldadas.

SEMILLAS DE TOMATE

¡El corazón del tomate es la mejor parte! Retira las semillas y tritúralas en trozos grandes (véase la página 232 para la técnica). Ensártalas en brochetas con sandía y salpícalas con aceite de oliva.

TALLOS DE BRÓCOLI

Córtalos en rodajas extrafinas y úsalos como guarnición para cualquier plato de brócoli (al horno, salteado, o el pesto de brócoli de la página 214).

COLES DE BRUSELAS

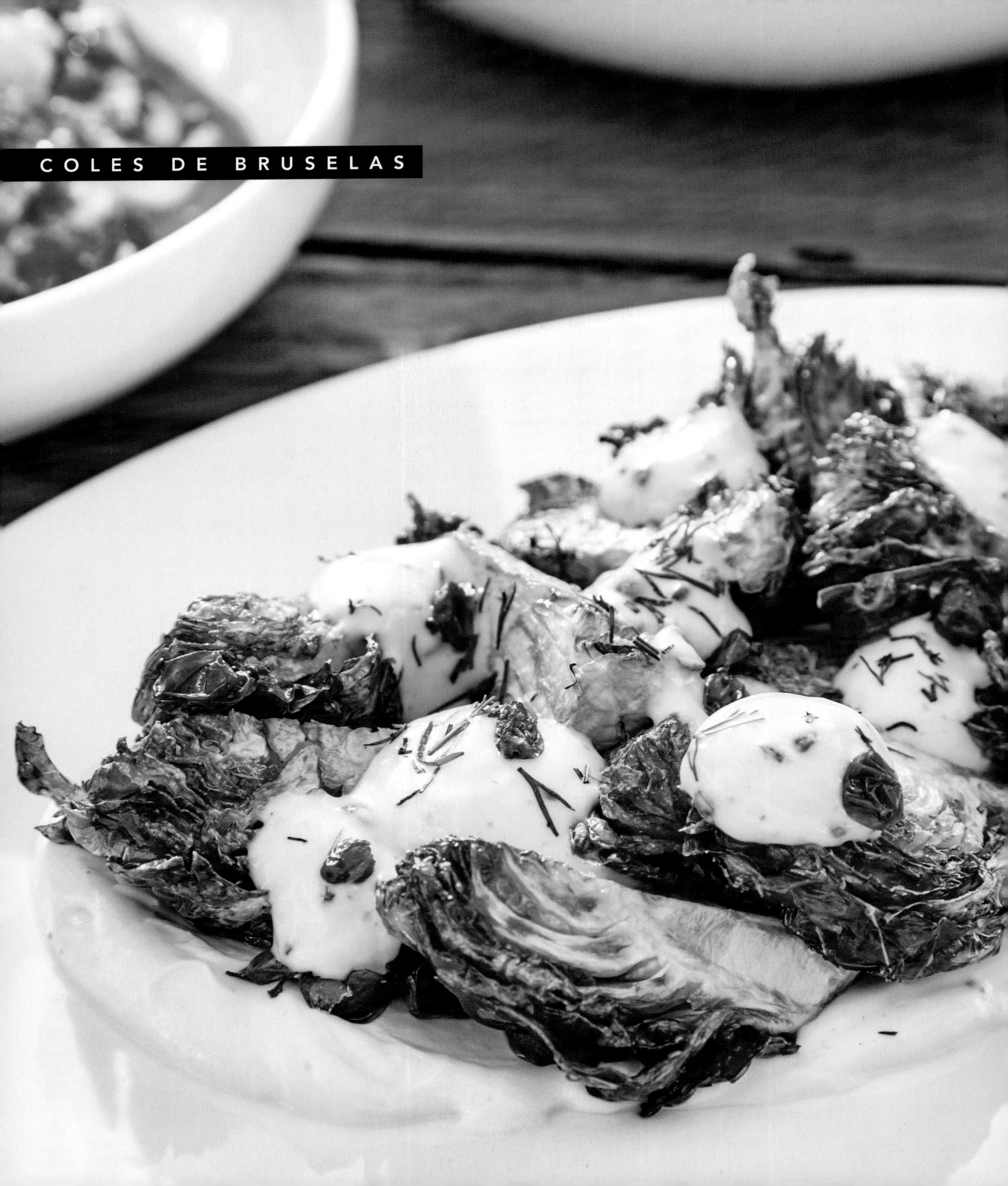

COLES DE BRUSELAS AFELIA

Me encantan las verduras solo con sal y aceite de oliva tanto como a cualquier chef, pero las coles de Bruselas necesitan compartir plato con algunos amigos para ser realmente felices: grasa, acidez, crujido. Esta técnica griega lo tiene todo. Si no quieres freír las coles de Bruselas, puedes cubrirlas con aceite de oliva y ponerlas debajo de la parrilla para que adquieran un buen color; conseguirás algunas puntas crujientes y de paso que se desvanezca cualquier mal recuerdo que conserves de las coles de Bruselas.

LADOLEMONO DE CILANTRO

1 cucharada de yogur griego.

1 cucharada de semillas de cilantro, picadas de forma irregular.

1 cucharada de zumo de limón recién exprimido.

50 ml de aceite de oliva virgen extra.

Sal y pimienta negra recién molida.

COLES DE BRUSELAS

Aceite de canola o cualquier otro aceite neutro para freír.

450 g de coles de Bruselas, recortadas y cortadas en cuartos.

10 g de eneldo picado, y un poco más para la guarnición.

Sal.

140 g de yogur con ajo asado (página 339).

35 g de arándanos rojos secos, empapados en 120 ml de Oporto u otro vino dulce durante 30 minutos y escurridos.

PARA EL LADOLEMONO DE CILANTRO

Pon el yogur en un bol pequeño e incorpora las semillas de cilantro. Agrega el zumo de limón y después incorpora gradualmente el aceite hasta conseguir un aliño suave y cremoso. Sazona con sal y pimienta.

PARA LAS COLES DE BRUSELAS

Calienta 5 centímetros de aceite a 180 °C en una cazuela grande y profunda. Añade la mitad de las coles de Bruselas y fríelas hasta que estén muy doradas, alrededor de 2 minutos. Retíralas del fuego con una espumadera y ponlas a escurrir en un plato cubierto de papel de cocina. Pon de nuevo el fuego a 180° C y repite la operación con las coles de Bruselas restantes.

Mezcla las coles con el eneldo y sazona ligeramente con sal. Extiende el yogur con ajo asado por encima de una fuente grande de servir. Apila las coles de Bruselas encima. Rocía con el ladolemono de cilantro y añade los arándanos rojos como guarnición. Decora con eneldo y sirve inmediatamente.

Improvisando | Ahora que hemos acordado que la mejor forma de cocinar las colas de Bruselas es freírlas, tienes infinitas opciones para aderezarlas. Después de probar esta receta de Zaytinya, puedes inspirarte en otros platos del resto de mis restaurantes.

OYAMEL
Mézclalas con salsa de tomatillo y chile de árbol (página 338) y acompáñalas con cacahuetes y semillas de calabaza.

JALEO
Mézclalas con vinagreta de Jerez (véase Vinagreta de vino tinto, en la página 342), tiras de jamón y uvas partidas por la mitad y decora con almendras Marcona.

AMERICAN EATS
Mézclalas con salsa de carne (página 252) y acompáñalas con arándanos rojos secos y cebolla frita.

PARA 4 PERSONAS

COLES DE BRUSELAS AL ESTILO YAKITORI

El tare es el alma del mundo yakitori; una salsa con base de soja con la que los maestros de la parrilla untan sus brochetas de pollo y verduras para añadir otra capa de umami. Cuando un aprendiz de chef de yakitori se desvincula de su maestro para abrir su propio restaurante, el maestro le da a su pupilo un bote de cerámica lleno de tare, lo cual es una señal de respeto y un talismán para el nuevo negocio. Como el entrante en forma de masa fermentada que es, el tare nunca se usa en su totalidad, y en lugar de eso se repone al final de cada día; cada día, año tras año. ¡En algunas cocinas se puede encontrar tare de veinte o treinta años de antigüedad! Pero incluso si tu tare solo tiene horas, no décadas, hará maravillas con estas coles de Bruselas a la brasa.

SALSA TARE

120 ml de salsa de soja.

120 ml de mirin.

60 ml de sake.

60 ml de agua.

1 cucharada + 1 cucharadita de azúcar.

2 cucharadas de cebolla bien picada.

2 dientes de ajo.

1 trozo de jengibre fresco de 1,3 cm, cortado en rodajas muy finas.

COLES DE BRUSELAS

450 g de coles de Bruselas cortadas.

1 cucharada y ½ de aceite de canola.

½ cucharadita de sal.

GUARNICIÓN

Furikake.

Cilantro picado.

PARA LA SALSA TARE

Pon la salsa de soja, el mirin, el sake, el agua, el azúcar, la cebolla, el ajo y el jengibre en una cazuela pequeña y lleva a ebullición a fuego medio-alto. Deja que hierva hasta que la salsa se haya reducido a la mitad y se haya espesado lo suficiente para adherirse a la parte de atrás de una cuchara, alrededor de 25 minutos. Retira del fuego y retira el ajo y el jengibre.

Empapa un puñado de brochetas de madera con agua. Calienta una barbacoa, preferiblemente de carbón, o precalienta una plancha.

PARA LAS COLES DE BRUSELAS

Si las coles son grandes, córtalas por la mitad longitudinalmente. Pon en remojo las coles durante 5 minutos en un bol con agua; esto ayudará a que echen humo al principio en la barbacoa y conseguiremos que queden completamente cocidas. Escúrrelas y mézclalas con el aceite y la sal.

Coloca las coles de Bruselas en las brochetas empapadas de modo que las partes cortadas miren en la misma dirección y estén al mismo nivel. Dispón las brochetas, con la parte cortada hacia arriba, en la barbacoa o en la plancha caliente, y cocínalas hasta que estén bien asadas, 3-4 minutos en la barbacoa o 7-8 en la plancha. Da la vuelta a las brochetas para chamuscar ligeramente el otro lado de las coles y asarlas completamente, alrededor de 2 minutos. Después del primer minuto, úntalas con parte del tare (véase El toque profesional).

Pon las coles en una bandeja y úntalas de nuevo con el tare. Espolvorea generosamente con furikake y cilantro y sírvelas calientes.

PARA 6 PERSONAS (COMO TAPA) O PARA 4 PERSONAS (COMO ACOMPAÑAMIENTO)

TRINXAT

Cuando contemplo mi colección de libros de cocina siento lo mismo que cuando miro las estrellas: asombro por el tamaño y la belleza del universo, pero tristeza al darme cuenta de que nunca llegaré a conocer todo. Por ejemplo, el trinxat, un clásico catalán con col y patata que nació a 80 kilómetros del lugar donde crecí. No capté su atractivo hasta hace quince años, cuando le di otra oportunidad —con col de invierno y patatas grandes recién sacadas de la tierra— y finalmente cobró sentido para mí. Ese día, cuando miré al cielo me acordé de una frase del gran Brillat-Savarin: El descubrimiento de un plato nuevo aporta una felicidad mayor a la humanidad que el descubrimiento de una estrella nueva.

Sal.

1 col verde mediana, dividida en cuartos, descorazonada y cortada en trozos de 2,5 cm.

700 g de patatas.

4 lonchas gruesas de beicon ahumado.

5 dientes de ajo picados.

1 cucharada y ½ de aceite de oliva virgen extra.

Lleva una olla grande con agua a ebullición y añade 1 cucharada de sal. Incorpora la col, que quedará parcialmente cubierta, y hiérvela hasta que esté tierna, alrededor de 10 minutos. Retira la col de la olla con una espumadera, ponla en un colador y déjala escurrir completamente. Añade las patatas al agua hirviendo y cuécelas hasta que estén lo suficientemente tiernas como para poder perforarlas fácilmente con un cuchillo; unos 25 minutos, dependiendo del tamaño de la patata. Escúrrelas y deja que se enfríen un poco.

Pela las patatas y ponlas en un bol grande. Agrega la col escurrida y machaca las patatas con un pasapurés hasta que estén totalmente rotas y hayan formado una masa irregular; no las hagas puré. Resérvalas.

Fríe el beicon en una sartén grande antiadherente a fuego medio, dándole la vuelta una vez, solo hasta que se dore un poco por ambos lados pero sin que llegue a quedar totalmente crujiente (luego lo volverás a cocinar brevemente). Pon el beicon en un plato cubierto con papel de cocina, dejando la grasa en la sartén.

Reduce el fuego a intensidad baja y cocina el ajo en la grasa del beicon unos 2 minutos, removiendo hasta que esté tierno. Incorpora el ajo y la grasa del beicon a la mezcla de col y sazona con sal.

Pon la sartén a fuego medio y añade el aceite de oliva. Coloca una o dos tiras de beicon en la sartén. (Reserva el resto para otro uso). Esparce la mezcla de trinxat encima del beicon en una capa uniforme, dándole forma de pastel, y cocínalo hasta que esté bien dorado por la parte inferior, alrededor de 5 minutos. Cubre la sartén con un plato, traspasa el trinxat al plato con cuidado, dándole la vuelta, y deslízalo de nuevo a la sartén. Caliéntala de nuevo y cocina el trinxat por el otro lado otros 5 minutos. Desliza el trinxat a una tabla de cortar, córtalo en porciones y sírvelo.

PARA 4 PERSONAS

TRES PLATOS DE COL

Esta receta tiene su origen en el mismo lugar especial que muchos grandes inventos: el aburrimiento. Acababa de pasar una tormenta de invierno que había dejado Bethesda cubierta de nieve otra vez, y yo estaba atrapado en mi casa con poco más que una cabeza de col lombarda en la cocina. Llamé a Matt por Skype y me puse manos a la obra. Puse la mitad de la cabeza de col lombarda en la licuadora y corté la otra mitad en tiras muy finas, como papel triturado. Con estos elementos básicos improvisé una docena de platos distintos, con Matt cuestionándolo todo, pero yo estaba totalmente concentrado y nada ni nadie podía pararme.

De todas las alocadas creaciones que surgieron de aquella sesión vía Skype, destacan tres: una sopa, una ensalada y un plato de arroz; tres expresiones diferentes de la misma humilde hortaliza. Voy a compartir contigo el Reto de la col lombarda. ¿Listo para enfrentarte a él?

---

1 cabeza de col lombarda grande, partida por la mitad.

Aceite de oliva virgen extra.

Vinagre de arroz.

Sal.

Pimienta negra recién molida.

400 g de arroz para sushi u otro tipo de arroz de grano corto.

Hojas de alga nori.

SIN RODEOS

Parte de este libro nació vía Skype, con José llamando a todas horas para dejarme entrar en una nueva aventura en la cocina. La *llamada de la col* duró horas, con José haciéndole de todo a esa pobre col lombarda, cosas que yo no era capaz ni de imaginar. Congeló su jugo en forma de polos. Empapó hojas de algas en el jugo de la col, las cubrió de queso y luego las flambeó con un soplete. Cuando expresé mis dudas en voz alta, llamó a su mujer para que probase el plato y a Tichi le encantó. En la pantalla del ordenador veía a José de pie, radiante, con una sonrisa teñida de violeta estampada en la cara: *¡Lo ves!* –MG

Pon la mitad de la col lombarda en la licuadora. Reserva la pulpa y refrigera el jugo hasta que se enfríe.

Retira el corazón duro de la otra mitad de la col y córtalo en juliana en trozos muy pequeños. Disponlos en un bol con agua helada para refrescarlos y luego cuélalos y sécalos con un paño de cocina limpio.

PLATO 1: LA ENSALADA

Pon unos 180 gramos de la col troceada en un bol mediano. Mézclala con 2 cucharadas de aceite de oliva, 1 cucharada de vinagre de arroz y 1 cucharada del jugo de la col lombarda y sazona con sal y pimienta.

PLATO 2: LA SOPA

Vierte unos 180 mililitros del jugo de la col lombarda en cada uno de los cuatro boles. Pon encima un pequeño puñado de la col troceada restante, un buen chorro de aceite de oliva, unas cuantas gotas de vinagre y mucha sal y pimienta.

PLATO 3: EL ARROZ

Mezcla 250 mililitros de la pulpa de col reservada con el arroz y 240 mililitros de agua en una arrocera y sazona con unos cuantos pellizcos grandes de sal. Cuece el arroz según las instrucciones del fabricante. Sirve con láminas de alga nori para hacer tacos, junto con un bol del jugo de col lombarda para mojar.

PARA 6 PERSONAS

COLIFLOR CON BECHAMEL

La gente tiene una relación de amor-odio con la coliflor. El amor surge cuando la cocinas con cuidado y consigues que sus floretes queden tiernos y dulces; el odio resulta de cocerla durante tanto tiempo que acaba liberando los compuestos sulfúricos que provocan el característico olor a huevo podrido. Yo tuve suerte: mi madre sabía cómo tratar la coliflor. A veces la servía con una salsa de aceite de oliva, ajo y pimentón ahumado, aunque lo que más recuerdo es su coliflor con bechamel. La ponía debajo de la parrilla —a veces con queso, a veces sin él— hasta que se formaba una preciosa costra amarronada. Hasta el día de hoy, es una de mis recetas favoritas cuando en una de esas frías noches de otoño o de invierno me apetece cocinar para mi familia.

CEBOLLA CARAMELIZADA

1 cucharada de mantequilla.

1 cebolla grande, partida por la mitad longitudinalmente y cortada en rodajas finas.

SALSA BECHAMEL

2 cucharadas de mantequilla.

1 cucharada de aceite de oliva.

30 g de harina blanca común.

700 ml de leche entera.

Sal y pimienta negra recién molida.

1 cabeza grande de coliflor o romanesco (de 1,1 kg aproximadamente; una mezcla de coliflores de distintos colores también funciona), descorazonada y cortada en floretes.

Sal y pimienta negra recién molida.

170 g de queso gruyer desmenuzado.

PARA LA CEBOLLA CARAMELIZADA

Funde la mantequilla en el aceite de oliva en una sartén grande a fuego medio. Incorpora la cebolla, reduce la intensidad del fuego a media-baja y cuécela unos 30 minutos, removiendo frecuentemente, hasta que esté bien dorada y dulce. Retira del fuego.

MIENTRAS TANTO, PREPARA LA BECHAMEL

Funde la mantequilla en el aceite de oliva en una sartén mediana a fuego medio. Añade la harina y cocínala, removiendo constantemente, hasta que la mezcla (llamada roux) tome un bonito color dorado y empiece a burbujear. Vierte gradualmente la mitad de la leche, removiendo constantemente para evitar que se formen grumos, y luego incorpora y mezcla la leche restante. Lleva a ebullición, sin dejar de remover, y cuece alrededor de 5 minutos, hasta que la bechamel esté lisa y espesa y haya perdido el sabor a harina. Sazona con sal y pimienta y retira del fuego.

Lleva algo más de 1 centímetro de agua a ebullición en una sartén grande y profunda a fuego alto. Añade los floretes de coliflor y sazona con sal. Cubre y cuece al vapor hasta que esté tierna, unos 5 minutos, dependiendo del tamaño de los floretes. Escurre bien la coliflor en un colador grande y deja que se enfríe un poco. Luego sazónala con sal y pimienta.

Precalienta la parrilla. Recalienta ligeramente la bechamel, removiendo con frecuencia. Extiende la cebolla caramelizada en el fondo de una sartén de hierro fundido o una bandeja de horno ignífuga en la que la coliflor quepa cómodamente. Dispón los floretes en la sartén y vierte la bechamel por encima. Espolvorea el gruyer por encima y ásalos a unos 25 centímetros del calor hasta que la bechamel burbujee y se dore, alrededor de 10 minutos. Sirve caliente.

COLIFLOR

PARA 4-6 PERSONAS

COLIFLOR ENTERA AL HORNO CON SALSA BARBACOA

Los americanos no nos ponemos de acuerdo sobre muchas cosas importantes, pero nos une el amor por una buena barbacoa, de modo que empecé a plantearme por qué no habíamos aplicado algunas de estas técnicas a las verduras enteras. Si asas una verdura entera tratándola como si fuese carne, se transforma en algo familiar y consigue que la gente se anime a probar algo que normalmente evitaría, como una humilde coliflor. Hay algo bonito y teatral en poner una coliflor entera en la mesa y cortarla para los comensales como si fuese un pavo o una costilla asada. La salsa barbacoa añade una nueva capa a la experiencia, con los azúcares caramelizándose en el exterior y lustrando la verdura, activando los mismos centros de placer que, digamos, la costilla de res o el cerdo desmenuzado asado. No se trata de que las verduras sustituyan a la carne ni de que sepan como carne; se trata de dar a las plantas la solemnidad y la importancia que normalmente reservamos para la proteína animal.

---

1 cabeza de coliflor grande (alrededor de 1 kg).

50 ml de aceite de oliva virgen extra.

Sal.

140 g de salsa barbacoa.

Precalienta el horno a 230 °C.

Pon la coliflor al revés y quítale las hojas. Corta el tallo hasta donde puedas con un cuchillo de pelar afilado y luego corta con cuidado parte del corazón que haya quedado, para que la coliflor se cocine uniformemente. Pincha los tallos más gruesos varias veces con el cuchillo.

Pon la coliflor en una bandeja de horno con rejilla o una bandeja para gratinar en la que se ajuste cómodamente, úntala con aceite de oliva por todas partes y luego sazónala generosamente con sal. Hornéala durante unos 35 minutos, untándola un par de veces con el aceite de la sartén hasta que adquiera un bonito tono dorado y esté tierna al pincharla con un cuchillo afilado. Retira la coliflor del horno y déjala reposar durante 15 minutos para liberar el vapor. (Deja el horno encendido).

Unta unos 90 gramos de la salsa barbacoa por encima de la coliflor y ásala 10 minutos más.

Enciende la parrilla y unta la coliflor con la salsa barbacoa restante. Asa la coliflor a unos 25 centímetros del calor, regándola dos veces, hasta que adquiera un tono marrón y quede glaseada, alrededor de 10 minutos; no pasa nada si algunas partes quedan ligeramente chamuscadas.

Corta la coliflor en porciones y sírvela.

PARA 6 PERSONAS

COLIFLOR A LA ROMANA CON MAYONESA DE ALCAPARRAS

Siempre recordaré cuando me comí un bol de gachas de avena en las montañas de Haití, rodeado de niños que compartían ese mismo bol conmigo; en mi recuerdo queda como una de las cosas más maravillosas que he comido nunca. Creo que es debido a las enormes sonrisas y a los ojos desmesuradamente abiertos de los niños. Es la misma mirada maravillada y llena de gratitud que recuerdo en mi cara cuando mi madre me servía un humilde plato español: coliflor simplemente hervida y luego frita en una capa de huevo y harina. ¿Realmente me gustaba tanto ese plato como yo creo o es la nostalgia, que hace trampas con mi memoria? ¿Era aquel bol haitiano de gachas de avena tan increíble como lo recuerdo o me enamoré de todo lo que lo rodeaba? La comida y la memoria mantienen una relación misteriosa, constantemente se enfrentan, alterando nuestros paladares y nuestros recuerdos. Quizá todo esto sea demasiado decir para una receta de coliflor frita (aunque ahora puedo decir que es un plato verdaderamente extraordinario), pero las cosas sencillas son las que más nos conmueven.

1 cabeza de coliflor (680-900 g), cortada, descorazonada y cortada en floretes de 3,4-4 cm.

Sal.

850 ml de aceite de canola para freír.

Harina blanca común, para enharinar.

2 huevos grandes.

230 g de mayonesa de alcaparras (receta a continuación).

Pon la coliflor en una cazuela grande, cúbrela con agua, sazona generosamente con sal y llévala a ebullición a fuego alto. Cuece los floretes 2 o 3 minutos, hasta que estén tiernos. Escurre la coliflor en un colador y ponla debajo de agua corriente fría para detener la cocción. Sécala bien y luego extiende los floretes sobre papel de cocina para que terminen de secarse del todo.

Calienta 5 centímetros de aceite a 200 °C en una sartén grande y honda. Pon la harina en un bol poco profundo. Bate los huevos en otro bol poco profundo. Trabajando en remesas, enharina los floretes de coliflor, sacudiendo el exceso y luego mójalos en el huevo batido, dejando que el exceso se escurra, e incorpóralos al aceite caliente. Fríe los floretes hasta que estén bien dorados, 3 o 4 minutos. Luego ponlos sobre papel de cocina para que se escurran.

Espolvorea la coliflor frita con sal y sírvela caliente, con la mayonesa de alcaparras.

Improvisando | *Puedes llevar la mayonesa en una docena de direcciones distintas. Añade unas piparras picadas, zumo y ralladura de piel de limón y perejil picado; o ajo negro, tahini y semillas de sésamo; o una cucharada de chile chipotle triturado y un poco de zumo de lima. O simplemente moja la coliflor frita en mayonesa comprada y seguirá estando deliciosa. (Nunca me cansaré de decirte que estas recetas están hechas para personalizarlas).*

COLIFLOR

PARA 460 G
MAYONESA DE ALCAPARRAS

1 cucharada de vinagre de Jerez.

½ cucharadita de sal, o al gusto.

1 huevo grande.

1 diente de ajo mediano.

1 cucharada de agua.

320 ml de aceite de canola.

2 cucharadas de alcaparras escurridas, picadas.

Pon el vinagre de Jerez, la sal, el huevo, el ajo y el agua en un recipiente estrecho y alto y añade unos 110 mililitros del aceite. Empieza batiendo con un túrmix y luego sigue batiendo mientras añades lentamente el aceite restante, hasta que la salsa emulsione. Si se vuelve demasiado espesa, añade más agua. Ponla en un bol, incorpora las alcaparras picadas y sazona con más sal si es necesario. Tápala y refrigérala hasta el momento de servir. La mayonesa puede conservarse en el frigorífico hasta una semana.

TABULÉ DE COLIFLOR

La lección más importante que aprendí durante mi estancia en El Bulli, y en todos mis años de amistad con Ferran Adrià, es mirarlo todo con ojos inquisitivos. ¿Hay alguna manera distinta de cocinar un trozo de proteína? ¿De elaborar una salsa? ¿De descomponer y servir una verdura? El cuscús de coliflor puede ser o no un invento de El Bulli, pero es el lugar donde lo vi por primera vez. Lo cierto es que tiene el espíritu de El Bulli: jugar con la comida para sonsacar una nueva experiencia. Te maravillarás de lo bien que la coliflor picada muy fina imita la textura del cuscús, aportándole un sabor más profundo y un mejor perfil nutricional. Yo llevo la receta un poco más lejos y uso el cuscús para hacer tabulé, un cambio que creo que Ferran aprobaría.

Sal.

1 cabeza de coliflor grande (alrededor de 1 kg), descorazonada y cortada en floretes de 5 cm.

4 tomates grandes.

3 cucharadas de cebolla roja picada muy fina.

2 cebolletas picadas muy finas.

15 g de perejil picado.

40 g de pasas, a remojo en agua tibia durante 15 min y escurridas.

65 ml de aceite de oliva virgen extra.

La ralladura de la piel de 1 limón.

3 cucharadas de zumo de limón recién exprimido.

½ cucharadita de zumaque (opcional).

25 g de pistachos, picados de forma irregular.

Menta fresca (opcional).

Lleva a ebullición una olla grande con agua y añade 2 cucharadas de sal. Prepara un baño de hielo. Comprime los floretes de coliflor en un robot de cocina hasta que queden triturados en pequeñas migas, como si fuese cuscús.

Pon el cuscús de coliflor en un colador fino y escáldalo en el agua hirviendo durante 30 segundos. Luego retíralo y ponlo inmediatamente en el baño de hielo para detener la cocción. Escúrrelo muy bien.

Retira los corazones de los tomates: con un cuchillo afilado, corta la parte superior y la parte inferior de cada tomate. Siguiendo el contorno natural de los tomates, corta en rodajas la carne hasta revelar la parte de la pulpa con semillas. Retira con cuidado la parte de las semillas con una cuchara, dejándola intacta (esto se llama *loculus*, o *corazón del tomate*). Reserva la carne del tomate y los recortes para otro uso.

Pon el cuscús de coliflor, junto con la cebolla roja, las cebolletas, el perejil, las pasas, el aceite de oliva, la ralladura de piel de limón, el zumo de limón, el zumaque (si lo usas) y la mitad de los pistachos en un bol grande. Mezcla bien y sazona con sal.

Apila el cuscús en platos y decóralo con menta (si la usas) y los pistachos restantes. Dispón los corazones de tomate a un lado y sirve.

PARA 4 PERSONAS

GARBANZOS CON ACELGAS Y HUEVO

_____

Creo que las legumbres en general —y los garbanzos en particular— son la clave para alimentar al mundo en el siglo XXI: son nutritivas, fáciles de cultivar y, cuando se cocinan como aquí, absolutamente deliciosas. Los garbanzos con espinacas son un plato que ha pasado de generación a generación en toda España, y en casa los comemos una vez a la semana, a veces con acelgas, como en esta receta, o con col rizada, como buenos españoles-norteamericanos. Este plato, un buen ejemplo de las raíces judías y árabes de la cocina española, es una de mis recetas favoritas para cenar cualquier noche fría de otoño.

250 g de garbanzos secos.

1 pizca de bicarbonato.

225 g de acelgas.

50 ml de aceite de oliva virgen extra.

6 dientes de ajo.

4 rodajas de pan blanco, sin corteza.

2 cucharadas de pimentón dulce.

1 pizca de hebras de azafrán.

2 cucharadas de vinagre de Jerez.

1 cucharadita de comino molido.

Sal y pimienta negra recién molida.

4 huevos fritos.

El día anterior pon los garbanzos en un bol con agua y bicarbonato y déjalos en remojo toda la noche.

Escurre los garbanzos y ponlos en una cazuela grande. Añade 2,4 litros de agua y llévala a ebullición. Luego reduce la intensidad del fuego y deja que se cuezan a fuego lento hasta que estén tiernos, alrededor de 2 horas; añade 60 mililitros de agua fría cada 10 minutos más o menos para ralentizar la cocción. Al final, el agua apenas debería cubrir los garbanzos. Apaga el fuego y deja que los garbanzos se asienten en el agua.

Mientras los garbanzos terminan de cocerse a fuego lento, retira los tallos de las acelgas y córtalos transversalmente en trozos de 6-7 milímetros. Desgarra las hojas en porciones de un solo bocado y reserva.

Calienta el aceite de oliva en una sartén pequeña, a fuego medio-bajo. Añade el ajo y cocínalo unos 3 minutos, hasta que esté ligeramente dorado. Retíralo de la sartén con una espumadera y resérvalo. Incorpora el pan blanco en rodajas a la sartén y dóralo por ambas caras, 1 minuto cada cara aproximadamente.

Lleva de nuevo a ebullición los garbanzos, añade los tallos de las acelgas y cocínalos durante 5 minutos, hasta que empiecen a ablandarse. Agrega el pimentón, el azafrán, el vinagre de Jerez, el comino, el ajo y las hojas de acelga, remueve bien y cuécelo todo otros 5 minutos, hasta que las hojas estén sofritas. Sazona con sal y pimienta.

Reparte los garbanzos en cuatro platos y pon un huevo frito encima de cada porción: la gloria suprema.

PARA 4 PERSONAS

ENSALADA DOBLE DE COL RIZADA

La locura en torno a la col rizada ha atravesado las fronteras de Estados Unidos. Apenas hace unos años, los españoles no tenían ni idea de qué era la col rizada; ahora la veo en el mercado de La Boquería de Barcelona y en los mercados de Madrid. No soy muy aficionado a seguir las tendencias, pero todo lo que implique que la gente coma más verduras de hoja oscura me parece bien. Quizá ya existen suficientes ensaladas de col rizada en el mundo. No lo sé. Pero sí sé que esta es muy buena: una mezcla de col rizada crujiente y tierna que te aporta dos sabores distintos de la misma hortaliza. (Además, las chips son un aperitivo extraordinario por sí solas, especialmente si las mojas en yogur con ajo asado).

---

2 manojos de col rizada (alrededor de 560 g), con los tallos recortados y reservados para otro uso, y las hojas más grandes cortadas en trozos más pequeños.

2 cucharadas de aceite de oliva virgen extra.

Sal.

140 g de yogur con ajo asado (página 339).

100 ml de aliño de limón (página 178).

85 g de semillas de granada (véase El toque profesional).

2 dientes de ajo confitados (página 343), y un poco del aceite para rociar (opcional).

● EL TOQUE ●
PROFESIONAL

¡No temas a la granada! Aquí tienes una forma muy sencilla de extraer todas esas preciosas semillas sin teñir tu bonita camiseta: corta la granada transversalmente por la mitad. Sostén una de las mitades sobre un bol, con la parte cortada hacia abajo, y golpea la granada con una cuchara pesada para que las semillas caigan en el bol. Repite la operación con la otra mitad de la granada. Retira cualquier resto de cáscara o piel.

PARA LAS CHIPS DE COL RIZADA

Precalienta el horno a 160 °C.

Pon un cuarto de las hojas de col rizada en un bol con el aceite de oliva y remueve para que se unten por todas partes. Coloca una rejilla sobre una bandeja de horno grande con bordes y extiende las hojas de col rizada en una sola capa, sin que se amontonen. Espolvorea con un poco de sal. Hornea la col rizada unos 20 minutos, hasta que las hojas estén crujientes. Deja que se enfríen a temperatura ambiente y luego guárdalas en un recipiente tapado hasta su uso (puedes conservarlas hasta dos días en tu despensa).

PARA LA COL RIZADA ESCALDADA

Lleva una olla grande con agua a ebullición y añade la sal suficiente para que sepa como el océano. Añade la col rizada restante y escáldala durante 1 minuto aproximadamente. Escúrrela inmediatamente en un colador y enfríala bajo un chorro de agua corriente fría. Escurre de nuevo, seca bien las hojas y extiéndelas en una bandeja cubierta con papel de cocina. Déjalas secar en la encimera durante 15 minutos.

PARA MONTAR LA ENSALADA

Echa 2 cucharadas colmadas de yogur con ajo en cada uno de los cuatro platos y extiéndelo en forma de círculo con la parte trasera de la cuchara. Mezcla la col rizada escaldada con el aliño de limón y apílala encima del yogur. Termina el plato con la col rizada crujiente. Decora con semillas de granada, echa un chorrito del aceite de ajo (si lo usas) en cada ensalada, dispón 2 de los dientes de ajo a un lado de cada plato y sirve.

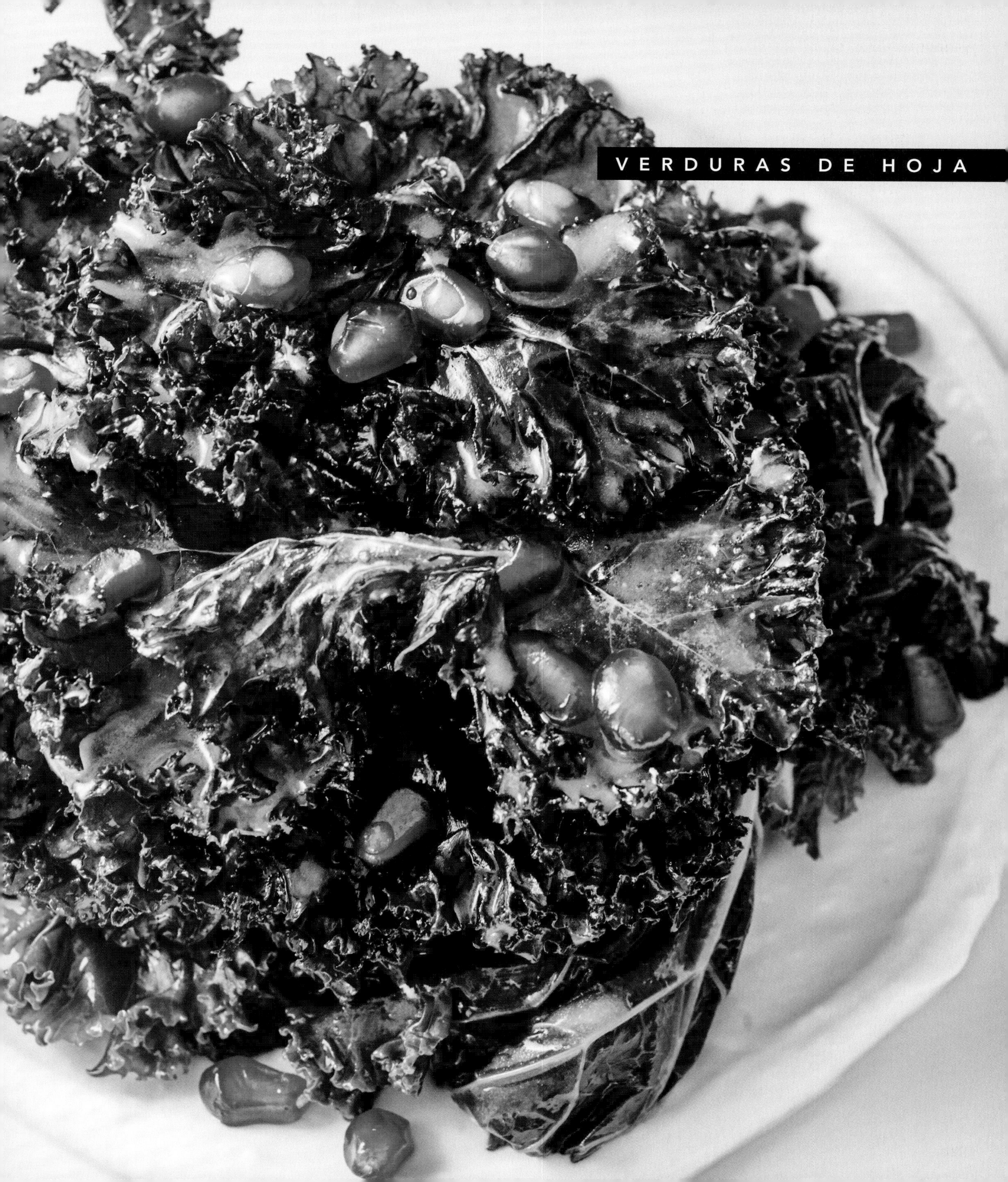

VERDURAS AL AJILLO

Las verduras al ajillo aúnan los dos amores verdaderos del cocinero español: el ajo y el aceite de oliva. Si se calientan juntos a fuego lento, se funden en una aromática salsa que convierte todo lo que toca en una delicia. En España se usa para todo, desde las gambas hasta el conejo, pero a mí me encanta en las verduras.

80 ml de aceite de oliva virgen extra.

4 dientes de ajo cortados en rodajas muy finas.

2 chiles de árbol.

Verduras al gusto (ver opciones a la derecha).

1-2 cucharadas de zumo de limón recién exprimido.

1 cucharada y ½ de brandi.

Sal.

Perejil picado para decorar.

1 calabacín firme mediano (450 g), partido por la mitad y cortado en trozos de 2,5 cm.

2 paquetes de 250 g de corazones de alcachofa congelados, descongelados y secados.

Vierte el aceite de oliva en una sartén mediana, añade el ajo y cocínalo a fuego medio hasta que esté blando pero no dorado, alrededor de 2 minutos. Incorpora los chiles y la verdura, incrementa ligeramente la intensidad del fuego y cocina las verduras hasta que se ablanden y se infusionen con el aceite de ajo (los corazones de alcachofa tardan alrededor de 5 minutos; los champiñones pueden tardar hasta 15). Añade el zumo de limón y el brandi y cocina 2 o 3 minutos más para que se consuma el alcohol. Sazona con sal y sirve con perejil picado.

CONSEJOS

225 g de champiñones medianos, sin tallos y cortados a cuartos.

01 Esto no es un salteado. Cocina una sola verdura cada vez para conservar su sabor y su textura. Puedes elegir una verdura y servirla como tapa, o puedes cocinar dos o tres distintas por separado y preparar un festín vegetal infusionado en ajo.

02 Los champiñones y los calabacines son los típicos vegetales que en España se preparan al ajillo, pero puedes aplicar la misma fórmula a casi cualquier vegetal, incluso olivas o dientes de ajo enteros.

03 Yo prepararía una comida a partir de cualquiera de estas verduras con un par de huevos fritos en aceite de oliva y un poco de buen pan o pa amb tomàquet (página 158) como acompañamiento para mojar todo ese precioso aceite.

OTRAS IDEAS

2 berenjenas medianas, cortadas en bastones de 2,5 cm.

16 dientes de ajo pelados.

20 olivas verdes sin hueso.

PARA 4-6 PERSONAS

CAPUCHINO DE CHAMPIÑONES

Durante sus años al frente de El Bulli, Ferran Adrià fue el maestro de las fintas: un plato que señala hacia un punto para luego moverse en una dirección distinta. Me encanta la sensación de sorpresa y placer que se experimenta cuando tu cerebro te dice una cosa pero tu boca te dice otra. Dura apenas un instante, pero en ese simple bocado recorres una gama completa de emociones humanas. (Pido perdón si parezco un poco intenso, pero este es el efecto en mí de un buen plato). Sirve este capuchino de champiñones en bonitas tazas de café sobre platillos y observa cómo la gente da cuenta de esta deliciosa sorpresa.

4 cucharadas de mantequilla sin sal.

1 cebolla mediana cortada muy fina.

2 dientes de ajo cortados muy finos.

680 g de champiñones, sin los tallos y cortados toscamente.

Sal.

1,2 l de agua.

345 g de nata espesa.

2 ramitas de tomillo.

Café recién molido.

Funde la mantequilla en una cazuela grande, a fuego medio. Añade la cebolla y el ajo y cocínalos hasta que estén tiernos y dorados, alrededor de 10 minutos. Incorpora los champiñones, pon el fuego a intensidad alta y sazona con sal. Cocínalos unos 15 minutos, removiendo, hasta que estén ligeramente dorados. (Al principio soltarán mucho líquido, pero se evaporará).

Añade el agua, la nata espesa y las ramitas de tomillo a los champiñones. Lleva a ebullición y luego reduce la intensidad del fuego y deja cocer a fuego lento durante unos 40 minutos, hasta que el líquido se haya reducido a la mitad.

Descarta las ramitas de tomillo. Trabajando en distintas tandas si es necesario, pon la sopa en una batidora y pulsa unas diez veces para triturar los champiñones y hacer que suelten su jugo. Cuela la sopa con un colador fino en una cazuela limpia, presionando los sólidos para extraer todo el líquido posible. Reserva los sólidos para la guarnición y enjuaga la batidora.

Lleva la sopa a ebullición. Vierte la sopa de nuevo en la batidora y bátela bien; el objetivo es introducir todo el aire posible, como si estuvieses espumando la leche para preparar un capuchino. (También puedes usar un túrmix para esto, sosteniéndolo cerca de la superficie de la sopa para espumarla lo máximo posible).

Sirve la sopa en tazas de café y decora cada una con una pizca de café molido.

PARA 4 PERSONAS

RISOTTO DE ORZO CON SETAS

El orzo es italiano, por supuesto, pero se usa en todo el Mediterráneo, desde Grecia hasta Turquía o España. Crecí comiéndolo hervido en sopas y me encantaba ver cómo los pequeños trozos de pasta parecían arroz, almidonados, suaves y blanduzcos, todo a la vez. Empecé a preparar risotto con orzo como estrategia para que mis hijas probasen algo nuevo, una pasta más arriesgada que la salsa de tomate o los macarrones con queso. Deja que tus hijos (o un inocente ayudante de chef) se ocupen de remover constantemente, técnica que ayuda a liberar el almidón de la superficie del orzo, creando la agradable textura cremosa del risotto. Las setas son buenas compañeras en esta receta: ricas y carnosas y tan sabrosas que hacen que el plato parezca un lujo.

---

475 ml de caldo vegetal, casero (página 33) o comprado.

475 ml de leche entera.

30 g de boletus secos, enjuagados.

2 cucharadas de aceite de oliva virgen extra.

225 g de setas variadas, como shiitake sin tallos o champiñones cortados, rebozuelos u otras setas silvestres, cortadas en rodajas.

Sal.

2 cucharadas de mantequilla.

40 g de cebolla picada.

2 dientes de ajo troceados.

150 g de pasta orzo.

180 ml de vino blanco.

Pimienta negra recién molida.

Queso parmesano recién rallado.

Pon el caldo de verduras, la leche y los boletus secos en una cazuela mediana y llévala a ebullición; mantenla caliente a baja temperatura.

Calienta el aceite de oliva en una cazuela grande a fuego medio-alto. Añade las setas, sazona con sal y cocínalas hasta que suelten todo su líquido. Reduce el fuego a intensidad media y cuece las setas hasta que estén bien doradas, alrededor de 12 minutos. Ponlas en un plato.

Funde la mantequilla en la misma cazuela a fuego medio-alto. Incorpora la cebolla y el ajo y cuécelos unos 3 minutos, hasta que estén traslúcidos. Agrega el orzo y remueve para que cubra toda la superficie uniformemente con la mantequilla, durante 1 minuto aproximadamente. Añade el vino y cuece, removiendo, hasta que se haya reducido completamente. Reduce la intensidad del fuego a media-baja, añade 240 mililitros de la mezcla de caldo vegetal y cuece, removiendo constantemente, hasta que la pasta orzo haya absorbido todo el líquido. Continúa añadiendo la mezcla de caldo, 120 mililitros cada vez, y removiendo hasta que se haya absorbido el líquido antes de añadir más. El risotto estará listo cuando el orzo esté al dente y suspendido en una salsa sedosa; al cabo de unos 30 minutos aproximadamente.

Incorpora las setas salteadas al risotto. Sazona con sal y pimienta y sirve inmediatamente, con parmesano rallado por encima.

PARA UNOS 24 ROLLITOS

ROLLITOS DE COL CON PICADILLO DE CHAMPIÑONES (DUXELLES)

Me encanta enrollar cosas en hojas de col; deben estar ligeramente escaldadas, para crear recipientes robustos para cualquier ingrediente, desde arroz hasta ragú. Lo que tiene de especial esta receta es el duxelles, una preparación clásica francesa de champiñones cortados en trozos muy finos que concentra en un solo bocado toda la intensidad del champiñón. Me gusta preparar una doble remesa de este picadillo para guardarlo y hacer croquetas o tortilla, o untarlo por encima de una rebanada de pan tostado en la parrilla o mezclarlo con huevos revueltos.

MAYONESA TIBIA DE CHAMPIÑONES

5 champiñones, sin los tallos.

1 huevo grande.

2 cucharadas de agua.

1 cucharadita de vinagre de Jerez o zumo de limón recién exprimido.

Sal y pimienta negra recién triturada.

50 ml de aceite de oliva virgen extra.

DUXELLES

2 cucharadas de mantequilla.

2 cucharadas de aceite de oliva.

60 g de cebolla picada muy fina.

30 g de chalotas picadas muy finas.

900 g de champiñones, sin tallos y cortados muy finos a mano o en un robot de cocina.

60 ml de vino blanco.

Sal.

1 cabeza de col de Saboya grande (alrededor de 1 kg).

PARA LA MAYONESA TIBIA DE CHAMPIÑONES

Pon los champiñones, el huevo, el agua y el vinagre en una batidora o en un robot de cocina, sazona con una pizca de sal y mucha pimienta y bate para mezclarlo todo. Con la batidora en marcha, añade el aceite poco a poco hasta que obtengas una emulsión lisa y estable.

Pon la mayonesa en un cazo pequeño y caliéntala lentamente a fuego medio-bajo, removiendo enérgicamente, hasta que esté tibia. (Ten cuidado, porque si la calientas demasiado la mayonesa se cortará; si eso sucede, métela de nuevo en la batidora y bátela hasta que emulsione otra vez).

PARA LA COL

Lleva a ebullición una olla grande con agua. Descorazona la col, incorpórala al agua hirviendo y escáldala 3 minutos. Retírala con una espumadera grande y deja que se enfríe un poco.

Cuando la col esté lo suficientemente fría para manipularla, quítale las hojas con cuidado sin romperlas y escúrrelas en papel de cocina. Pon las hojas que no sean maleables de nuevo en la olla; escáldalas unos minutos más y luego escúrrelas. Corta las hojas en rectángulos de unos 15 x 10 centímetros, desechando los nervios duros. Reserva.

PARA EL DUXELLES

Funde la mantequilla en el aceite de oliva en una sartén grande a fuego medio. Añade la cebolla y las chalotas y cocínalas hasta que estén ligeramente doradas, alrededor de 3 minutos. Incorpora los champiñones y, con el fuego a intensidad media-alta, cuécelos unos 15 minutos, removiendo, hasta que todo el líquido se haya evaporado y empiecen a dorarse. Desglasa la sartén con el vino y cocina, removiendo, hasta que el vino se haya evaporado y el picadillo esté seco. Sazona con sal y deja enfriar. (El duxelles puede prepararse con antelación y guardarse en la nevera hasta una semana).

MONTA Y SIRVE LOS ROLLITOS DE COL

Vierte unos 2,5 centímetros de agua en una olla grande, coloca dentro una vaporera de bambú o una cesta para cocinar al vapor y lleva a ebullición.

Mientras tanto, para montar los rollitos, pon 1 cucharada y 1/2 del duxelles en el centro de cada rectángulo de col y enrolla la hoja firmemente, como un burrito o un rollito de primavera, doblando los bordes.

Trabajando en remesas, cocina los rollitos al vapor hasta que estén lo suficientemente calientes, alrededor de 5 minutos.

Sírvelos tibios, con la mayonesa tibia de champiñones por encima.

245

ARROZ DJON DJON

Pasé mucho tiempo en Haití después del terremoto de 2010, cocinando en las comunidades devastadas y ayudando a instalar por toda la isla cocinas que funcionaban con energía solar. Quedé enamorado del país y de su extraordinaria gente, que me enseñó mucho sobre sacar partido de los mayores desafíos de la vida. Muy a menudo recibía cálidas sonrisas y regalos en forma de comida; por encima de todo, el arroz djon djon, hecho con las pequeñas setas negras que crecen en la costa septentrional de la isla. Es tradición preparar un caldo a partir de estas setas en el cual se cocina el arroz, al que aportan un color oscuro y una agradable textura en boca. Yo lo preparo en casa, a veces con setas djon djon que compro online, otras veces con trompetas de la muerte, pero siempre con mis cálidos recuerdos de Haití y de su gente sazonando el plato.

---

70 g de setas djon djon secas o trompetas de la muerte, bien enjuagadas.

1,4 l de agua.

3 cucharadas de aceite de oliva virgen extra.

2 cebollas medianas picadas.

4 dientes de ajo, a trozos.

400 g de arroz bomba, arborio o de Calasparra.

1 cucharada y ½ de sal.

Alioli vegano (página 338).

Pon las setas enjuagadas y el agua en una cazuela mediana y llévala a ebullición. Retira del fuego y deja que las setas se empapen entre 20 y 40 minutos.

Saca las setas del agua con una espumadera, ponlas en un escurridor o un colador y enjuágalas de nuevo. Reserva. Cuela el caldo de las setas en un colador fino recubierto de papel de cocina humedecido para evitar cualquier resto de arenilla; obtendrás algo menos de 1 litro de caldo.

Calienta el aceite en una sartén mediana. Incorpora las cebollas y saltéalas hasta que estén bien doradas, alrededor de 15 minutos. Reduce el fuego a intensidad baja, añade el ajo troceado y saltéalo unos 2 minutos, hasta que desprenda aroma. Agrega las setas y remueve hasta que queden untadas de aromas. Incorpora el arroz y remueve hasta que esté completamente cubierto por la mezcla de setas.

Pon la mezcla de arroz y setas en una arrocera e incorpora 950 mililitros del caldo reservado de setas. Sazona con sal suficiente para que sepa salado. Pon en marcha la arrocera y cocina el arroz hasta que esté hecho, normalmente entre 18 y 22 minutos, dependiendo del aparato.

Deja reposar el arroz 5-10 minutos y sirve con el alioli.

● EL TOQUE ●
PROFESIONAL

La mayoría de la gente usa la olla a presión para preparar caldos y guisos, pero a mí me encanta usarla para el arroz: lo cocina a la perfección en solo 6 minutos. Sigue las instrucciones de la receta de arriba, empezando con 90 gramos de verduras cortadas a dados —hinojo, maíz, cualquier seta—, salteadas en aceite de oliva con algunos dientes de ajo troceados. Una vez las verduras estén blandas, añade 400 gramos de arroz de grano corto, 720 mililitros de agua y 2 cucharadas de sal. Cierra y bloquea la olla a presión y, en 6 minutos, tendrás un esponjoso arroz con verduras. Asegúrate de que se haya disipado todo el vapor de la olla a presión antes de atacar el arroz.

RAMEN DE SETAS

Parece que en los últimos años el mundo se ha vuelto loco con el ramen. Hasta hace poco, el sushi era la principal exportación culinaria de Japón, pero ahora el no va más son estos suculentos boles de caldo de cerdo y fideos. En Bazaar, nuestro moderno restaurante español en Los Ángeles, queríamos jugar con la locura del ramen, pero refinando el plato y haciéndolo más divertido, de modo que añadimos las setas enoki, que cumplen en esta receta una doble función: aportan sabor al caldo y sustituyen a los fideos. Está lejos de ser un bol de ramen tradicional, pero ahí precisamente está la gracia.

450 g de setas enoki.

Sal.

1 cucharadita de aceite vegetal.

1 cucharada de chalota picada.

2 cucharaditas de ajo picado.

½ cucharadita de jengibre fresco pelado y rallado muy fino.

60 ml de vino blanco seco.

Aceite de sésamo tostado.

GUARNICIÓN

Cebolletas cortadas en rodajas muy finas.

Alga nori cortada en tiras muy finas.

4 huevos de codorniz escalfados (véase la parte inferior de la página).

½ cucharada de vinagre.

Corta y desecha las partes inferiores con restos de tierra de los racimos de enoki. Corta los sombreros de la mitad de las setas y reserva los tallos, que serán los *fideos* de este plato.

Añade los sombreros de enoki y la otra mitad de las setas a una cazuela mediana. Incorpora 950 mililitros de agua y llévala a ebullición. Reduce el fuego a intensidad baja, tapa la cazuela y deja cocer a fuego lento durante 45 minutos. Retira del fuego y deja en remojo 30 minutos.

Cuela el caldo de las setas en un colador fino, presionando los sólidos para extraer la máxima cantidad posible de líquido. Este es el *té* de las setas. Vierte de nuevo el té en la cazuela y sazona con sal. Mantenlo caliente.

Calienta el aceite vegetal en una sartén mediana. Añade los tallos de enoki reservados y cocínalos a fuego medio alrededor de 1 minuto, hasta que se ablanden. Agrega la chalota, el ajo y el jengibre y cocínalos unos 2 minutos, hasta que desprendan aroma. Incorpora el vino y déjalo cocer a fuego medio-alto hasta que quede reducido a 2 cucharadas.

Pon los tallos de enoki en cuatro boles pequeños y vierte unos 120 mililitros del té en cada bol. Echa en cada uno unas cuantas gotas de aceite de sésamo y decora con cebolleta cortada en rodajas muy finas, alga nori en tiras y 1 huevo de codorniz escalfado.

PARA ESCALFAR LOS HUEVOS DE CODORNIZ

Lleva a ebullición 7-8 centímetros de agua en una cazuela mediana. Añade 1/2 cucharada de vinagre al agua y reduce el calor de modo que hierva a fuego lento. Casca 4 huevos de codorniz frescos en cuatro boles pequeños. Deslízalos suavemente en el agua hirviendo a fuego lento y póchalos durante 30 segundos. Retíralos con una espumadera. Puedes mantenerlos tibios en un bol con agua tibia hasta el momento de servirlos.

PAELLA DE VERDURAS

No es fácil hacer una buena paella en casa; no permitas que nadie te diga lo contrario. Se necesita práctica para aprender a manejar el fuego y el arroz y el líquido para que te quede perfecta. Pero una vez lo entiendas, no hay mejor forma de dar de comer a un grupo de amigos o a la familia. Los valencianos piensan que la paella no es solo una comida, es sobre todo una razón para que los seres queridos se reúnan. Aprende a preparar paella y se convertirá en parte de tu vida.

50 ml de aceite de oliva virgen extra.

1 kg de verduras cortadas en trocitos (6-7 mm).

170 g de sofrito (página 156).

900 g de arroz bomba.

7-7,5 l de agua o caldo vegetal, casero (página 33) o comprado.

2 ramitas de romero.

Sal.

Hierbas aromáticas como tomillo, orégano, perejil y/o albahaca para la guarnición.

NOTA: mis amigos de Valencia, especialmente el equipo de Wikipaella, son muy exigentes con a qué llamamos paella: la tradicional paella valenciana consiste en arroz teñido de azafrán con pollo, conejo y posiblemente caracoles. Para ellos, esto sería *arroz con cosas*. Llámalo como quieras.

Calienta el aceite de oliva en un paellero sobre un fuego caliente (véase Fuego, en la página siguiente). Añade primero los vegetales duros (tubérculos, etc.) y cocínalos hasta que estén ligeramente dorados, unos 3-5 minutos. Luego agrega las verduras más blandas (como judías verdes, guisantes, setas y/o verduras de hoja) y cuécelas hasta que estén tiernas y un poco caramelizadas.

Incorpora el sofrito hasta que cubra las verduras uniformemente. Añade el arroz, removiendo para que los granos queden cubiertos por el sofrito, y extiéndelo de forma equitativa por todo el paellero. Añade el agua y el romero, removiendo lo justo para que todo se distribuya uniformemente por la superficie del paellero. Sazona con mucha sal, prueba y rectifica si es necesario.

Pon una alarma. El arroz bomba tiene una franja de cocción muy estrecha, entre 18 y 20 minutos, cuando está lo suficientemente cocido pero sigue estando ligeramente al dente. Ese es tu objetivo. Prueba el arroz a menudo a lo largo del proceso de cocción y añade más líquido si es necesario. Incrementa la intensidad del fuego en los últimos minutos para que el arroz del fondo del paellero se vuelva crujiente, formando el apreciado socarrat.

Lleva la paella a la mesa. Espolvoréala con las hierbas aromáticas. Deja que tus invitados disfruten de la belleza de tu creación, y luego empezad a comer. En Valencia la comen directamente del paellero, con cucharas de madera, pero se aceptan los tenedores y los platos.

VERDURAS VARIADAS

PERFECCIONANDO LA PAELLA

UTENSILIOS

Invierte en un paellero de buena calidad. Recomiendo comprar uno de 55 centímetros, con el que podrás preparar paella para hasta 12 comensales.

FUEGO

Los paelleros son poco profundos y muy anchos, de modo que necesitarás un fuego grande para cocinar el arroz uniformemente. Yo tengo un pozo para hacer fuego en mi patio trasero, pero puedes usar una parrilla, siempre que pueda llegar a calentarse mucho. Y cuanto más cerca puedas poner la paella de la fuente de calor, mejor. Para un principiante, sin embargo, lo mejor es un quemador de gas que puedas usar para muchas otras cosas y que te proporcione fuego de forma instantánea sin más problemas. (Los quemadores de gas son geniales para todo tipo de cocina en el exterior).

VERDURAS

No he hecho dos veces una paella con las mismas verduras. Elige verduras de temporada. En primavera, las alcachofas, los espárragos, los guisantes y las habas te darán una paella verde y brillante. En los meses más fríos, los tubérculos y las setas encajan perfectamente. La única regla real es utilizar muchas verduras y cortarlas en trozos iguales, ni muy pequeños ni muy grandes.

LÍQUIDO

En mi paella de verduras suelo usar solo agua, porque las verduras aportarán inmediatamente sabor al líquido, pero puedes empezar con caldo vegetal para obtener un sabor más intenso. *Grosso modo*, son cuatro partes de líquido por una de arroz. Pero con tantas variables no hay una proporción mágica y tendrás que probar y rectificar mientras cocinas el arroz.

BISTECS VEGETALES CON SALSA DE CARNE

No como mucha ternera. Si me voy a comer un bistec, tiene que ser algo muy especial: criado de forma ética, sacrificado por un experto y cocinado sobre leña. Es mucho pedir, lo sé. Pero tenemos bistecs por todas partes en el pasillo de las verduras: más baratos, más versátiles y mejores para nosotros y para el planeta. Y pueden ser absolutamente deliciosos, especialmente si se sirven con esta salsa de carne, que está tan rica que acabarás untándola en todo.

SALSA DE CARNE

120 ml de salsa Worcestershire.

60 g de kétchup.

60 ml de salsa de soja.

60 ml de vinagre de vino tinto.

60 g de mostaza de Dijon.

1 cucharada de azúcar moreno.

1 cucharadita de chile en polvo.

Pimienta negra recién molida al gusto.

¼ de cebolla.

2 dientes de ajo.

40 g de pasas.

BISTECS VEGETALES

Sal.

2 porciones de apio nabo recortado, pelado y cortado en rodajas de 2 cm de grosor (reservar las puntas para el caldo).

2 colinabos recortados, pelados y cortados en rodajas de 2 cm de grosor (reservar las puntas para el caldo).

1 cabeza de coliflor.

1 cabeza de col.

2 champiñones Portobello, sin los tallos.

Aceite de oliva virgen extra.

PARA LA SALSA DE CARNE

Pon la salsa Worcestershire, el kétchup, la salsa de soja, el vinagre, la mostaza, el azúcar moreno, el chile en polvo, la pimienta, la cebolla, el ajo y las pasas en una cazuela y lleva a ebullición. Después deja cocer a fuego lento 15 minutos.

Pon la salsa en una batidora y tritúrala hasta que quede lisa. Pásala por un colador a un bol y desecha los sólidos. Deja que se enfríe y guárdala en la nevera hasta su uso. (Puede conservarse hasta dos semanas en el frigorífico).

PARA LOS BISTECS VEGETALES

Calienta una parrilla, preferiblemente una barbacoa de carbón, o precalienta una plancha unos 5 minutos antes de empezar a cocinar.

Llena una olla grande de agua, añádele un poco de sal y llévala a ebullición. Incorpora el apio nabo y el colinabo al agua hirviendo y cuécelos unos 15-20 minutos, solo hasta que estén lo suficientemente tiernos para poder pincharlos con un cuchillo. (Asegúrate de no cocerlos en exceso).

Mientras se cuecen, descorazona la coliflor y córtala transversalmente en filetes de 2 centímetros de grosor (guarda los recortes para otro uso). Dejando la base intacta, corta la col verticalmente en filetes de 2 centímetros de grosor. Lava los champiñones y córtales los tallos.

Unta todas las verduras, incluidos los champiñones, por ambos lados con aceite de oliva y ponlas en la parrilla o en la plancha. Ásalas, dándoles la vuelta una vez, hasta que estén casi completamente asadas por todas partes (alrededor de 10 minutos para la col y los champiñones; 15 para la coliflor, dependiendo del tipo de fuego). Puedes usar una sartén pesada para presionar los vegetales hacia abajo mientras se cocinan y conseguir un buen soasado; esto también ayuda a que los champiñones suelten todo el líquido posible. Cuando todas las verduras estén casi totalmente tiernas, unta abundantemente cada lado con salsa de carne —no te cortes— y luego sella brevemente ambos lados, lo justo para caramelizar un poco la salsa, con cuidado de no quemarla. Sirve cada verdura en cuanto esté lista, junto con más salsa para mojar.

VERDURAS VARIADAS

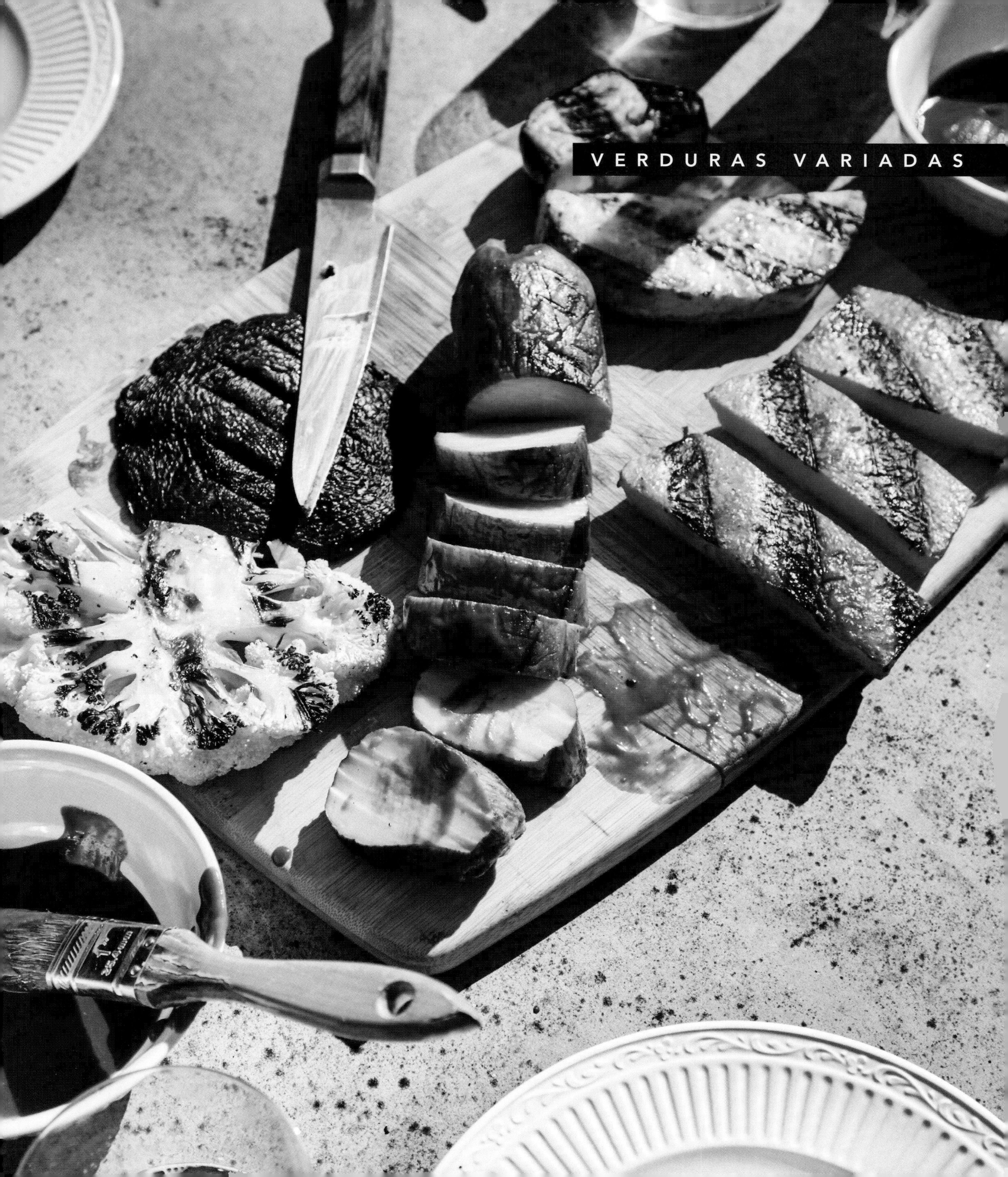

CUSCÚS DE VERDURAS

Preparar un buen cuscús es cuestión de amor. Si voy a hacer cuscús, sé que tengo que reservar aproximadamente una hora para dedicarle toda mi atención: preparar las verduras, construir las capas de textura y sabor en la base de mi olla para cocinar cuscús y, lo más importante, tratar el cuscús con amor y respeto. Esto significa sacarlo de la vaporera tres veces para ahuecarlo y sazonar los granos. No es solo tradición; es la única forma de asegurarte de que cada grano mantiene su integridad; este detalle es el verdadero objetivo del plato.

Probablemente no tengas una olla para hacer cuscús, así que he incluido instrucciones para que la sustituyas por una olla grande y un colador o una vaporera de bambú.

900 g de verduras firmes, como boniatos, calabaza, zanahorias, colinabos, chirivías y/o nabos.

330 g de cuscús.

Unas 2 cucharadas de aceite de oliva virgen extra.

Sal.

10 dientes de ajo.

1 trozo de jengibre de 2,5 cm.

1 cebolla grande, partida por la mitad longitudinalmente.

1 lata de 425 g de garbanzos escurridos, con el líquido reservado.

900 g de verduras más blandas, como coliflor, brócoli, calabacín y/o col, cortadas en trozos medianos.

225 g de verduras de hoja, como acelgas, col rizada y/o coles de Bruselas, cortadas en trozos grandes.

Las hojas de 1 manojo de perejil picado toscamente.

GUARNICIÓN

Harissa.

Limones en conserva, cortados en trozos de 6-7 mm.

Fruta desecada y frutos secos, como albaricoques, pasas, pistachos y piñones, los más grandes cortados en trozos más pequeños.

VERDURAS VARIADAS

Pela las verduras firmes y córtalas en trozos grandes, más o menos del mismo tamaño (los boniatos en tres trozos, la calabaza en trozos grandes, el colinabo en cuartos, las zanahorias y las chirivías en tres trozos). Reserva.

Pon el cuscús en un bol mediano y añade 1 cucharada de aceite de oliva, 1 cucharadita de sal y 60 mililitros de agua. Mezcla el cuscús con los dedos para que se humedezca equitativamente y sazona los granos. Cubre un escurridor o una vaporera de bambú que encaje en la olla más grande que tengas con una capa doble de estopilla, dejando que cuelgue un poco por todas partes. Extiende el cuscús sobre ella.

Pon las verduras firmes, el ajo, el jengibre y la cebolla en la olla grande. Añade el líquido de los garbanzos y 1 cucharadita de sal, y luego agrega el agua suficiente para cubrir las verduras. Coloca el escurridor o la vaporera de bambú encima de la olla, tápala parcialmente y lleva el agua a ebullición a fuego medio-alto. Cuando empieces a ver el vapor emergiendo del cuscús, retira con cuidado el escurridor o la vaporera y reduce el fuego a intensidad baja. Agrega 1 cucharadita de aceite de oliva y otros 60 mililitros de agua al cuscús y mézclalo bien con un tenedor para romper cualquier grumo. (También puedes usar la estopilla colgante para elevar y mezclar el cuscús).

Incorpora las verduras más blandas a la olla y revisa el nivel del agua; si es necesario, añade suficiente para cubrir las verduras casi completamente. Pon el cuscús de nuevo en la parte superior de la olla y tápala con la estopilla colgante. Cúbrela parcialmente con la tapa y lleva el líquido de la cocción a ebullición a fuego medio-alto.

Cuando veas que vuelve a salir vapor del cuscús, después de unos 15 minutos, saca el cuscús de la olla y repite el proceso anterior, añadiendo un poco más de aceite y de agua y ahuecando el cuscús con un tenedor. Pruébalo para ver si necesita un poco más de sal.

Añade las verduras de hoja y los garbanzos a la olla. Pon el cuscús de nuevo en la parte superior de la olla, cúbrelo con la estopilla y tápalo parcialmente con la tapa. Lleva el líquido de la cocción a ebullición a fuego medio-alto y cuece durante 10 minutos. En este punto, el cuscús ya debería estar completamente cocido y tierno. (Si no lo está, pon todos los vegetales en un bol para servir y cocina el cuscús al vapor encima del caldo hasta que se termine de hacer).

Pon el cuscús en un bol y mézclalo con la mitad del perejil y un chorrito de aceite de oliva. Con una espumadera, dispón las verduras y los garbanzos en un bol grande para servir (si no lo has hecho ya) y pon encima el perejil restante. Cuela el caldo en un bol y sazona con sal. Sirve las verduras y el cuscús junto con el caldo para humedecerlo y la guarnición a un lado, para que cada invitado pueda montar su propio plato.

CAPÍTULO SIETE

INVIERNO

CENTRO DE ESPAÑA

Mercado de la Paz, Madrid

🕐 **10:15** | *Jueves, 8 de diciembre*

Durante nuestra primera mañana en Madrid, José se gasta 1.112 euros en verduras en el Mercado de la Paz. Llegan hasta nosotros en cajas, sobre plataformas rodantes que unos jóvenes transportan desde distintos rincones del bullicioso mercado: una caja de setas silvestres, dos de alcachofas, patatas de distintos tamaños y colores, y mucho más. Las joyas de la corona son varias trufas negras del tamaño de un puño procedentes de Teruel, la nueva meca de la trufa en Europa, que viajarán delante con José.

¿Vamos a hibernar?, le pregunto.

Nunca se está lo bastante preparado.

Hay tantas frutas y verduras que no caben en la parte trasera de nuestro Land Rover. José se plantea por un momento reclutar otro vehículo para guiar nuestro preciado botín fuera del campo español. No obstante, con unos cuantos movimientos de Tetris logramos ponernos en marcha; las coordenadas indican un campo de olivos en expansión más allá de la ciudad medieval de Toledo, la Ciudad de las Tres Culturas, un antiguo centro neurálgico para cristianos, judíos y musulmanes que han dirigido la vida en España en los dos últimos milenios.

Pero antes de que desaparezcamos por tierras salvajes durante un largo fin de semana, José ha programado otra parada: Floren Domezáin. *Una comida ligera a base de verduras* —promete—, *para inspirarme.*

Empezamos con unas láminas del grosor de hojas de papel, de jamón curado durante cuatro años. Luego viene una cebolla entera asada cocinada con un verdejo hasta el punto de colapso salado-dulce; alubias cocidas a fuego lento que brillan con una película dorada de aceite de oliva; una oda a la alcachofa, tanto a su flor en plenitud como a algunos corazones desperdigados, hervidos con bicarbonato para darles un imposible color verde esmeralda.

Después las cosas se ponen más serias: nervios firmes de acelgas suizas, gratinados con queso Idiazábal y con una salsa de puré de almendras y salsa de soja; un manojo de espárragos blancos gruesos con un huevo escalfado y trufa rallada por encima; y, finalmente, la estrella de la comida: un enorme *bistec* de tomate, que han colocado ceremoniosamente en la mesa como si fuese un entrecot para dos, aderezado solo con un excelente aceite de oliva, un toque de balsámico y algunas escamas dispersas de sal Maldon. Esta variedad de tomate se denomina *tomate feo*, un recordatorio de que en el mundo vegetal el sabor y la apariencia muchas veces no van de la mano.

Comemos en silencio, estupefactos, hasta que José finalmente lo rompe: *¿Por qué no existen más asadores de tomates?*

Estamos en diciembre, afuera casi está nevando, pero aquí estamos perdiendo la chaveta con un tomate enorme. *Este es el milagro del invernadero. Todo el mundo habla de la cocina de temporada, pero se está acabando poco a poco.* Lo dice medio en broma, aunque es un pensamiento al que le da vueltas constantemente: los sistemas alimentarios modernizados están sustituyendo a los viejos modelos regidos por la naturaleza. Mojamos el líquido de la fruta con curruscos de pan, como si fuese un charco de jugos de carne asada.

José dice: *La humildad de este plato. Sin trucos. Sin juegos. Esto es lo que andamos buscando.*

La Ventilla, Toledo

🕐 **16:30** | *Jueves, 8 de diciembre*

La Ventilla se asienta en un vasto olivar en expansión, con 300.000 árboles en total y colinas verdes ondulantes por todo el valle, como olas en el océano. Situada en la orilla del río Tajo, la propiedad es un microcosmos repleto de flora y fauna típicas del centro de España: árboles de pistachos y campos de trigo, cultivos de cereales y pájaros diminutos, jabalís y ovejas manchegas. El primer pico del invierno ha alcanzado ya el campo: la escarcha se ha adherido a las hojas de los olivos, convirtiendo la tierra en un brillante paisaje invernal.

El dueño de la propiedad es uno de los mejores amigos de José, el tipo de persona excepcional que produce aceite de oliva por afición, y ha sido tan amable que nos ha prestado las llaves del castillo hasta que él llegue, mañana, con ocasión de su viaje de caza anual.

Marlene y Valdecir Silveiro Parro, la encantadora pareja brasileña que se ocupa del mantenimiento de la residencia, nos reciben en el acceso para vehículos. *Espera, ¿cuánto tiempo os quedáis?*, pregunta en cuanto abrimos el maletero del Land Rover. Tardamos casi una hora en descargar las verduras entre los cuatro.

José ha estado creando un depósito de recetas en su mente durante semanas, un semillero de ideas recolectadas entre los personajes que hemos ido conociendo por el camino: camareros, agricultores, parroquianos y hasta desconocidos que lo paran por la calle para hacerse fotos con él. José los asalta con preguntas: *¿Le pones cebolla a la tortilla de patatas?*, o *¿Cómo hacía tu madre el gazpacho?* Cada uno de ellos se convierte en una miga de pan para seguir el camino una vez en la cocina.

Un hombre mayor que trabaja en los olivares nos dio una receta de *patatas al campo* que José insiste en que probemos inmediatamente. Hervimos trozos irregulares de patatas con cebolla cortada a dados y pimiento rojo, hojas de laurel, ajo, pimentón y el agua suficiente para que se reduzca a una salsa cuando las patatas estén cocidas. El plato se termina con un huevo bien hecho echando humo encima de las verduras. Es el campo español en su mejor versión (véase la página 307).

El agua siempre es la base de la mejor salsa, declara José, un axioma que le he oído muchas veces. *No estamos tan locos como los italianos: no tiramos el agua. El agua es fundamental, no solo para cocinar, sino también para aliñar y para servir.* La inspiración llega de todas partes, también del mar. Las gambas a la sal representan una forma clásica de cocinar enteras las grandes gambas de la costa española, pero José decide sustituirlas por guisantes lágrima aún en sus vainas, que acurruca en un lecho de sal que cubre el fondo de una sartén. Cocinados a fuego medio, los guisantes se cuecen al vapor en sus propios jugos y quedan increíblemente dulces. Los comemos como si fuesen edamame y desechamos las vainas.

José tiene a nuestros amigos brasileños trabajando con todo tipo de frutas y verduras en la licuadora para algunos de nuestros proyectos: zanahorias en zumo de zanahoria; guisantes cocidos en jugo de guisante; alcachofas cocinadas en jugo de alcachofa. A José le encanta cómo los jugos intensifican el sabor de las verduras.

La sesión de tarde termina con el toque de José en el plato que comimos a mediodía. El invierno en España es una época para cocinar alubias a fuego lento, y José adora las legumbres hasta un punto que roza la obsesión. Cocinamos pochas, y las trata con veneración: las acaricia, las manipula con delicadeza, nunca las remueve de forma violenta, por miedo a romper su piel. Las cuece a fuego lento con verduras enteras —cebolla, tomate, ajo, zanahoria—, que al final tritura y vuelve a introducir en la olla, un truco sencillo que contribuye a espesar el plato y añade una capa extra de sabor. Después de degustar el resultado, me prometo no volver a cocinar alubias de otra manera.

> " El aceite de oliva es el auténtico zumo prensado en frío.

Instalaciones de Casas de Hualdo

🕘 **9:20** | *Viernes, 9 de diciembre*

La cosecha de la oliva española está en su apogeo. Casas de Hualdo, propiedad de un amigo de José, Jon, nuestro anfitrión durante el fin de semana, produce un millón de litros de uno de los mejores aceites de oliva virgen extra de España. *La mayoría de los productores recolectan las olivas en octubre o noviembre, que es cuando dan más cantidad de aceite* —nos cuenta José Antonio Peche, el maestro productor de aceite de Hualdo—, *pero aquí las recogemos justo antes de la primera helada, cuando la cosecha es menor pero la calidad del aceite está en su mejor momento.*

No pasan más de tres horas desde el momento en que las olivas dejan las ramas hasta que se convierten en un arroyo verdoso-dorado de grasa líquida. Como soy español, por mis venas corren ríos verdosos-dorados de aceite de oliva, y, sin embargo, nunca antes había probado aceites como los que produce Hualdo.

La arbequina es la reina de las olivas españolas, un fruto que produce un aceite equilibrado que ha llegado a las mesas de todo el país. Ahora bien, son los aceites que se elaboran con otras variedades de oliva los que me provocan una impresión más fuerte: la manzanilla, con su sutil amargura y sus notas de verde vivo; la picual, una variedad andaluza muy robusta con notas persistentes de menta y plátano; y la gran tapada, la cornicabra, con un final picante que araña la parte trasera de la garganta.

Otro cargamento de olivas llega justo cuando nos dirigimos a la cocina. *El aceite de oliva es el auténtico zumo prensado en frío*, afirma José mientras un millón de pequeñas esferas traquetean a nuestro lado en la cinta transportadora, listas para su cita con la prensa. Una hilera de botellas de cristal oscuro con la cara de José esperan una marea esmeralda de aceite recién prensado. Al final de la semana viajarán en un contenedor, rumbo a América.

🕑 **14:30** | *Viernes, 9 de diciembre*

Estar en la cocina con José es una experiencia sensorial completa, una mezcla estimulante de movimiento y sonido, sabor y olor que podría abrumar a cualquiera que esté cerca de la acción. Muchas veces prácticamente borra la línea entre cocinero y comensal, atrayendo a la gente hacia su órbita para que participen en el proceso y disfruten de los resultados. Él lo llama cocina de proximidad: *No me refiero a utilizar ingredientes locales, sino a que los comensales se acerquen a la comida.* No hay nada que le guste más que alimentar a la gente, preferiblemente de su mano a la boca: una cucharada de caldo hirviendo a fuego lento, una loncha de jamón que casi se derrite, una porción jugosa de caqui coronada con una cucharada de caviar.

Así que pasamos la mayor parte del día alimentando a nuevos y a viejos amigos: nuestros ayudantes brasileños, miembros de la familia que llegan de cazar, trabajadores de los campos de olivos. José los implica en la cocina, encargándoles pequeñas tareas y recompensándolos con catas. Más allá de los bocados espontáneos, les ofrece comida reconfortante: huevos fritos con una rica salsa de tomate, patatas aderezadas con una mayonesa casera y trozos de atún, un sencillo plato de arroz con verduras.

Con el paso del tiempo me he ido convirtiendo en una persona más y más conservadora a la hora de cocinar —declara mientras los tenedores rasgan los platos—. *Practico una cocina más innovadora en minibar y en algunos de mis otros restaurantes, pero antes que nada soy un guardián de las tradiciones.*

Sin embargo, quince minutos después está de nuevo en la cocina preparando una *tortilla* a partir de zumo de caqui acidulado, con su suave color naranja como sustituto insólito del huevo. Y un ceviche a base de coliflor hervida y fruta de la pasión. Y una tempura con aguacate. Pero la mayor parte del día se dedica a divertirse con las tradiciones de la cocina regional española. Preparamos papas arrugadas, el genial plato canario de patatas hervidas en agua muy salada, que concentra la dulce carne de las patatas y provoca que sus pieles se arruguen. Mientras José se concentra en los tubérculos, yo trabajo con un mortero lleno de cilantro, ajo, comino y aceite de oliva en un mojo verde picante para echar por encima de las patatas.

Después José abre dos botes de pimientos del piquillo cocinados a la brasa. Vacía uno de ellos en una bandeja de horno. El otro termina en una batidora con ajo y aceite de oliva y con estos ingredientes en tres segundos prepara una salsa, que vierte por encima de los pimientos. En el horno caliente, la mezcla se concentra en un derroche de pimiento sobre pimiento untuoso y dulce.

El horno está caliente, y seguimos. José corta en rodajas grandes unos boletus gigantes y los extiende en otra bandeja de horno. Untados con aceite de oliva y sal, van al horno 15 minutos. Cuando están casi listos, José los saca, los baña en ajo y perejil picados y los vuelve a meter en el horno unos pocos minutos más.

Terminamos con el más clásico de todos los platos vegetales españoles: el gazpacho. Pero aquí la necesidad de José de jugar vence sobre la tradición: mezcla tomates, ajo y aceite de oliva en una batidora y luego infusiona la base con bayas silvestres.

No soy purista, ni por asomo, pero no me convence la combinación de fruta estofada y tomate cocinado.

No tienes ni idea —dice de esa forma tan zalamera suya—, *¡es brillante!*

> **"** Más que cualquier otra cosa, me he convertido en un guardián de las tradiciones.

🕧 **12:30** │ *Sábado, 10 de diciembre*

Un grupo formado por dos docenas de hombres entraban y salían esta mañana, aventurándose por las montañas que hay por encima de la casa en busca de conejos y jabalís, continuando con la reducida pero sagrada cultura de la caza en el centro de España.

Nosotros hemos decidido que mientras tanto vamos a descascarar nuestra montaña de verduras. *Por cada animal que maten, cocinaremos otro kilo de verduras*, dice José. Como si las cosas funcionasen así. Como si la naturaleza estuviese enterada.

Llena una enorme cazuela de loza con la recompensa del invierno: col picada, cuñas de patata, zanahorias enteras, judías verdes planas y unas cuantas bolsas de garbanzos secos que anoche dejó en remojo.

La olla que puede dar de comer al mundo. Con una olla grande alimentas a veinte personas sin apenas esfuerzo.

Nunca verás a José más contento que cuando está cociendo un guiso a fuego lento. En el variado mundo de la cocina regional española, el cocido es uno de los pocos platos que encontrarás en todos los rincones del país. En cada estación, en cualquier entorno, preparamos una versión distinta del cocido: con tubérculos o con los regalos verdes que nos hace la primavera, espesado con miso o servido con fideos.

Podría ser la olla que alimenta al mundo, pero José decide que no es suficiente para alimentar a los cazadores. De modo que se dirige al arroz, su otro gran amor, la segunda mejor forma de alimentar a la multitud en España. Empieza preparando un rico sofrito, cocinando la cebolla y el tomate en aceite de oliva hasta que se fusionan como un maravilloso caramelo vegetal. La cocina española se construye a partir de esta Santísima Trinidad, y una cucharada o dos liberarán tu forma de cocinar. (Para saber más sobre la magia del sofrito, véase la página 156).

Partiendo de aquí prepara una mezcla de setas silvestres (colmenillas, rebozuelos, boletus), un homenaje al norte de España, donde el fanatismo por las setas alcanza su máxima expresión. El plan de preparar una suntuosa comida vegetariana da un giro carnívoro en el último momento cuando José decide añadir carne de pichón y un lóbulo de foie gras a la fiesta. Pero el espíritu sigue siendo el mismo: una rotunda oda a la montaña. Una lluvia de trufa negra al final marca el factor sibarita.

Mientras los cazadores se ocupan del arroz y el guiso, José saca a relucir otras creaciones del fin de semana: papas arrugadas, su controvertido gazpacho, una olla enorme de alubias.

Chef, el arroz está increíble —dice uno de los cazadores—, *pero estas alubias... Estas alubias son algo fuera de serie.*

José y yo volvemos adonde empezamos, la montaña de verduras, que, de algún modo, después de setenta y dos horas de ser guisadas a fuego lento, cocinadas al vapor, asadas o licuadas, parece igual de grande que cuando llegamos.

PARA 4 PERSONAS

HAMBURGUESAS DE *BISTEC* DE REMOLACHA

La hamburguesa de tomate que servimos en Beefsteak y que da nombre al restaurante (página 347) es nuestro *bestseller*, pero solo la servimos durante los meses más cálidos, cuando los tomates son el doble de jugosos que cualquier trozo de ternera que puedas comer. El éxito de esta hamburguesa *vhecha* con gruesas rodajas de tomate nos demostró que debíamos probar la misma técnica con otros vegetales, de modo que en los meses más fríos sustituimos las hamburguesas de tomate por rodajas gruesas de remolacha marinada.

Como el contenido en agua de las verduras es muy alto, mucho más que el de cualquier proteína, son muy jugosas, y morder buenas y gruesas rodajas de remolacha o tomate entre dos trozos de pan manda una señal a tu cerebro: Vale, ahora estoy comiendo. Los jugos corren por tus venas, los condimentos empiezan a notarse y, de repente, sientes que estás viviendo una experiencia completamente nueva con una hamburguesa.

REMOLACHA MARINADA

2 remolachas grandes (roja, Golden, Chioggia o blanca), de alrededor 450 g cada una (ver nota).

Sal.

240 ml de vinagre de manzana.

150 g de azúcar.

1 cucharadita de granos de pimienta negra enteros.

½ cucharadita de hojas de tomillo.

350 ml de agua.

NOTA: una remolacha grande debería servir para 2 sándwiches, pero es importante que las remolachas tengan aproximadamente el mismo diámetro que los panecillos que uses para obtener una hamburguesa equilibrada.

CEBOLLA ENCURTIDA

1 cebolla roja cortada muy fina.

Marinada reservada de la remolacha.

PARA LAS HAMBURGUESAS

Unos 60 g de mayonesa de chipotle (receta a continuación).

4 panecillos de hamburguesa, partidos por la mitad y tostados.

80 g de verduras crudas de hoja verde, como espinacas baby, mézclum o rúcula.

Sal y pimienta negra recién molida.

1 aguacate Hass grande, partido por la mitad, deshuesado, pelado y cortado en rodajas longitudinalmente.

15 g de brotes de alfalfa.

Aceite de oliva virgen extra.

PARA LA REMOLACHA MARINADA

Pon las remolachas en una cazuela grande, cúbrelas con agua fría y añade 1 cucharadita de sal. Tapa la cazuela y llévala a ebullición a fuego vivo, y luego reduce la intensidad del fuego y deja cocer las remolachas a fuego lento alrededor de 1 hora, hasta que puedan perforarse con facilidad hasta el centro. Revisa el nivel del agua de vez en cuando y añade un poco más si es necesario.

Mientras tanto, para preparar la marinada, pon el vinagre, el azúcar, los granos de pimienta, el tomillo, 2 cucharaditas de sal y los 350 mililitros de agua en una cazuela pequeña y llévala a ebullición, removiendo para que se disuelvan el azúcar y la sal. Retira del fuego.

Cuando las remolachas estén cocidas, escúrrelas y pélalas bajo agua fría. Sécalas bien.

Corta las remolachas transversalmente en rodajas de unos 2 centímetros de grosor y ponlas en un bol mediano resistente al fuego. Vierte la marinada caliente sobre las remolachas y deja que se enfríe; tápalas y mételas en la nevera por lo menos 12 horas, o toda la noche.

Cuando vayas a usar las remolachas, escúrrelas, reservando la marinada, y vierte la marinada en un cazo pequeño. (Puedes guardar las remolachas en la nevera durante unos días antes de usarlas para preparar los sándwiches).

PARA LA CEBOLLA ENCURTIDA

Lleva a ebullición la marinada de remolacha. Pon la cebolla roja cortada en un bol pequeño resistente al fuego, vierte la marinada por encima y deja en remojo 1 hora. Escurre la cebolla. (El encurtido puede prepararse hasta con dos días de antelación).

PARA MONTAR LAS HAMBURGUESAS

Extiende la mayonesa por ambas partes del panecillo. Pon un puñado de hojas verdes en la parte inferior de cada uno y 1 rodaja de remolacha marinada encima. Sazona la remolacha con sal y pimienta y dispón sobre ella el aguacate en rodajas, la cebolla encurtida y los brotes de alfalfa. Echa un chorrito de aceite de oliva y cierra los sándwiches. Devóralos.

PARA UNOS 230 G
MAYONESA DE CHIPOTLE

230 g de mayonesa normal o vegana.

2-4 chipotles de lata en adobo (dependiendo de lo picante que la quieras), troceados, y un poco de la salsa del adobo (opcional).

Pon la mayonesa en un bol pequeño y mezcla los chipotles troceados. Añade la salsa de adobo si quieres un toque ahumado. Puede conservarse hasta una semana en el frigorífico.

PARA 4-6 PERSONAS

ENSALADILLA RUSA

De todas las estupendas tapas españolas, la ensaladilla rusa es mi favorita. La encontrarás en cualquier bar del país, dentro de la clásica vitrina, muchas veces situada entre una tortilla de patatas y un platillo de olivas. Me encanta la versión tradicional, un mejunje encantador de patatas, guisantes, zanahorias y atún, todo mezclado bajo una capa de mayonesa, pero hay muchas posibilidades para jugar con este plato. El bar Gresca, en Barcelona, prepara una ensaladilla que cambia cada pocas semanas, dependiendo de lo que haya en el mercado en cada momento: brócoli, judía verde, coles de Bruselas... Soy un fanático de la remolacha, y es la sustituta perfecta de las patatas; aporta color y un toque dulce a la mezcla.

2 remolachas rojas medianas (unos 340 g).

2 remolachas doradas medianas (unos 340 g).

3 zanahorias medianas, lavadas.

1 lata de 400 g de garbanzos, escurridos y con el líquido reservado.

150 g de guisantes pequeños congelados, descongelados.

1 cucharada de vinagre de Jerez.

230 g de alioli vegano (página 338).

Sal y pimienta negra recién molida.

GUARNICIÓN

15 g de hojas de perejil fresco.

1 cucharada de aceite de oliva virgen extra.

Sal Maldon.

SIN RODEOS

El amor de José por la remolacha raya lo absurdo. Cuando hayas probado la versión con remolacha, puedes intentarlo con patata, brócoli, coliflor, boniato o judías verdes. –MG

Si las remolachas todavía tienen hojas, córtalas, pero deja los últimos 6-7 milímetros para no romperles la piel (así evitarás que el color de la remolacha roja tiña el agua de la cocción). Pon todas las remolachas en una cazuela grande, cúbrelas con agua y lleva a ebullición. Añade las zanahorias y cuécelo todo hasta que las verduras estén tiernas; unos 15 minutos para las zanahorias y 50 minutos para las remolachas. Vigila las verduras con frecuencia para que no se cuezan demasiado, retira las zanahorias en cuanto estén tiernas y ponlas en un plato. Saca también las remolachas cuando estén listas y añádelas al plato. Deja que se enfríen a temperatura ambiente.

Pela las zanahorias y las remolachas. Para pelar las zanahorias fácilmente, frótalas con papel de cocina o con un paño para extraer la piel. Haz lo mismo con las remolachas (usa papel de cocina y así no teñirás un paño). Corta las zanahorias en rodajas en diagonal en intervalos de unos 2 centímetros, dándoles un cuarto de vuelta a cada una después de cada corte. Corta las remolachas a dados de unos 2 centímetros, manteniendo separados los dos colores.

Pon las zanahorias y las remolachas doradas en un bol grande, junto con los garbanzos y los guisantes. Agrega el vinagre de Jerez y el alioli y mezcla bien para untar las verduras. Sazona con sal y pimienta.

Justo antes de servir, incorpora con cuidado la remolacha roja; evita remover demasiado la ensalada en este momento para que la remolacha roja no *sangre*. Ponla en un bol de servir, añade el perejil por encima, echa un chorrito de aceite de oliva y espolvorea con sal Maldon.

POKE BOWL DE REMOLACHA

¿Pooki? ¿Pokay? ¿Pokémon? Apenas sé cómo pronunciarlo. ¿Cómo puedes cocinar algo cuando no puedes ni pronunciar su nombre? Esta receta es un bol de remolacha marinada con arroz, pero también es uno de nuestros bestsellers *en Beefsteak. Charisse Dickens, nuestra extraordinaria chef hawaiana y una excelente amiga que se encarga de gran parte de nuestro I+D, se avergüenza un poco cuando usamos la palabra* poke *para describir estas remolachas. Para ella, el* poke *es pescado marinado, el plato que estos últimos años ha aparecido por todas partes en Estados Unidos, y punto. Le dije que podríamos llamarlo* Remolachas marinadas con arroz, *aunque entonces solo sería la mitad de popular de lo que es en Beefsteak.*

---

4 remolachas medianas frescas, o 4 remolachas cocidas medianas envasadas (450 g), cortadas a dados de 1,3 centímetros aproximadamente.

MARINADA DE SIDRA Y JENGIBRE

350 ml de agua.

240 ml de vinagre de sidra.

60 g de azúcar.

2 cucharaditas de sal.

1 cucharadita de granos de pimienta negra enteros.

1 trozo de 2,5 cm de jengibre fresco, pelado y cortado en trozos.

2 cucharadas de salsa de soja.

1 cucharada de aceite de sésamo tostado.

2 zanahorias, peladas y cortadas a dados de 6-7 mm.

60 g de cebolla dulce cortada a dados (véase la página 246).

PARA ACOMPAÑAR

1 taza de ensalada de algas (del mostrador de sushi de un mercado o de una tienda de comestibles).

Furikake.

2 cebolletas (solo las partes blancas y verde claro), cortadas en rodajas muy finas.

PARA LAS REMOLACHAS MARINADAS

Si usas remolachas frescas, hiérvelas enteras hasta que estén tiernas, alrededor de 50 minutos. Escúrrelas y lávalas con agua fría. Usa papel de cocina para pelarlas y luego córtalas a dados de 1,3 centímetros aproximadamente.

Coloca las remolachas en un bol mediano resistente al fuego. Pon el agua, el vinagre y el azúcar en una cacerola pequeña y caliéntalos a fuego medio, removiendo, para disolver el azúcar. Añade la sal y los granos de pimienta y lleva a ebullición. Vierte la marinada caliente por encima de las remolachas e incorpora el jengibre. Deja enfriar, luego tápala y guárdala en la nevera toda la noche.

Al día siguiente, escurre las remolachas y ponlas en un bol. (Puedes reservar la marinada para usarla de nuevo; guárdala en un recipiente hermético en el frigorífico). Agrega la salsa de soja y el aceite de sésamo y mezcla bien.

PARA LOS BOLES DE ARROZ

Mezcla las zanahorias cortadas a dados y la cebolla dulce en otro bol.

Reparte la remolacha, el arroz, la ensalada de algas y la mezcla de zanahoria y cebolla en cuatro boles no muy profundos, disponiéndolos en montoncitos separados de modo que los colores y las texturas destaquen. Espolvorea el arroz con el furikake y las cebolletas en rodajas y sirve.

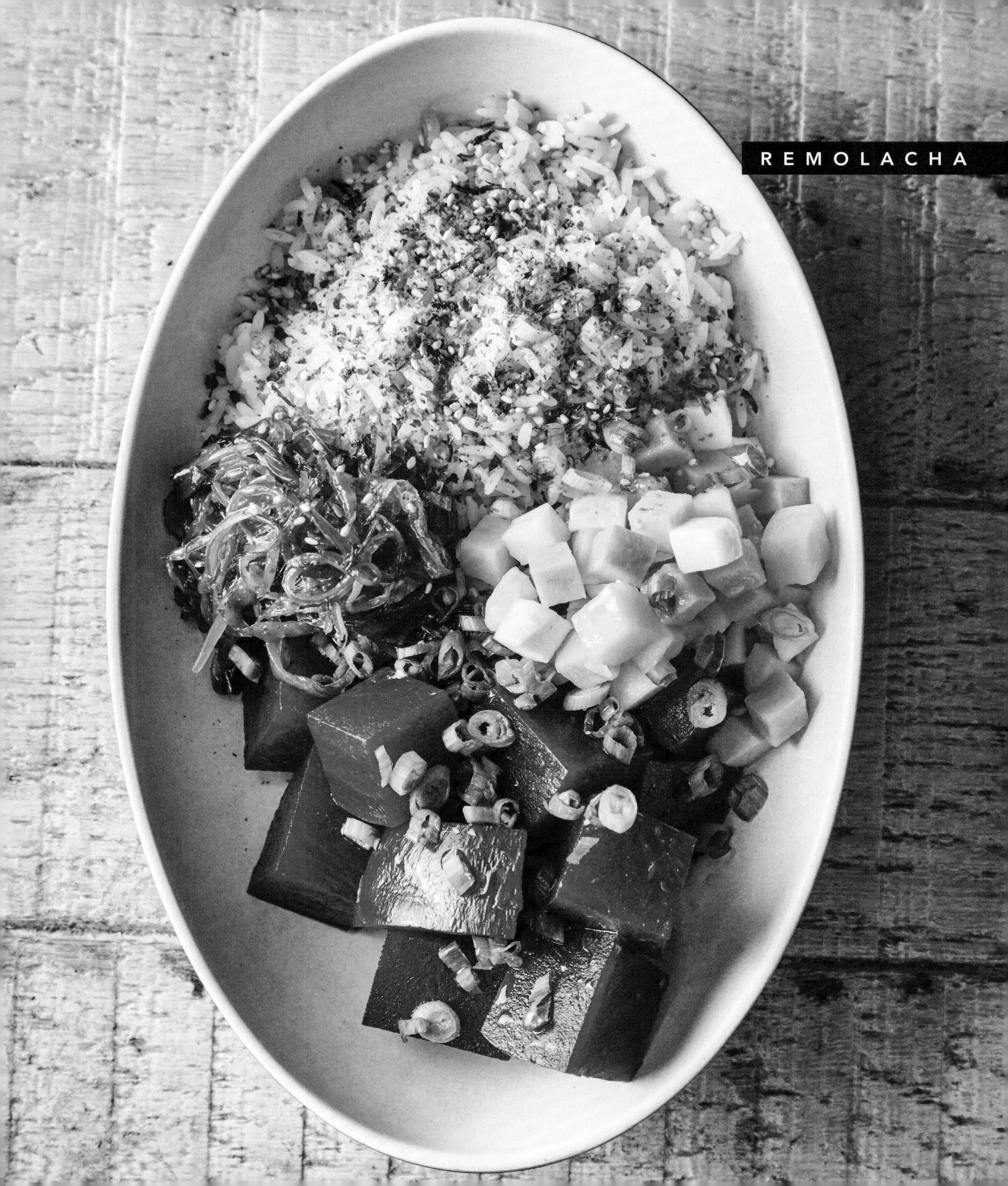
REMOLACHA

SUPERB

Hice unas cuentas aproximadas y, según mis cálculos, puedes montarte 192.928.253.578 boles posibles en Beefsteak. La libertad puede ser deliciosa, pero también desconcertante. Por supuesto, siempre puedes optar por uno de los boles clásicos que ofrecemos —Kimchi Wa, Frida Kale—, pero la mayoría de la gente ejerce su derecho a elegir. No voy a darte una receta para un bol, sino un proyecto de bol que será la clave para un millón de comidas memorables. Empieza por pensar en vertical: un bol es una construcción geológica de capas, y hay que considerar con mucho cuidado cada una de ellas. Después de miles de pruebas, hemos determinado el mejor orden: cereales, salsa, verduras, salsa, condimentos. Fuera de esto, no hay reglas.

CEREALES Y LEGUMBRES
UNOS 350-400 G

Empieza con una estructura fuerte. Mezcla un cereal con una legumbre para conseguir una base poderosa. Mezcla lentejas con arroz blanco, quinoa con garbanzos, farro con cuscús.

FARRO

QUINOA

CUSCÚS

ARROZ AL VAPOR

LENTEJAS

GARBANZOS

ALUBIAS NEGRAS

SALSA
60-70 ML

La salsa debería comprender al menos dos capas de sabor: dulce y picante, cremosa y ácida. Puedes conseguirlo con una salsa estratifica-da, como la Diosa Verde, o puedes mezclar distintas salsas, como la salada miso con una ácida ladolemo-no, poniendo una capa debajo de las verduras y otra por encima para cubrirlas mejor. (Las recetas de todas las salsas están en la sección Guarniciones, salsas y aliños, que empieza en la página 336).

SALSA DIOSA VERDE

YOGUR CON AJO ASADO

ROMESCO

ALIOLI VEGANO

SALSA MISO

LADOLEMONO

VINAGRETA DE VINO TINTO

SALSA DE TOMATILLO Y CHILE DE ÁRBOL

BOLES CARGADOS DE ENERGÍA

1

Arroz al vapor + alubias negras + salsa Diosa Verde + boniato asado + tomates cherry + aguacate + cilantro

2

Quinoa + garbanzos + miso + guisantes dulces + tomates cherry + kimchi + furikake

3

Lentejas + farro + vinagreta de vino tinto + yogur con ajo asado + pimientos asados + corazones de alcachofa marinados + queso de cabra + nueces tostadas

4

Cuscús + garbanzos + alioli vegano + romesco + zanahoria rallada + coliflor asada + cebollino

---

VERDURAS 180 G

Elige una mezcla de verduras; cuatro o cinco para conseguir variedad de colores, sabores y texturas que aportarán a esta capa una sensación de calidez y abundancia. Busca el contraste: crudas y asadas, ralladas y en rodajas. Mezcla grandes floretes de brócoli con rodajas finas de rábano y palitos de zanahoria, o boniato con col rizada.

CRUDAS: zanahorias, rábanos, tomates cherry, aguacate, lechuga.

ESCALDADADAS: espárragos, guisantes dulces, judía verde, col rizada, acelgas.

ASADAS: remolacha, brócoli, coliflor, boniato, coles de Bruselas, setas.

ENVASADAS: kimchi, pimientos asados, corazones de alcachofa marinados, olivas.

CONDIMENTOS (TODOS LOS QUE QUIERAS)

Un final intenso. Rebusca en tu despensa para encontrar estos profundos énfasis finales: crujientes (frutos secos, semillas), suculentos (queso de cabra, feta), y un toque final de frescura procedente de hierbas aromáticas como la albahaca o el eneldo.

HIERBAS AROMÁTICAS FRESCAS

FRUTOS SECOS TOSTADOS

QUESO DESMENUZADO

CEBOLLA ROJA ENCURTIDA (PÁGINA 152), U OTROS ENCURTIDOS

FURIKAKE

ACEITUNAS MARINADAS

Machaca ligeramente algunas olivas de modo que la marinada pueda penetrar mejor y más rápidamente.

En España tenemos una cultura de la aceituna muy firme y sofisticada. Ve a cualquier mercado y encontrarás docenas de variedades: diminutas y pálidas arbequinas, versátiles manzanillas o gruesas gordales, con una mordida tan jugosa como una falda de ternera. En Estados Unidos la oliva no da tanto juego, pero obtendrás buenos resultados si dejas el asunto en tus propias manos.

Quizá te parezca una locura, pero te sugiero que añadas algunas cerezas a la mezcla. Verás cómo cambian las cerezas al juntarse con las olivas. Sorprenderás a más de uno.

INSTRUCCIONES

Mezcla las olivas y su líquido con los condimentos que elijas (página siguiente) en un recipiente con tapa, tápalo y deja marinar en la nevera por lo menos durante toda la noche; sabrán incluso mejor al cabo de unos cuantos días. Pueden conservarse varias semanas en el frigorífico.

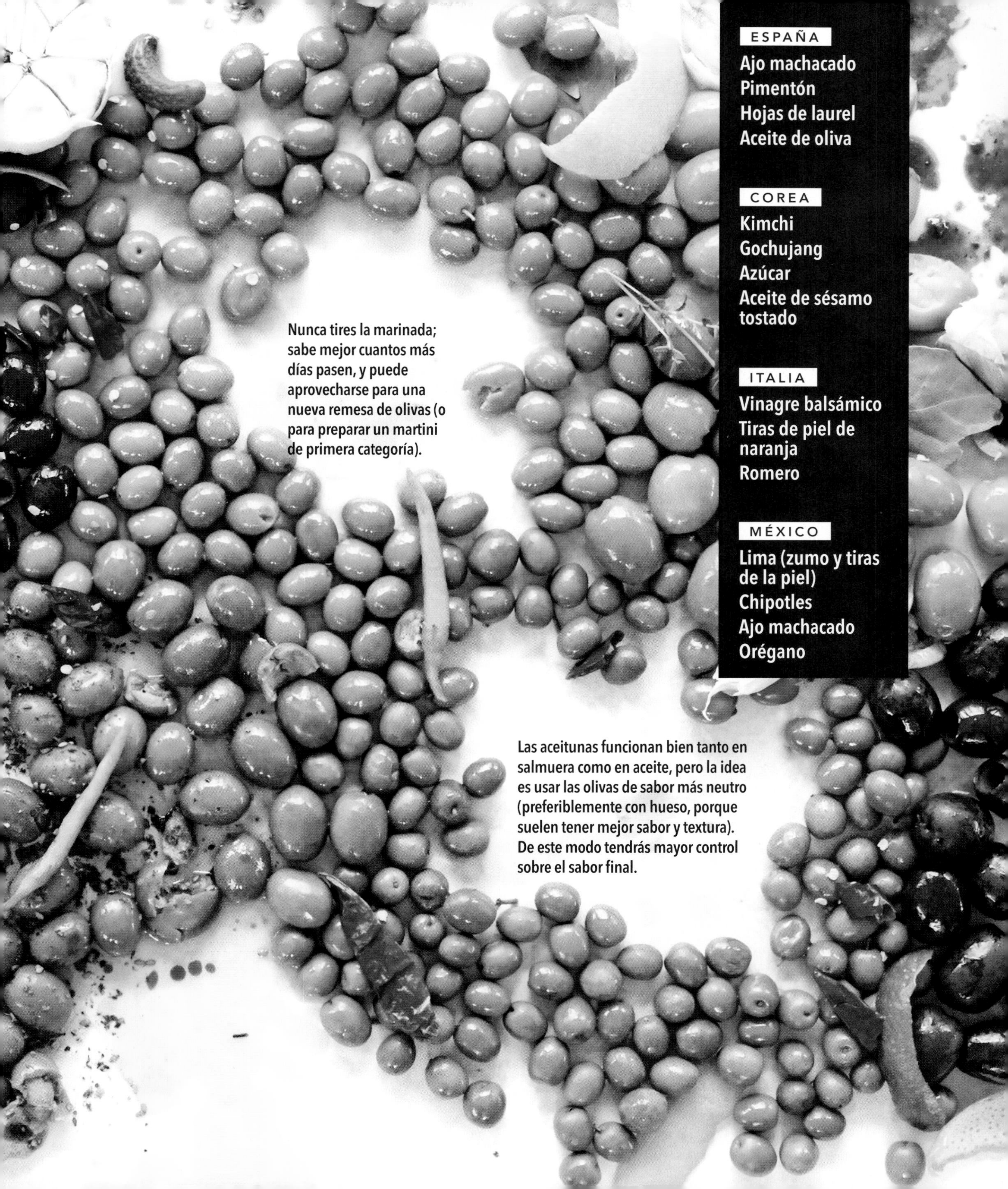

Nunca tires la marinada; sabe mejor cuantos más días pasen, y puede aprovecharse para una nueva remesa de olivas (o para preparar un martini de primera categoría).

ESPAÑA

Ajo machacado
Pimentón
Hojas de laurel
Aceite de oliva

COREA

Kimchi
Gochujang
Azúcar
Aceite de sésamo tostado

ITALIA

Vinagre balsámico
Tiras de piel de naranja
Romero

MÉXICO

Lima (zumo y tiras de la piel)
Chipotles
Ajo machacado
Orégano

Las aceitunas funcionan bien tanto en salmuera como en aceite, pero la idea es usar las olivas de sabor más neutro (preferiblemente con hueso, porque suelen tener mejor sabor y textura). De este modo tendrás mayor control sobre el sabor final.

PARA 1 CÓCTEL

MARGARITA CON AIRE SALADO

Sé lo que estás pensando: el tequila no es un vegetal. Pero, según mi libro, te equivocas. Después de todo, ¿no es el agave un cactus? ¿Y no es el cactus un vegetal? Y no cualquier vegetal, además: el agave es uno de los héroes del desierto, que se desarrolla de forma silvestre en condiciones inhóspitas. Cuando se asa y fermenta, es la base de dos de los elixires más fascinantes del mundo: el tequila y el mezcal. Este margarita es, por encima de todo, una celebración del agave, pero con un giro importante: sustituimos el clásico borde de sal gorda por una nube que flota por encima del cóctel. De esta forma obtendrás un pequeño soplo de sal con cada sorbo.

PARA 950 ML

AIRE SALADO

240 ml de agua.

1 cucharadita de Sucro (ver nota).

120 ml de zumo de lima recién exprimido (de unas 5 limas).

2 cucharadas de sal.

NOTA: el Sucro es un emulsionante utilizado en la cocina moderna y en la japonesa. No es barato, pero un solo bote te servirá para preparar cientos de margaritas con aire salado.

Hielo.

45 ml de tequila.

30 ml de Cointreau o triple seco.

30 ml de zumo de lima recién exprimido.

1 cucharada de aire salado (receta a continuación).

Llena de hielo una coctelera. Añade el tequila, el Cointreau y el zumo de lima y agita bien.

Vierte la mezcla en una copa margarita o una copa de champán.

Incorpora una buena cucharada del aire salado por encima y sirve inmediatamente.

Pon el agua y el Sucro en un cazo pequeño y calienta a fuego bajo, removiendo constantemente para activar el Sucro, hasta que la mezcla empiece a burbujear. Retira del fuego y deja que se enfríe.

Añade el zumo de lima y la sal a la mezcla de Sucro y bate con un túrmix hasta que quede espumosa. El aire salado puede usarse inmediatamente o puede conservarse hasta 3 días en un recipiente hermético en la nevera.

Improvisando

MI MARGARITA FAVORITO. El increíble personal de Oyamel sabe cuánto me gustan los margaritas de granada; tanto que ni siquiera me dejan terminar uno antes de ponerse a prepararme otro, lo cual puede llegar a ser peligroso. Para prepararlo, mezcla dos partes de zumo de granada con una parte de sirope de agave y luego añade 30 mililitros de la receta clásica de margarita según se explica arriba.

PARA UNOS 950 ML POR RECETA

REFRESCOS CÍTRICOS

Nunca me han gustado los refrescos industriales. No crecí bebiendo Coca-Cola o 7 Up. La única excepción era alguna que otra Fanta, de naranja o de limón. Nuestros refrescos cítricos son lo que sería una Fanta si no la fabricase una compañía enorme en tanques de millones de litros, con sirope de maíz rico en altos niveles de fructosa y otros ingredientes que ni siquiera puedo pronunciar. Puedes tomarlos solos y están deliciosos, pero también funcionan muy bien para mezclar en cócteles. El refresco de pomelo con tequila, el aclamado Paloma de México, es especialmente delicioso.

La soda que utilices tiene que ser rica en carbonatos (por ejemplo, Fever Tree). Funciona incluso mejor si usas tu propia máquina para hacer bebidas carbonatadas, como SodaStream.

LIMÓN

1 cucharadita de vinagre de vino blanco.

240 ml de zumo de limón colado (de 6-8 limones).

120 ml de sirope simple (página 286).

720 ml de soda.

LIMA

1 cucharadita de vinagre de vino blanco.

240 ml de zumo de lima colado (de 8-10 limas).

120 ml + 1 cucharada de sirope simple (página 286).

720 ml de soda.

NARANJA

1 cucharada + 1 cucharadita de vinagre de vino blanco.

240 ml de zumo de naranja colado (de 4-5 naranjas).

80 ml de sirope simple (página 286).

720 ml de soda.

PIÑA

1 cucharada + 1 cucharadita de vinagre de vino blanco.

240 ml de zumo de piña colado, preferiblemente fresco.

80 ml de sirope simple (página 286).

720 ml de soda.

GRANADA

2 cucharaditas de vinagre de vino blanco.

240 ml de zumo de pomelo colado (de 1-2 pomelos).

120 ml de sirope simple (página 286).

720 ml de soda.

Mezcla los ingredientes para preparar el refresco que prefieras en una jarra, añadiendo la soda al final, y remueve suavemente. Sirve con hielo.

● EL TOQUE ●
PROFESIONAL

Cuando las burbujas mueren, no hay forma de resucitarlas. Para preservar la efervescencia, mantén los refrescos tan fríos como puedas. Además, cuantas menos partículas sólidas lleven, mejor; cuela el zumo en un colador fino.

ÉCLAIR DE LIMÓN MEYER

No soy muy aficionado a los dulces, pero cuando tomo un postre quiero que sea fresco, ligero e interesante. Nunca había probado un limón Meyer antes de mudarme a Estados Unidos, y son realmente mágicos: más suaves y dulces que un limón, pero más ácidos que una naranja. Los pellejos no son tan amargos como los de la mayoría de los cítricos, de modo que en esta receta se mete la fruta entera en el robot de cocina. Con esto obtendrás más crema de limón de la que necesitas, y ese es precisamente el quid de la cuestión. Úntalo sobre tostadas, tortitas, crepes...; todo sabrá mejor.

Aerosol de cocina.

Harina blanca común para enharinar.

1 paquete de 400 g de masa de hojaldre con mantequilla congelada, descongelada pero aún fría.

1 huevo batido para barnizar.

Unos 165 g de puré de limón (receta a continuación).

CREMA CHANTILLÍ

230 g de nata espesa bien fría.

1 cucharada de azúcar.

Coloca una rejilla en el centro del horno y precaliéntalo a 190 °C. Rocía con aerosol de cocina dos bandejas de horno con borde.

En una superficie de trabajo ligeramente enharinada, estira la masa de hojaldre hasta conseguir un rectángulo de 32 por 40 centímetros; recorta los bordes para que quede recto. Corta la masa en diez rectángulos de 15 por 7 centímetros y dispón 5 de ellos en cada bandeja de horno. Pinta la parte superior de cada uno con huevo.

Hornea los rectángulos de hojaldre hasta que estén hinchados y bien dorados, alrededor de 17 minutos. Cuando el hojaldre esté lo suficientemente frío como para manipularlo, extiende 1 cucharada colmada del puré de limón por encima de cada rectángulo y vuelve a meterlos en el horno hasta que adquieran un tono amarronado, unos 10 minutos más. Deja que la masa se enfríe completamente antes de rellenarlos.

PARA LA CREMA CHANTILLÍ

Bate la nata con el azúcar en un bol mediano hasta que se formen picos firmes. Pon la crema en una manga pastelera con una boquilla plana o de estrella de 8 milímetros.

Justo antes de servir, haz un agujero en los dos bordes de cada rectángulo de hojaldre y rellénalos con la crema chantillí.

PARA UNOS 550 G
PURÉ DE LIMÓN

1 limón Meyer grande.
1 limón normal de piel fina.
225 g de azúcar.

Lava los limones y córtalos en trozos. Retira y desecha todas las pepitas. Pon los limones y el azúcar en un robot de cocina y tritúralos hasta obtener un puré liso.

Vierte el puré en una cazuela pequeña y llévalo a ebullición, removiendo para que se disuelva el azúcar. Retira del fuego y deja que se enfríe completamente. El puré puede conservarse tapado en la nevera hasta dos semanas.

POMELO, MIEL, SAL, HIELO

Mi postre favorito cuando cocino para amigos y familia es el vino dulce; es fácil. Pero si preparo un postre, quiero que sea casi tan fácil como abrir una botella de vino. Para mí, esta es la forma perfecta de terminar una comida: simple, ligero, limpio. Debes conseguir que la gente se vaya a casa deseando haber tomado un poquito más. En Jaleo hicimos una versión con helado de aceite de oliva y algunos otros toques, pero la idea es la misma: dulce, amargo, salado, tonificante. Además, me encanta servir algo con hielo, uno de los ingredientes más infravalorados en la cocina.

---

2 pomelos rosas (Ruby Red).

Hielo picado (ver nota).

85 g de miel.

Sal Maldon.

50 ml de aceite de oliva virgen extra.

NOTA: si tu nevera produce hielo picado, ya lo tienes. Si no, pon unas cuantas tazas de cubitos de hielo en un robot de cocina y tritúralos en tropezones. Necesitarás hielo suficiente para cuatro boles pequeños.

En primer lugar, pela uno de los pomelos y reserva la cáscara para la guarnición (guárdala en un recipiente pequeño hermético o envuélvela con papel film para mantenerla fresca). Luego, corta la parte superior y la inferior de los pomelos, dejando la carne a la vista. Dispón la fruta en el borde de la tabla de cortar y quítale las pieles con un cuchillo afilado, cortándola de arriba abajo para retirarla en tiras finas. Asegúrate de deshacerte de todas las pieles blancas amargas.

Trabajando sobre un bol, sostén el pomelo en la mano y córtalo a lo largo, retirando incluso la fina membrana que cubre cada gajo, para dejar caer gajos limpios de fruta dentro del bol. Ahora ya sabes pelar en supremas (o a lo vivo).

Exprime el jugo de las membranas sobre los gajos de pomelo. Guárdalos en la nevera hasta que tengas que servirlos.

Cuando vayas a emplatar, llena cuatro boles pequeños de hielo picado. Coloca 4 o 5 gajos de pomelo sobre el hielo en cada bol. (¡No descartes el jugo del pomelo! Puede usarse para aderezos o salsas, o simplemente puedes bebértelo, claro). Agrega encima de cada bol 1 cucharada de miel. Espolvorea con sal Maldon y la cáscara de limón reservada. Si echas un chorrito de aceite de oliva por encima, te cambiará la vida. Ya puedes servir el postre.

PISCO SOUR VEGANO

El pisco sour, la bebida nacional de Perú, se disputa con el margarita el primer puesto de mis cócteles favoritos. Me encanta el giro vegano, que consiste en usar líquido de garbanzos en lugar de clara de huevo para crear esta textura espumosa tan particular. No soy vegano ni de lejos, pero respeto muchísimo que la gente decida evitar productos animales. Pero, además, es una forma inteligente de aprovechar algo que solemos desechar. El líquido de las legumbres no es del todo neutro, posee una textura terrosa y sutilmente dulce que aporta un extra a una bebida como esta. En definitiva, es un emulsionante mágico.

45 ml de pisco.

30 ml de zumo de limón recién exprimido.

25 ml de sirope simple (receta a continuación).

30 ml de líquido de garbanzos.

Bíter de angostura.

Mezcla el pisco, el zumo de limón, el sirope simple y el líquido de garbanzos en una coctelera y agítala enérgicamente (sin hielo) durante unos 10 segundos. Añade hielo y agita de nuevo enérgicamente alrededor de 15 segundos. Cuela en un colador fino una copa de champán helada.

Como guarnición, añade 3 gotas de bíter de angostura encima de la bebida y dibuja un corazón arrastrando un palillo a través de las gotas. Sirve inmediatamente.

PARA 180 ML

SIROPE SIMPLE

120 ml de agua.

115 g de azúcar.

Pon el agua y el azúcar en un cazo pequeño y caliéntalo a fuego medio, removiendo, hasta que el azúcar se disuelva. Retira del fuego y deja que se enfríe a temperatura ambiente. El sirope simple puede guardarse en un recipiente hermético en la nevera casi indefinidamente.

PARA 4 PERSONAS

PUERROS EN SU JUGO CON CHAMPIÑONES SALTEADOS

Mi idea original era crear un postre con puerros para este libro. Matt no gana muchas discusiones en nuestra relación, pero esta vez consiguió convencerme de que los allium no funcionan muy bien en los postres, de modo que, en lugar de eso, te ofrezco una variante ligeramente más convencional de uno de mis vegetales favoritos. Esta es otra de las recetas en las que el agua es una heroína olvidada: es a la vez el medio de cocción y la salsa que liga el plato.

4 puerros grandes, cortados del diámetro de tu sartén más grande y lavados.

50 ml + 2 cucharadas de aceite de oliva virgen extra.

Sal.

340 g de champiñones, sin los tallos y cortados en rodajas de 3 mm de grosor.

15 g de perejil picado.

Pimienta negra recién molida.

Improvisando

Conviértelos en puerros en escabeche obviando los champiñones y vertiendo sobre los puerros cocidos a fuego lento 3 cucharadas de Pedro Ximénez o cualquier otro vinagre de Jerez. Termina el plato con sal Maldon y mucho aceite de oliva. Sírvelos fríos o a temperatura ambiente.

Pon los puerros en la sartén más grande que tengas, preferiblemente con los bordes rectos, y añade 2 cucharadas de aceite de oliva. Luego cubre los puerros con agua y sazónalos con sal. (Usa una tapa de olla o un plato resistente al fuego para mantenerlos sumergidos, si es necesario). Lleva el agua a ebullición, reduce enseguida el fuego a intensidad baja y cuece a fuego lento los puerros hasta que estén muy tiernos, alrededor de 50 minutos.

Mientras los puerros se están cociendo, prepara los champiñones: calienta 1 cucharada del aceite de oliva en una sartén mediana a fuego medio-alto, hasta que empiece a echar humo. Incorpora la mitad de los champiñones y déjalos cocer sin removerlos durante 45 segundos. Luego repártelos por toda la sartén y deja que se cuezan sin tocarlos otros 30 segundos, y a continuación muévelos de nuevo. Continúa cocinándolos de la misma forma hasta que estén bien dorados, unos 4 minutos en total. Mézclalos con 2 cucharadas de perejil y sazónalos con sal y pimienta. Ponlos en un plato. Repite el mismo proceso con los champiñones, el aceite de oliva y el perejil restante para la segunda remesa de champiñones y sazónalos.

Cuando los puerros estén listos, disponlos en un plato cubierto con papel de cocina para escurrirlos. Prueba el líquido de la sartén; debería ser un caldo de puerro intenso y bien sazonado. Si es necesario, hiérvelo para reducirlo y sazónalo a tu gusto.

Coloca los puerros en una bandeja larga y córtalos a lo largo con cuidado, en trozos de 3,5-4 centímetros, conservando su forma. Vierte un chorrito del caldo de puerro, pon encima los champiñones salteados y sirve. También puedes servirlos a temperatura ambiente, o incluso fríos, si lo prefieres.

PARA 4 PERSONAS

CREMOSO DE PUERROS

Cuando tenía dieciséis años y aprendía cómo cocinar las diversas recetas en la escuela culinaria de Barcelona, nada me llamó más la atención que la vichyssoise. ¿Una sopa francesa de puerros cocidos y patata que se servía fría? La idea me fascinaba. Y desde entonces me encantan los puerros. Este plato me recuerda a uno de esos acompañamientos lujosos que encontrarías en un asador, justo al lado del chuletón y las patatas crujientes. Y nadie te va a culpar por presentarlo así —yo mismo lo he hecho en muchas ocasiones—, pero creo que es un plato muy potente por sí solo para una cena ligera, acompañado de una ensalada pequeña y una copa de vino. El panko tostado como condimento es uno de esos toques sencillos pero geniales que marcan la diferencia (como la cebolla frita por encima de esa cazuela de judías verdes). Úsalo siempre que quieras añadir una capa crujiente final a un plato.

4-6 puerros medianos-grandes (solo las partes blancas y verde claro), lavados y cortados transversalmente en rodajas de 2 cm de grosor.

3 cucharadas de aceite de oliva virgen extra.

460 g de nata espesa.

4 ramitas de tomillo.

Sal y pimienta negra recién molida.

ADEREZO

1 cucharada de aceite de oliva virgen extra.

25 g de panko (pan rallado japonés).

Sal.

Dispón los puerros en una sola capa en una sartén grande, echa un chorrito de aceite de oliva y cocínalos a fuego medio hasta que empiecen a crepitar. Añade la nata espesa, las ramitas de tomillo y una pizca de sal y lleva a ebullición. Reduce la intensidad del fuego y cocina los puerros a fuego lento, sacudiendo la sartén de vez en cuando y untando los puerros descubiertos con nata, hasta que estén tan tiernos que casi se derritan y cubiertos de una salsa sedosa y espesa (alrededor de 25 minutos).

MIENTRAS LOS PUERROS SE COCINAN, PREPARA EL ADEREZO

Calienta el aceite de oliva en una sartén mediana a fuego medio-alto. Incorpora el panko y remueve constantemente hasta que esté bien dorado por todas partes, durante unos 4 minutos. Pon el panko en un plato y sazona ligeramente con sal.

Cuando los puerros estén listos, retíralos del fuego, descarta las ramitas de tomillo y sazona la salsa con sal y pimienta. Deja reposar unos minutos antes de servir.

Vierte el cremoso de puerros en platos y espolvorea el panko crujiente.

PARA 4 PERSONAS

POCHAS

Los españoles se toman muy en serio sus legumbres. Verás a gente haciendo cola en tiendas pequeñas donde solo venden alubias cocidas. Las abuelas llegarían a las manos para hacerse con el último medio kilo de esos garbanzos tan especiales. De acuerdo, quizá lo que acabo de decir es un poco exagerado, pero sienten más amor y respeto por las legumbres que cualquier otra cultura culinaria que yo conozca. Esta receta es una prolongación de ese amor, un plan sobre cómo tratar cualquier judía, fresca o seca: con un rico sofrito, cocinándolas a fuego lento y manipulándolas con mucha suavidad. Sin movimientos repentinos, sin remover enérgicamente. Me gusta imaginarme cada judía como una sola esfera de caviar cuya membrana tengo que proteger. Y cuando se cocinan de la forma correcta, un plato de humildes judías puede ser tan mágico como una cucharada de caviar.

SOFRITO

2 cucharadas de aceite de oliva virgen extra.
½ pimiento rojo cortado a dados.
½ pimiento verde cortado a dados.
1 cebolla mediana cortada a dados.
2 dientes de ajo picados.
1 cucharadita de pimentón.

ALUBIAS

450 g de alubias pochas.
1 zanahoria mediana.
1 tallo de apio.
1 tomate mediano descorazonado.
2 hojas de laurel.
Sal.

PARA SERVIR

Aceite de oliva virgen extra.
Piparras u otro tipo de pimientos encurtidos (opcional).

PARA EL SOFRITO

Calienta el aceite de oliva en una olla mediana a fuego medio. Añade los pimientos, la cebolla y el ajo, espolvorea con el pimentón y saltea unos 15 minutos, hasta que la mezcla esté suave y bien caramelizada.

PARA LAS ALUBIAS

Incorpora las alubias al sofrito, junto con la zanahoria, el apio, el tomate, las hojas de laurel, unas cuantas pizcas grandes de sal y el agua suficiente para cubrir las alubias unos 5 centímetros. Lleva a ebullición, y a continuación reduce la intensidad del fuego y cuece a fuego lento hasta que las alubias estén tiernas, unos 35-40 minutos.

Usa una espumadera para sacar la zanahoria, el tomate y el apio de la olla y ponlos en una batidora o en un robot de cocina. Añade un poco del líquido de la cocción de las alubias y tritura.

Pon las verduras trituradas de nuevo en la olla de alubias y cuece a fuego lento unos cuantos minutos más para que se fusionen los sabores. Rectifica de sal si es necesario.

Sirve las alubias regadas con aceite de oliva virgen extra y acompañadas de pimientos encurtidos, si lo deseas.

DE LO BUENO, LO MEJOR

Esta receta también funcionaría muy bien con alubias secas de buena calidad. Tienes que dejarlas en remojo toda la noche y tener en cuenta que su tiempo de cocción es mayor, unos 90 minutos en total.

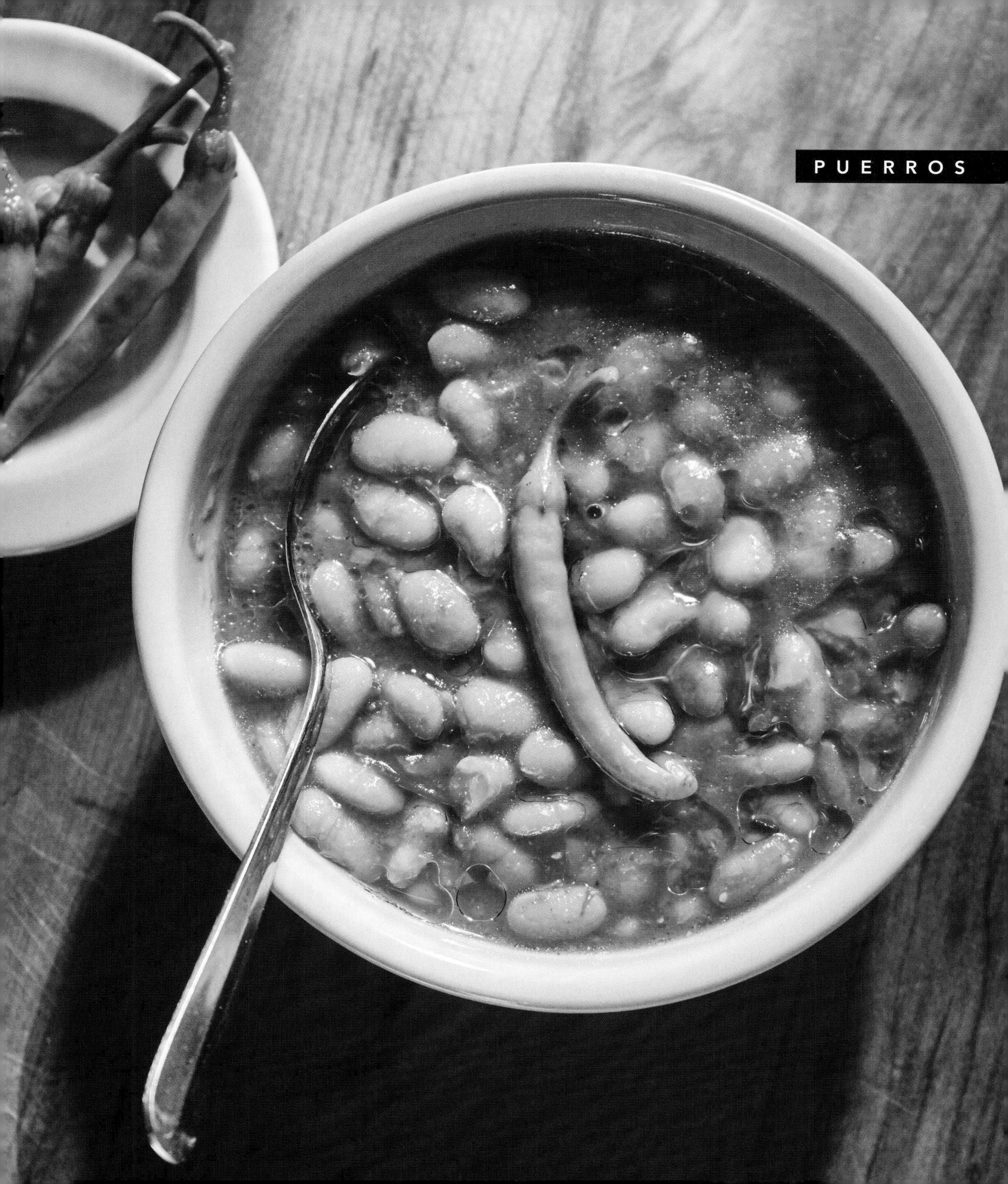

PARA 4 PERSONAS

FRIJOLES REFRITOS

Puede que parezca simplemente un humilde plato de alubias negras, y no es nada más que un humilde plato de alubias negras, pero también es una de las recetas más suntuosas que servimos en Oyamel. La clave es freír las alubias cocidas y hechas puré en una sartén antes de servirlas, dándoles una forma circular con un canal de queso fundido fluyendo por el centro, y luego doblarlo como si fuese una tortilla. Los vegetarianos pueden usar aceite de canola, pero la manteca de buena calidad aporta un sabor más profundo a estos frijoles. Mi idea de una tarde perfecta es estar de pie en el bar de Oyamel, tomándome un par de margaritas con un amigo y ocupándome de un plato de estas alubias, poniéndolas a cucharadas en tortillas de maíz calientes para comérmelas como si fuesen tacos.

LEGUMBRES

225 g de alubias negras secas.

Sal.

50 g + 2 cucharadas de manteca de cerdo o 60 ml de aceite de canola.

1 cebolla blanca grande, picada muy fina.

85 g de queso tipo Monterey Jack (también puedes usar gouda o havarti).

PARA ACOMPAÑAR

2 cucharadas de cebolla roja picada.

60 g de crema agria.

Aceite de oliva virgen extra.

Cilantro picado.

Tortillas de maíz tibias o nachos.

Pon las alubias negras en una cazuela mediana, cúbrelas con 7-8 centímetros de agua, añade 1 cucharadita de sal y lleva a ebullición. Reduce el fuego a intensidad media-baja y cuece a fuego lento hasta que las alubias estén tiernas, unos 40 minutos, añadiendo más agua si es necesario para que se mantengan cubiertas.

Mientras tanto, calienta 2 cucharadas de la manteca en una sartén mediana a fuego medio. Añade la cebolla picada y cocínala unos 15 minutos, hasta que adquiera un color amarronado. Retira del fuego.

Cuando las alubias estén tiernas, escúrrelas, reservando una taza del líquido de la cocción, y ponlas en una batidora o en un robot de cocina. Tritúralas hasta que quede una pasta lisa, añadiendo parte del líquido de la cocción reservado si es necesario. Incorpora la cebolla caramelizada y sazona con sal.

Calienta la manteca restante en una sartén antiadherente a fuego medio. Añade las alubias trituradas y fríelas, rascando constantemente el fondo de la sartén con una espátula resistente al fuego para asegurarte de que el puré no se pega o se quema, hasta que la pasta esté muy densa y caliente. Extiende las alubias formando un círculo irregular y reduce el fuego a intensidad baja. Coloca el queso en una tira por debajo de la mitad de las alubias, tapa la sartén y cocina unos 4 minutos, hasta que el queso casi se haya fundido completamente.

Dobla con cuidado una mitad del puré de alubias para circundar totalmente el queso, como lo harías con una tortilla, y pasa los frijoles a un plato de servir. Acompáñalos con la cebolla roja picada, la crema agria, aceite de oliva y cilantro picado. Sirve caliente con tortillas de maíz tibias y, con un poco de suerte, un margarita con aire salado (página 278).

PARA 8 PERSONAS

EL ESTOFADO DE LENTEJAS DE MI MADRE

El estofado de lentejas es como el caldo de pollo con fideos de España: todo el mundo crece comiéndolo, y la madre de cada uno (porque, seamos claros, este es un plato de madres más que de padres) lo prepara de forma ligeramente distinta. Hay muchos tipos de lentejas: verdina, beluga o caviar, pardina, roja y amarilla. En España se utiliza la lenteja pardina, pero otros tipos también funcionan. Mi madre, Marisa, lo preparaba en forma de puré, batiendo los tomates, las cebollas, las zanahorias y las lentejas hasta obtener una pasta lisa. Terminaba el plato con un chorrito de vinagre de Jerez y pequeños trozos de pan fritos en aceite de oliva. Aquellos primeros bocados, con el vinagre chocando contra el paladar, son agudos, crujientes, suaves y sabrosos; es amor a la vida. Esta versión tiene los mismos sabores, pero con la textura de la lenteja entera intacta.

---

50 ml de aceite de oliva virgen extra.

2 o 3 dientes de ajo picados.

1 cucharada de pimentón.

450 g de lentejas pardinas, u otro tipo de lentejas marrones, lavadas y seleccionadas.

1 cebolla blanca mediana, partida por la mitad.

3 tomates pequeños, descorazonados.

1,9 l de agua.

3 zanahorias medianas, peladas y cortadas en rodajas de 1,3 cm de grosor.

2 patatas para hervir medianas, peladas y cortadas a dados de 1,3 cm.

Sal.

Calienta el aceite de oliva en una olla grande a fuego medio. Añade el ajo y el pimentón y cuece hasta que el ajo esté dorado, unos 2 o 3 minutos, con cuidado para que no se queme. Incorpora las lentejas, la cebolla, los tomates y el agua y lleva a ebullición a fuego vivo; luego reduce el fuego a intensidad media para que el caldo hierva lentamente durante 20 minutos.

Retira la cebolla y los tomates de la olla con una espumadera y ponlos en un bol.

Añade las zanahorias y las patatas a la olla y cuécelas hasta que las verduras y las lentejas estén tiernas, unos 20 minutos. No las cocines demasiado: a nadie le gustan las lentejas pastosas.

Mientras tanto, cuando los tomates se hayan enfriado un poco, pélalos y desecha las pieles. Tritura la cebolla y los tomates en una batidora o en un robot de cocina.

Incorpora el puré al estofado que está cociéndose a fuego lento.

Cuando el estofado esté listo, sazona con sal y sirve. O deja que se enfríe, mételo en la nevera durante toda la noche y sírvelo al día siguiente: estará aún más delicioso.

●EL TOQUE●
PROFESIONAL

Las lentejas con chorizo son una combinación clásica que tiene mucho sentido en cuanto las pruebas: el toque ahumado del pimentón y el chorizo son un tándem perfecto que añade profundidad y peso a las lentejas. Para reproducir esta versión, saltea un buen chorizo cortado en rodajas con el ajo y el pimentón y sigue la receta explicada más arriba.

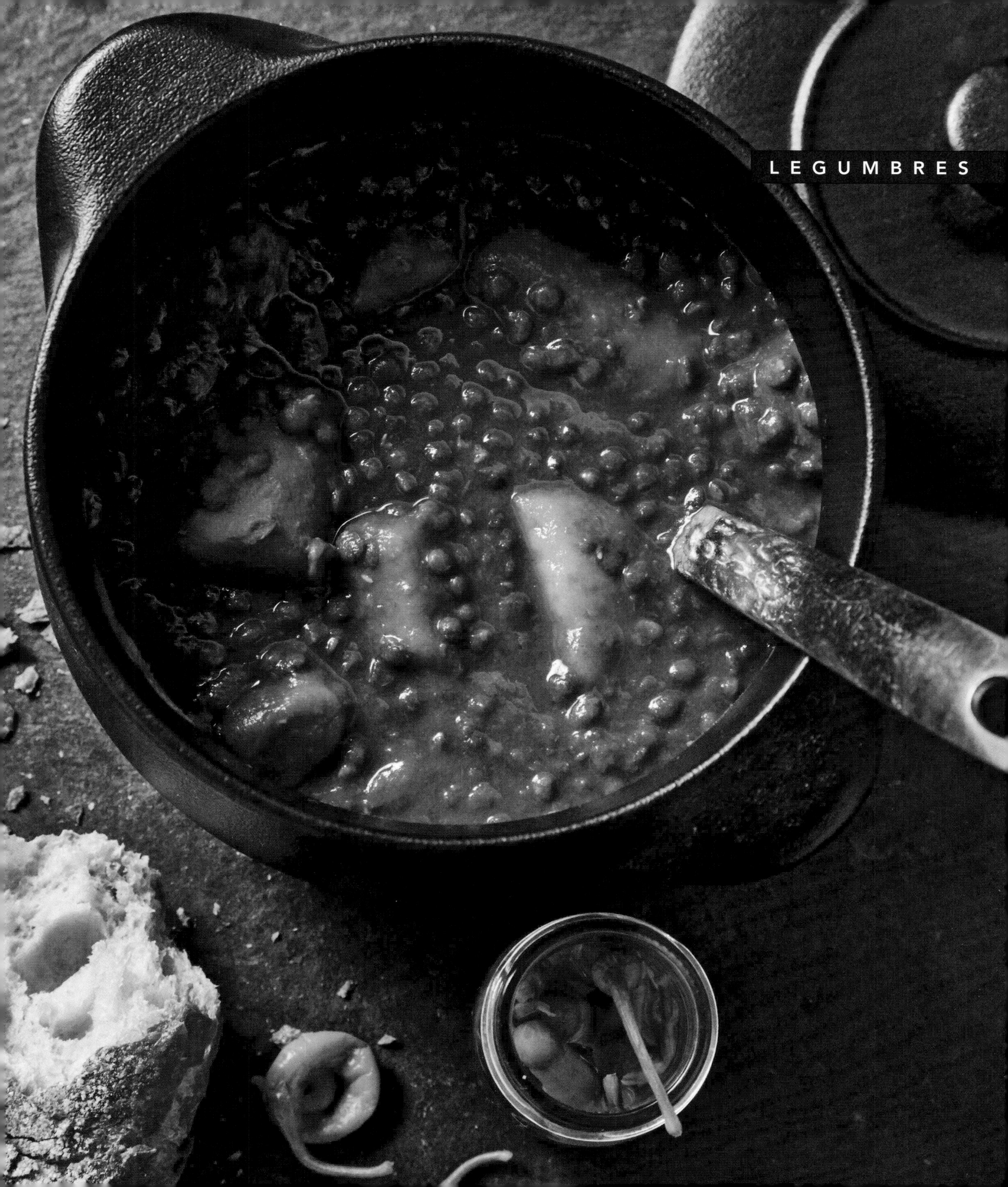

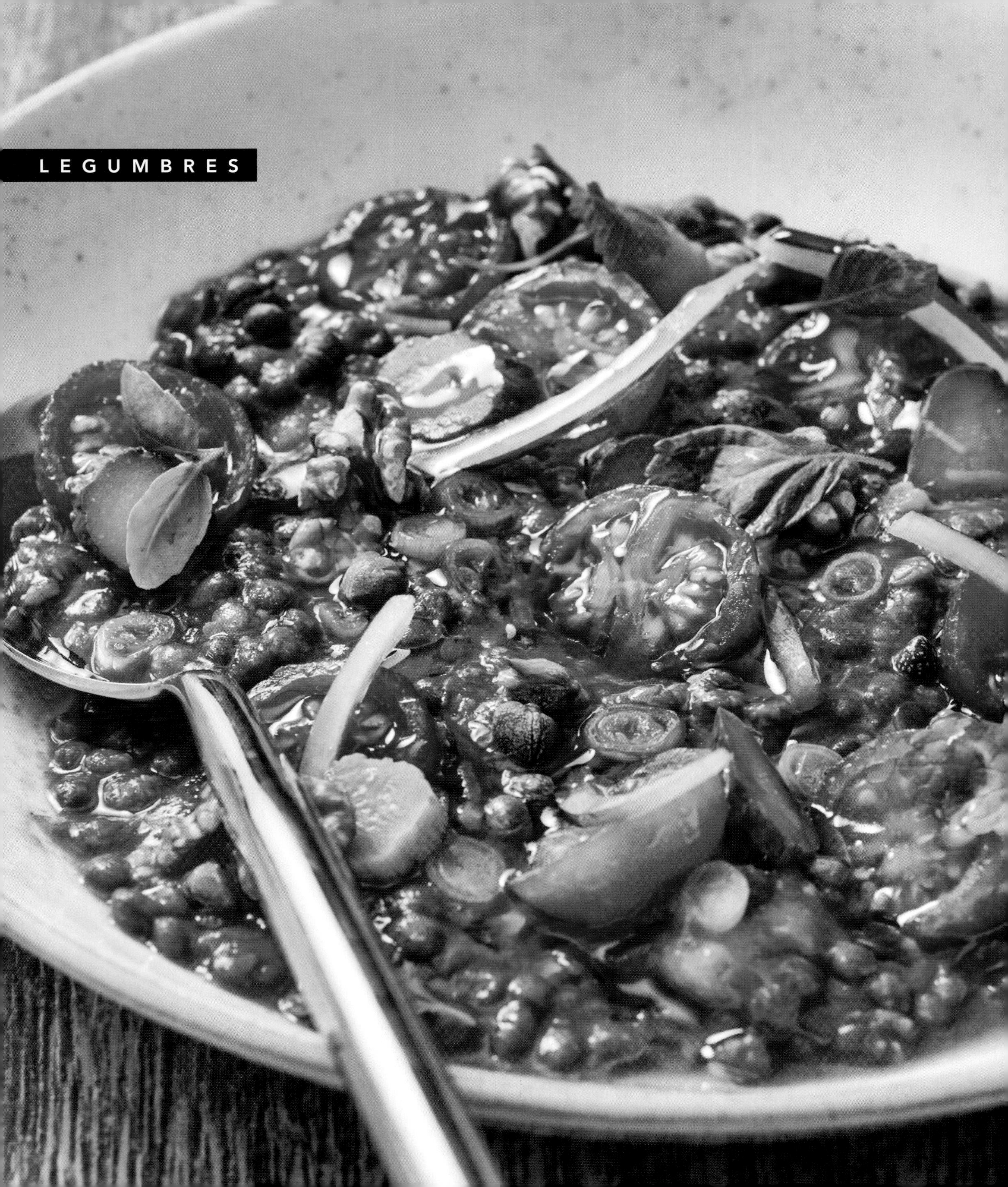

PARA 4-6 PERSONAS

ENSALADA DE LENTEJAS

Cocino mucho cuando cocino en casa: para mi familia, para invitados, para mí solo... Eso significa que mi nevera suele rebosar de sobras, que mucha gente ve como una carga, mientras yo las veo como una oportunidad. Esto es precisamente este plato: una ensalada de oportunidades, una posibilidad de transformar un reconfortante clásico de la cocina española en algo más ligero y fresco y, a la vez, distinto. Pero si quieres convertirlo en un plato más sustancioso, desmenuza un poco de queso de cabra por encima.

ADEREZO

100 ml de aceite de oliva virgen extra.

60 ml de vinagre de Jerez.

Sal y pimienta negra recién molida.

4-6 tazas del estofado de lentejas de mi madre frío (página 296).

40 g de pepinillos cortados en rodajas.

30 g de nueces picadas toscamente.

Cebolletas o cebollinos cortados en rodajas muy finas.

Cebolla roja cortada en rodajas muy finas.

Tomates cherry partidos por la mitad.

PARA EL ADEREZO

Mezcla el aceite de oliva y el vinagre en un bol pequeño. Sazona con sal y pimienta.

Vierte el estofado en cuatro o seis boles (dependiendo de cuántos invitados hayan aparecido por sorpresa). Acompaña con los pepinillos, las nueces, las cebolletas y los tomates cherry. Riega cada bol con un poco del aderezo de vinagre de Jerez y sirve.

GREG ASBED

COFUNDADOR DE LA COALICIÓN
DE LOS TRABAJADORES DE IMMOKALEE

Cuando Greg Asbed habla de las condiciones de la agricultura en Estados Unidos, le gusta empezar con una sencilla reflexión: imagínate en un pintoresco puesto de productos procedentes de agricultura ecológica, escogiendo preciosos tomates autóctonos cultivados a solo unos pasos de donde los compras. Cuando vas a pagar, ves a un trabajador al que están agrediendo en esos campos de cultivo, justo detrás del puesto. ¿Comprarías esos preciosos tomates? *Por supuesto que no,* afirma Greg, *sin embargo, como colectivo, eso es exactamente lo que hacemos todos los días.*

El sistema alimentario industrial está plagado de injusticias, empezando por una fuerza de trabajo mal pagada que está expuesta a un amplio abanico de abusos en materia de derechos humanos. Greg dice: *Es algo endémico. El 80 % de las mujeres que trabajan en el campo han sufrido acoso sexual. ¡El 80 %! De todos los factores que tenemos en cuenta cuando compramos comida —la proximidad, la estacionalidad, el precio, la calidad—, los derechos humanos están muy al final de la lista,* afirma Greg.

Para contribuir a cambiar esta tendencia, en 1933 fundó la Coalición de los Trabajadores de Immokalee (Coalition for Immokalee Workers; CIW), junto a Lucas Benítez y su mujer, Laura Germino, que fueron las primeras personas que le hablaron de las injusticias de la industria agrícola. La Coalición, situada en una de las regiones punteras en la producción de tomate de Florida, nació con el objetivo de mejorar las condiciones laborales de los recolectores de tomate locales, pero desde entonces ha crecido hasta convertirse en un grupo de apoyo muy poderoso a nivel nacional.

Si has oído hablar de la CIW es probablemente gracias a Taco Bell. A principios de la década de 2000 la Coalición inició una campaña para presionar al titán de la comida rápida para que mejorase los sueldos y las condiciones de trabajo de sus recolectores de tomates. El resultado fue una victoria de David contra Goliat que ayudó a miles de trabajadores mal pagados. Pero el trabajo de la CIW va más allá de los tomates en tus tacos. En el núcleo de su misión se encuentra el Fair Food Program (FFP), una asociación de agricultores, trabajadores agrícolas y corporaciones que apuntan a las injusticias más graves del sistema alimentario y responsabilizan a los grandes proveedores de productos de la comida que venden.

Los resultados han sido asombrosos: gigantes como Walmart o McDonald's se han unido al FFP, accediendo a incrementar los salarios de los trabajadores y a establecer un código de conducta que proteja sus derechos humanos. Estos no son cambios pequeños; se trata de las compañías de alimentación más grandes del mundo comprometiéndose a mejorar las vidas de decenas de miles de las personas más vulnerables de América. Por tal motivo *The Washington Post* dijo de FFP que era *una de las mayores historias de éxito en derechos humanos de nuestros días.* Y por este motivo la Fundación MacArthur galardonó a Greg con una de sus famosas becas Genius, valorada en 625.000 dólares, que se destinaron a financiar el CIW.

Según Greg, los peores delitos en el mundo de la alimentación, desde el acoso sexual en restaurantes hasta la explotación en los campos, se basan en los abusos de poder. Sin embargo, con la ayuda de CIW y otros aliados en la lucha por un sistema alimentario más justo, los trabajadores están empezando a inclinar la balanza: *La gente se está dando cuenta de que realmente existe un nuevo paradigma: tomar el poder para luchar contra el poder.*

El mundo de la alimentación necesita más guerreros como Greg; no solo grandes pensadores, sino también grandes emprendedores, gente dispuesta a construir alianzas y llevar a empresas como Taco Bell por la senda de un sistema más justo. Si queremos cambiar nuestro sistema alimentario, tenemos que ensuciarnos las manos.

PARA 4 PERSONAS

ENSALADA DE CAQUIS, BURRATA Y JAMÓN

Cada otoño me vuelvo loco cuando se empiezan a vender caquis en el mercado. No puedo evitar comprar cajas y más cajas y llenar la cocina de experimentos con caqui. Mi mujer está cansada de encontrarse restos de fruta por todas partes, pero te prometo que le encanta probar los resultados de mis juegos con el caqui. Esta receta probablemente sea una de las más convencionales que he hecho con caquis a lo largo de los años, pero también una de las más satisfactorias. Es una ensalada sustanciosa, del tipo que funciona como una comida acompañada de un buen pan (o pa amb tomàquet, página 158) y una copa de vino.

---

1 burrata de 450 g, cortada en 4 trozos.

Sal Maldon.

Pimienta negra recién molida.

4 caquis Fuyu, pelados, partidos por la mitad, descorazonados y cortados en 8 gajos cada uno.

120 ml de ladolemono (página 339).

65 g de avellanas tostadas, sin piel, picadas toscamente.

Hojas de albahaca troceadas.

60 g de jamón cortado muy fino.

Aceite de oliva virgen extra para rociar*.

Dispón la burrata en cuatro platos y sazona con un poco de sal Maldon y pimienta negra. Coloca los gajos de caqui alrededor del queso y rocía el aderezo por encima de la fruta y el queso. Termina con las avellanas, la albahaca y el jamón. Riega con un poco de aceite de oliva y sirve.

* Si quieres realzar el sabor de esta ensalada, usa aceite de avellana en lugar de aceite de oliva.

PARA 4 PERSONAS

PATATAS BRAVAS

No quería incluir una receta de patatas bravas en este libro porque me parecía demasiado fácil. Pero después pensé que a la gente no le gustaría abrir un libro de cocina de un chef español dedicado a las verduras y hortalizas y no encontrar uno de los titanes del mundo de las tapas esperándole dentro. Todo el que visita España se enamora de este plato. Y es que reúne todos los ingredientes para ser un éxito: patatas fritas con una salsa picante, preferiblemente consumidas con una cerveza helada cerca, lista para apagar cualquier fuego que pudiera surgir. Como todos los grandes platos nacionales, las patatas bravas generan mucha controversia: la versión original procede de Madrid, donde juntaban caldo sobrante del cocido (página 331) con pimentón picante para cubrir en salsa grandes trozos de patatas fritas. Desde entonces, la receta ha evolucionado en todo tipo de direcciones: aceite de pimentón, salsa rosa, reinterpretaciones modernas... Me gusta la forma como preparan las bravas los catalanes, con una cantidad generosa de alioli sustituyendo la salsa roja picante.

SALSA BRAVA

4 tomates maduros.

2 cucharadas de aceite de oliva virgen extra.

1 cucharadita de azúcar.

1 hoja de laurel.

½ cucharadita de pimentón dulce.

1 pizca de cayena.

1 cucharadita de vinagre de Jerez.

Sal.

PATATAS

400 ml de aceite de oliva virgen extra.

450 g de patatas Russet, peladas y cortadas en trozos de 2,5 cm.

Sal.

60 g de alioli vegano (página 338).

Pimentón para decorar.

PARA LA SALSA BRAVA

Corta cada tomate por la mitad longitudinalmente. Ralla las partes cortadas en los agujeros grandes de un rallador plano o de caja puesto encima (o dentro) de un bol. Presiona la carne rallada a través de un colador grueso; deberías obtener unos 340 gramos de puré de tomate.

Vierte el aceite de oliva en una sartén mediana y caliéntalo a fuego lento. Añade el puré de tomate, el azúcar, la hoja de laurel, el pimentón y la cayena, sube el fuego a intensidad media y cocina hasta que la mezcla se reduzca en un cuarto y se vuelva de un color rojo intenso, alrededor de 10 minutos. Retira del fuego, agrega el vinagre y sazona con sal. Reserva.

PARA LAS PATATAS

Vierte el aceite de oliva en una sartén grande y profunda y caliéntala a 135 ℃. Incorpora las patatas y fríelas lentamente hasta que estén blandas pero no hayan cambiado de color, unos 8-10 minutos; si al clavar en la patata un cuchillo de pelar este sale limpio, las patatas están listas. Retíralas del fuego con una espumadera y ponlas en un plato cubierto con papel de cocina para que escurran el aceite.

Eleva la temperatura del aceite de oliva a 180 ℃. Incorpora las patatas y fríelas hasta que estén crujientes y doradas, unos 6 minutos. Escurre y espolvorea con sal.

Riega con la salsa brava un plato de servir. Pon las patatas encima y decóralas con el alioli y el pimentón. Sirve con palillos a un lado.

PURÉ DE PATATAS AL VINO TINTO

Me encanta un sencillo plato de puré de patatas, como a todo hijo de vecino, pero un buen puré de patatas es un lienzo perfecto para acoger otros sabores: hierbas aromáticas, quesos, ajo asado... La inspiración procede de nuestro restaurante minibar, donde preparamos una versión como esta pero con unas cuantas cucharadas de grasa de vaca madurada para llevar el plato a otro nivel. Incluso sin la grasa de vaca, las patatas tienen un sabor rico y carnoso que resulta en un plato vegetariano bastante atractivo. La Ratte es una variedad de patata nueva francesa, suave y mantecosa, que queda increíblemente bien en purés, pero una buena patata Russet también funciona. En cuanto al vino, yo no uso uno caro, obviamente, pero debe ser uno que te guste beber, rico en taninos.

---

480 ml de vino tinto rico en taninos, como un tempranillo o un monastrell (si el vino que usas tiene mucho sedimento, asegúrate de que se quede en la botella cuando la decantes).

1 cucharadita de azúcar.

570 g de patatas Ratte o Russet, peladas y cortadas en trozos grandes.

Sal.

115 g de nata espesa.

8 cucharadas de mantequilla, cortada a dados de 1,3 cm.

**PARA TERMINAR
(opcional, pero recomendado)**

Sal Maldon.

Cebollino picado.

Aceite de oliva virgen extra.

Pon el vino tinto y el azúcar en un cazo pequeño, lleva a ebullición y cuece a fuego lento hasta que se haya reducido a 80 mililitros, alrededor de 30 minutos. Cuela el vino reducido en un bol resistente al fuego.

Mientras tanto, pon las patatas en una cazuela mediana, cúbrelas con agua fría, añade una pizca generosa de sal y lleva a ebullición. Reduce la intensidad del fuego y cuece a fuego lento hasta que las patatas estén tiernas al pincharlas con un cuchillo de pelar (unos 20 minutos para las Russet y unos 35 minutos para las Ratte). Escurre bien. Si usas patatas Ratte, deja que se enfríen ligeramente y luego pélalas.

Lleva la nata espesa a ebullición en un cazo pequeño y luego retírala del fuego. Pon las patatas calientes en un bol mediano y tritúralas, añadiendo la mantequilla poco a poco hasta que esté totalmente incorporada. Añade gradualmente la nata caliente, seguida de la reducción de vino tinto, reservando unas cuantas cucharadas de vino para la guarnición. Remueve hasta que las patatas tengan un color uniformemente rosáceo y sazona con sal.

Dispón las patatas en un bol para servir. Para terminar el plato a lo grande, espolvorea con sal Maldon y cebollino picado y riégalo con aceite de oliva, junto con la reducción de vino tinto reservada. Sirve inmediatamente. (Si no vas a servirlo inmediatamente, mantén caliente el puré de patatas y remuévelo justo antes de servirlo para incorporar un poco más de aire).

PARA 4 PERSONAS

PATATAS AL CAMPO

La inspiración puede llegar de cualquier sitio. Matt y yo estábamos en un olivar en las afueras de Toledo y nos encontramos a un anciano trabajando en la recolecta. Le preguntamos cuál era su receta de verduras favorita y nos habló de estas patatas. Las cocina en una olla de barro sobre un fuego de leña, lo cual añade una cierta magia al plato, pero incluso si la preparas en una olla normal en tu cocina obtendrás una pequeña cata de la cocina de campo española. Conviértelas en una cena con un huevo frito y unas cuantas lonchas de un buen jamón encima de cada plato.

---

4 patatas medianas (unos 900 g), peladas y cortadas en trozos de unos 2 cm.

1 cebolla amarilla grande, picada.

1 pimiento rojo pequeño, cortado a dados.

1 pimiento verde pequeño, cortado a dados.

4 dientes de ajo.

3 cucharadas de aceite de oliva virgen extra.

1 cucharadita y ½ de pimentón.

2 hojas de laurel.

1 cucharadita de sal.

950 ml de agua.

PARA TERMINAR

Tiras de jamón (opcional).
Vinagre de Jerez.
Aceite de oliva virgen extra.

Pon las patatas, la cebolla, los pimientos, el ajo, el aceite de oliva, el pimentón, las hojas de laurel y la sal en una olla grande y añade el agua; debería haber agua suficiente para cubrir las patatas unos 5 centímetros. Lleva a ebullición a fuego medio-alto y hierve, removiendo de vez en cuando, hasta que las patatas estén tiernas (cuando al pinchar con un cuchillo el centro de la patata el cuchillo no encuentre resistencia) y el líquido de la cocción se haya espesado y tenga textura de salsa, alrededor de unos 30 minutos.

Reparte las patatas en cuatro platos y vierte un poco de salsa en cada uno. Si vas a añadir jamón, disponlo encima de las patatas. Termina el plato con un buen chorro de vinagre de Jerez y otro de aceite de oliva y sirve.

Improvisando | *Si tienes la suerte de que sobre algo, puedes preparar unas patatas a lo pobre para el día siguiente. Escurre cualquier líquido que haya podido quedar y fríe las patatas con una buena cantidad de aceite de oliva, removiendo ocasionalmente, hasta que estén crujientes por todas partes. Culmina el plato con uno o dos huevos fritos y amarás la vida.*

PARA 4 PERSONAS

GOFRES DE PATATA CON QUESO GRUYER

Como la mayoría de las familias americanas, tenemos una gofrera en casa, sentada en silencio en el armario, sin mucho que hacer. Yo no soy muy de grandes desayunos y los dulces no me encantan, así que los gofres no son una prioridad para mí. Pero esta máquina tiene un potencial enorme y quería usarla para preparar un plato más de mi agrado. Probamos un poco de todo en la gofrera mientras hacíamos este libro: masas sabrosas, okonomiyaki de col al estilo japonés, tortitas coreanas de kimchi... Al final, volvimos al desayuno: gofres de patata. Pero no cualquier gofre de patata sino los más crujientes y sabrosos que puedas imaginar, con una capa de queso fundido goteando en el centro. El americano que hay en mí me dice que los sirva con crema agria, cebolletas y beicon crujiente; en cambio, el español los prefiere con un huevo frito y jamón. Elige tu propia aventura.

---

450 g de patatas Russet.

4 cebolletas, cortadas en rodajas muy finas.

1 cucharadita y ½ de sal.

Pimienta negra recién molida.

Aceite de canola para untar.

100 g de queso gruyer rallado.

PARA TERMINAR (AL GUSTO)

Huevos fritos.

Jamón.

Migas de beicon.

Crema agria.

Cebolletas.

NOTA: estos gofres de patata pueden recalentarse y dorarse de nuevo en la gofrera.

Precalienta una gofrera estándar en el nivel 5.

Pela las patatas y rállalas en los agujeros grandes de un rallador de caja puesto encima de un bol grande. Estruja las patatas para extraer todo el líquido posible y descártalo. Añade las cebolletas, la sal y la pimienta y mezcla bien.

Unta de aceite la gofrera y dispón un cuarto de las patatas en el fondo, en una capa uniforme. Unta la parte superior de las patatas con aceite y cierra la gofrera. Cocina hasta que estén bien doradas y suficientemente cocidas, alrededor de 6 minutos. Dale la vuelta al gofre con cuidado y espolvorea uniformemente un cuarto del gruyer. Cierra la gofrera y cocina unos 3 minutos más, hasta que el queso esté ligeramente dorado y crujiente. Pon el gofre en un plato.

Repite el mismo proceso con los ingredientes restantes para preparar 3 gofres de patata más.

Sírvelos calientes, con las guarniciones que prefieras.

PAPAS ARRUGADAS CON MOJO VERDE

Las Islas Canarias son un mundo aparte de la España peninsular. Geográficamente están más cerca de África que de Europa, y poseen el que, según muchas personas, es el mejor clima del mundo. La cocina es claramente española, aunque con sus propios giros y toques característicos. Estas encantadoras patatas pequeñas son las estrellas de la cocina de la isla. La gran cantidad de sal en el agua de la cocción ayuda a eliminar la humedad de las patatas, creando arrugas en su piel. Conseguir estas arrugas requiere una cierta habilidad, pero incluso si las patatas no se arrugan completamente, seguirán siendo realmente sabrosas: saladas y dulces a la vez, con un concentrado sabor a patata. El mojo verde es otra de las especialidades de las Islas Canarias con la que necesitas familiarizarte cuanto antes: es una brillante salsa de hierbas que funciona bien con casi cualquier plato, desde pescado o carne a la parrilla hasta cualquier verdura que puedas imaginar.

900 g de patatas baby, lavadas.
225 g de sal, o la que necesites.

MOJO VERDE

6 dientes de ajo.
½ cucharadita de sal.
100 g de cilantro o perejil picado.
1 cucharadita de semillas de comino.
100 ml de aceite de oliva virgen extra.
2 cucharaditas de vinagre de Jerez.
2 cucharaditas de agua.

Pon las patatas en una olla grande y añade agua para cubrirlas, unos 7-8 centímetros. Añade 225 gramos de sal; tiene que haber suficiente sal en el agua para que las patatas floten, de modo que añade más si es necesario. Lleva a ebullición a fuego vivo, luego reduce la intensidad del fuego y cuece a fuego lento hasta que las patatas estén tiernas, unos 25 o 30 minutos; usa un cuchillo de pelar para comprobar si están cocidas. Las patatas empezarán a arrugarse mientras se cuecen debido a la sal.

MIENTRAS TANTO, PREPARA EL MOJO VERDE

Machaca el ajo, junto con la sal, en un mortero hasta conseguir una pasta lisa. Ve dándole vueltas al mortero mientras machacas, echando hacia abajo el ajo que vaya quedando en los bordes con la mano del mortero. Añade el cilantro (o el perejil) y el comino y sigue triturando hasta que los ingredientes estén bien mezclados. Incorpora el aceite de oliva gradualmente, solo un poco cada vez, mientras continúas triturando la pasta; asegúrate de que el aceite queda absorbido antes de añadir más. Rocía la pasta con el vinagre de Jerez y el agua, girando la mano del mortero con un lento movimiento circular por todo el mortero mientras añades los líquidos. (También puedes preparar el mojo verde en un robot de cocina, empezando con el ajo, el cilantro, el comino y la sal y luego incorporando el aceite, el vinagre y el agua). Reserva la salsa a temperatura ambiente.

Cuando las patatas estén listas, retira casi toda el agua, dejando solo la justa para cubrir el fondo de la olla, y vuelve a poner la olla al fuego. Cuece a fuego bajo, agitando la olla hasta que el agua que queda se evapore y la sal y las patatas empiecen a cristalizar, unos 8 minutos. Retira del fuego, cubre la olla con un paño de cocina y deja que las patatas se terminen de cocer al vapor unos 10 minutos más, para que la piel se arrugue todavía más.

Pon las patatas en un plato y sirve con el mojo verde.

UNA ODA A LA TORTILLA ESPAÑOLA

La mayoría de la gente ve España como un país unificado con una fuerte identidad nacional, pero la verdad es que esa España es una fantasía de nuestra imaginación. Desde los asturianos, bebedores de sidra, hasta los valencianos, amantes del arroz, o los andaluces, locos por el Jerez, España realmente compone un rico mosaico de culturas regionales bien definidas. Una de las pocas cosas que mantiene unida esta nación de naciones es su amor compartido por la tortilla, un plato que encontrarás en bares y restaurantes desde los pies de los Pirineos hasta el último rincón de la Península, al sur de Andalucía. Ser español es comer —y cocinar— tortilla.

Aprendí mucho acerca de hacer tortillas al principio de mi carrera culinaria. En Universo, un restaurante en Barcelona, preparaba tortillas con cincuenta huevos: una masa amarilla del tamaño de la rueda de un coche que tenía que voltear en la sartén, usando el mango largo y flexible de la sartén como un muelle para lanzarla al aire. Si la cagaba y destrozaba la tortilla, perdía horas volviéndola a hacer. Después, viajando por toda España, he visto tortillas de todas las formas y tamaños. En El Manjar, un legendario restaurante de Galicia famoso por sus tortillas, mi amigo José Manuel Crespo preparó la mejor que he probado. Frio rodajas muy finas de patatas hasta que eran como chips antes de añadirlas a los huevos. Aquella tortilla puso mi mundo patas arriba.

En lo que se refiere a la tortilla, cada persona tiene una receta y todo el mundo tiene una opinión. No puedo pensar en ningún otro plato que con tan pocos ingredientes pueda despertar tanta controversia. ¿Las patatas deben cortarse en trozos irregulares o en rodajas? ¿Tienen que freírse hasta que estén bien doradas o pocharse poco a poco en aceite? ¿Debe llevar cebolla? ¿Ajo? ¿Cuál es el tamaño ideal de una tortilla? ¿Cuatro huevos? ¿Seis? ¿Una docena, incluso? Y, lo más importante, ¿cuánto tiempo debe cocinarse?

La mayoría de veces, la tortilla es un aperitivo de bar, que se cocina por la mañana y se deja en el mostrador todo el día para servir en porciones al cliente que quiere algo de picar mientras bebe (beber sin comida es un delito digno de condena en España). Ahora bien, las mejores tortillas son las que uno pide que le preparen en los bares de tapas más agradables de lugares como Barcelona o Madrid, donde seguramente preguntarán cómo la quieres: hecha, en su punto o poco hecha.

Para mí solo hay una respuesta correcta: poco hecha, una tortilla con un armazón de color amarillo vivo por fuera y un interior suave y jugoso. Debería menearse como una cama de agua cuando la cortes, derramar doradas lágrimas de huevo en el plato. Si lo haces bien, los huevos serán tanto el plato como la salsa, envolviendo las patatas en un lustre brillante de la misma forma que cubren los espaguetis en una carbonara bien hecha.

Los días en que más echo de menos mi país de origen, preparo una tortilla. El proceso de elaboración me transporta hasta la cocina de mi madre: cortar las patatas en rodajas finas, cocinarlas en aceite de oliva hasta que estén blandas en el centro y crujientes por los bordes, mezclarlas con los huevos en una sartén caliente y ver luego cómo se forma el caparazón dorado alrededor del interior todavía jugoso. Puede que la tortilla sea la más española de todas las comidas, pero su belleza es universal.

PARA 4 PERSONAS

TORTILLA CON CHIPS TERRA®

Se necesita tiempo y paciencia para elaborar la tortilla de patatas española clásica: tienes que cocinar las patatas lentamente en aceite de oliva y luego escurrirlas y dejar que se enfríen antes de mezclarlas con los huevos batidos. Ferran Adrià, el inventor de tantas complejas obras maestras, dio con una idea muy simple: usar chips de patata en lugar de patatas frescas. Las increíbles chips españolas de patata se fríen en aceite de oliva y, una vez se empapan con el huevo, se rehidratan y funcionan como las patatas frescas. ¡Brillante! Yo he ido un paso más allá, sustituyendo las patatas fritas estándar de bolsa por las de la marca Terra®. Con esta mezcla colorida de tubérculos en formato chip se consigue una tortilla preciosa en diez minutos. Cualquier variedad de Terra® funcionará bien, pero a mí me gustan especialmente la Original y la Heritage Blend, desarrolladas en colaboración con Seed Savers Exchange.

●EL TOQUE●
PROFESIONAL

LA CONTROVERSIA DE LA TORTILLA. En España todo el mundo discute sobre si la tortilla tradicional lleva o no cebolla. Algunos *puristas* me matarían, pero yo creo que su dulzura natural mejora la tortilla. Si quieres comprobarlo en primera persona, corta a dados una cebolla mediana y cocínala a fuego medio-bajo en abundante aceite de oliva unos 30 minutos, hasta que esté muy blanda y caramelizada. Añade la cebolla a la mezcla de huevo y patata justo antes de cocinar la tortilla.

7 huevos grandes.
Sal.
1 bolsa de 141 g de chips Terra®.
2 cucharadas de aceite de oliva virgen extra, o el que necesites.
Sal Maldon.

Casca los huevos en un plato hondo y bátelos hasta que se amalgamen. Sazona ligeramente con sal. Incorpora lentamente las chips, reservando unos 35 gramos, removiendo hasta que estén bien cubiertas. Deja reposar 5 minutos para que se rehidraten con los huevos.

Calienta el aceite en una sartén antiadherente pequeña a fuego medio. Añade la mezcla de huevo y patata y sacude la sartén con un movimiento circular durante 10 segundos, para que la mezcla se mantenga suelta cuando los huevos empiecen a cuajarse. Después reduce la intensidad del fuego y cocina 1 minuto más, o hasta que el huevo del fondo esté hecho pero la tortilla todavía esté suelta por arriba. (De este modo obtendrás una tortilla suelta; si la prefieres más firme, cocínala 30 segundos o 1 minuto más antes de darle la vuelta).

Coloca un plato encima de la sartén, dale la vuelta y deja caer la tortilla en el plato. Si la sartén está seca, añade un poco más de aceite de oliva. Desliza de nuevo la tortilla en la sartén, con la parte sin cocer debajo, y cocínala otro minuto, o hasta que la parte de abajo esté lista.

Pon la tortilla en un plato de servir y acompáñala con sal Maldon y las chips reservadas.

TORTILLA

La magia de la tortilla no termina en las patatas. Los huevos son el alimento más amistoso de la historia de la humanidad. Quedan bien con todo; se adaptan a cualquier ingrediente que les añadas. En El Quim de la Boqueria, uno de los geniales bares de tapas en el mercado de la Boquería de Barcelona, sirven seis o siete tortillas distintas cada día, una selección que va rotando según el producto del mercado que mejor pinta tenga. Es un claro ejemplo de lo que la mayoría de los cocineros españoles sabemos por instinto: se puede preparar una preciosa tortilla de cualquier cosa que crezca.

150 g de champiñones al ajillo (página 239).

2 tomates grandes, despepitados y picados, salteados lentamente en aceite de oliva hasta que estén tiernos y concentrados.

170 g de habitas o puntas de espárrago, salteadas con ajo.

225 g de espinacas baby, salteadas con ajo y exprimiendo después el exceso de líquido.

Bate 6 huevos en un plato hondo y mézclalos con las verduras que prefieras.

Calienta 2 cucharadas de aceite de oliva virgen en una sartén antiadherente pequeña a fuego medio. Añade la mezcla de huevo y agita la sartén con movimientos circulares para mantener la mezcla suelta cuando los huevos empiecen a cuajarse. Luego reduce la temperatura y cocina 1 minuto más, hasta que el huevo del fondo esté listo, pero la parte superior todavía esté suelta.

Dale la vuelta a la tortilla: coloca un plato encima de la sartén e inviértela para dejar caer la tortilla en un plato. Pon la tortilla de nuevo en la sartén, deslizándola, con la parte cruda hacia abajo. Continúa cocinándola otros 60 segundos, hasta que el fondo esté cocido. Si te gustan los huevos más hechos, puedes cocinarla otro minuto más. Pon la tortilla en una tabla de cortar y córtala en cuñas.

CONSEJOS

01 Las verduras crudas no funcionan tan bien en las tortillas como las cocidas. Saltéalas en rodajas o picadas en aceite de oliva hasta que estén muy tiernas.

02 Las plantas aromáticas como el ajo picado o las hierbas frescas encajan bien con la tortilla. Y, como he dicho antes, casi cualquier tortilla puede mejorar con una cucharada grande de cebolla caramelizada.

03 Las tortillas pueden cocinarse como si fueran filetes, más o menos hechas, según la prefieras. A mí me gusta en su punto tirando a poco hecha, con el huevo lo bastante suelto para ser prácticamente su propia salsa.

PARA 4 PERSONAS

BONIATO CON HELADO CREMOSO

En España sabes que se acerca el invierno cuando ves a los vendedores de boniatos por la calle. Asan boniatos y castañas sobre fogatas en barriles de metal especiales en la acera, y el aroma ahumado del azúcar caramelizado siempre me transporta a un lugar especial: un bosque donde las hojas están cambiando de color y todo se está preparando para los largos meses de invierno. Quería tender un puente entre este momento especial en España y los postres norteamericanos, de modo que convertimos el boniato asado en un postre con helado, acompañado de arroz inflado y miel para aportarle textura y un extra de dulzura. No sé si esta locura hecha helado te transportará al mismo bosque mágico, pero espero que te conduzca a un lugar muy especial.

4 boniatos medianos.
Aceite de oliva virgen extra.

PARA ACOMPAÑAR

4 bolas de helado de vainilla.
Miel.
Arroz inflado.
Canela molida.
Sal Maldon.

Precalienta el horno a 230 ℃.

Unta los boniatos por todas partes con aceite de oliva. Envuélvelos con papel de aluminio y ponlos en una bandeja de horno. Asa los boniatos durante 30-45 minutos, hasta que estén lo suficientemente tiernos para que se pueda insertar fácilmente hasta el centro un cuchillo o un palillo. Retira del horno, desenvuélvelos con cuidado y deja que se enfríen ligeramente; deben estar todavía algo calientes cuando los sirvas.

Haz una hendidura en la parte superior de cada boniato y apriétalos, de modo que parte de la carne salga por la hendidura. Colócalos en platos y corona cada uno con una bola de helado de vainilla y una cucharada o dos de miel. Termina con el arroz inflado y espolvorea una pequeña pizca de canela y de sal Maldon.

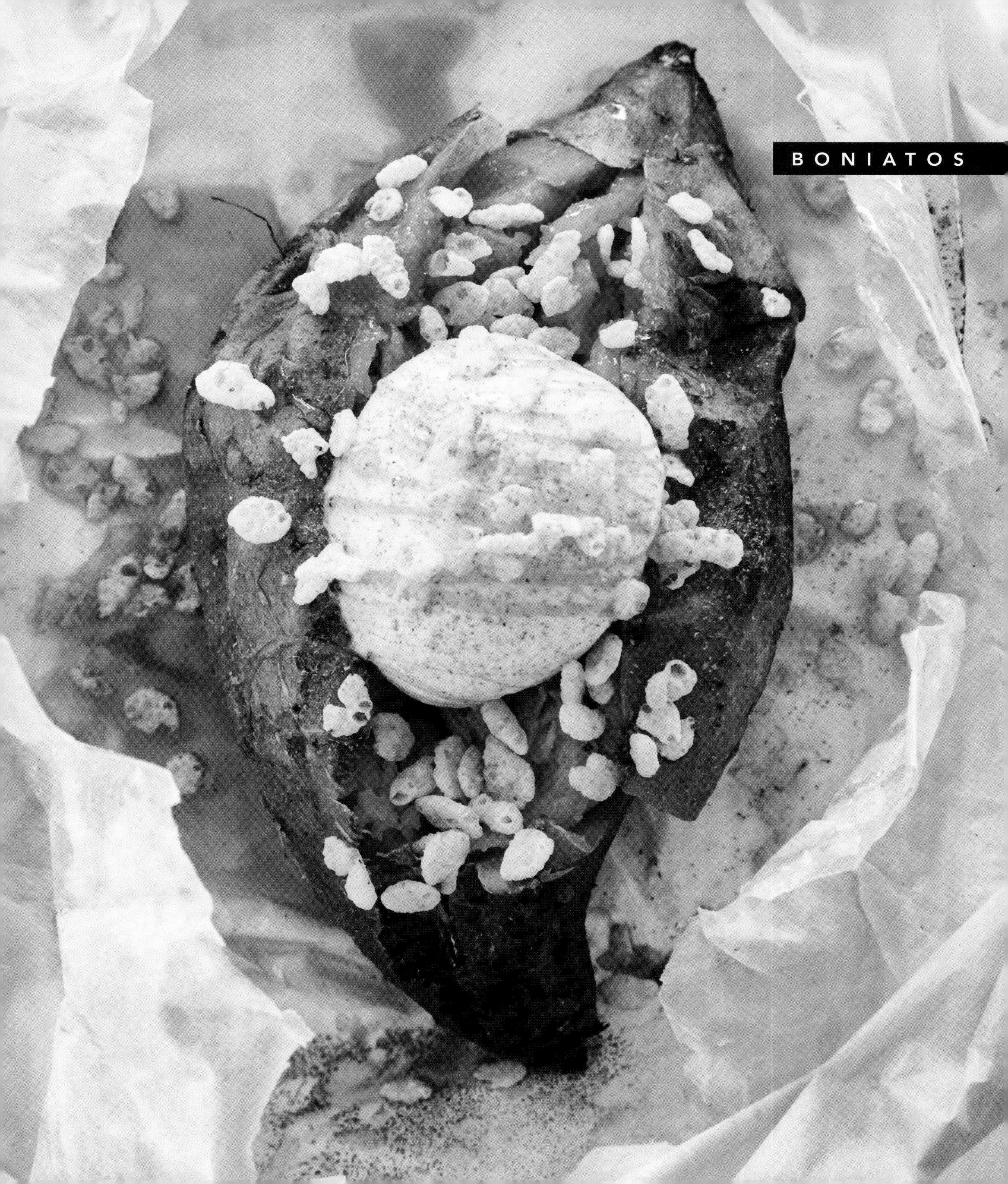

QUICHE DE CALABAZA KABOCHA

Sabía que quería incluir en el libro una receta en la que sirviéramos algo dentro de una calabaza. Lo intentamos con sopa, arroz, incluso con pasta, y todas las ideas eran buenas, pero luego pensé: ¿Por qué no horneamos una quiche dentro de una calabaza? Una vez la abres y le retiras las semillas, tienes la misma corteza de la Madre Naturaleza suplicando que la rellenes con algo maravilloso. Además, su carne asada, tan tierna y dulce, casa muy bien con la exquisita tarta con base de huevo.

1 calabaza kabocha (de alrededor de 1,360 kg).

3 cucharadas de aceite de oliva virgen extra.

1 berenjena pequeña cortada a dados de 6-7 mm.

1 pimiento rojo descorazonado, despepitado y cortado a dados de 6-7 mm.

1 calabacín pequeño cortado a dados de 6-7 mm.

1 cebolla cortada a dados de 6-7 mm.

1 diente de ajo picado.

Sal y pimienta negra recién molida.

3 huevos grandes.

230 g de nata espesa o 240 ml de leche entera.

100 g de queso gruyer rallado (o parmesano o manchego).

½ cucharadita de tomillo picado o salvia o 1 cucharada de perejil picado.

PARA SERVIR

Unos puñados de rúcula, berros u otras verduras de hoja baby.

1 cucharada de vinagre de Jerez.

2 cucharadas de aceite de oliva virgen extra.

Coloca una rejilla en el centro del horno y precaliéntalo a 180 °C.

Corta la calabaza por la mitad por su ecuador y retira las semillas. Corta con cuidado un trozo muy pequeño de la parte inferior redonda de cada mitad de calabaza, de modo que pueda mantenerse de pie sin tambalearse. Dispón las mitades de calabaza en una bandeja de horno y unta la carne con 1 cucharada de aceite de oliva.

Hornea hasta que la calabaza esté lo suficientemente tierna para atravesarla con un cuchillo, pero no demasiado blanda, alrededor de 40-45 minutos. Retira del horno y deja que se enfríe. Mantén el horno encendido.

Mientras tanto, calienta las 2 cucharadas de aceite de oliva restantes en una sartén mediana a fuego medio-alto. Añade la berenjena, el pimiento rojo, el calabacín, la cebolla y el ajo y saltea unos 6 minutos, hasta que estén tiernos y ligeramente dorados. Sazona con sal y pimienta y colócalos en un plato para que se enfríen.

Bate los huevos en un bol mediano para que se desintegren y luego bátelos en la nata espesa. Incorpora las verduras enfriadas, el gruyer y las hierbas aromáticas. Sazona con 1/2 cucharadita de sal y pimienta.

Cuando la calabaza se haya enfriado lo suficiente, rellénala con las natillas de verduras. Hornea entre 45 y 60 minutos, hasta que el relleno esté casi listo; si ves que se mueve un poco, no hay problema. Si la carne de la calabaza empieza a ponerse demasiado oscura en el horno, cúbrela ligeramente con papel de aluminio. Deja que la calabaza se enfríe al menos 5 minutos. Puedes servirla caliente, a temperatura ambiente o fría (y puede recalentarse en el microondas).

Adereza ligeramente las hojas verdes con vinagre y aceite de oliva. Sirve la calabaza rellena con las hojas verdes.

PARA 4 PERSONAS

CURRI VERDE CON CALABAZA KABOCHA Y ESPINACAS

Falls Church (Virginia), justo a las afueras de D. C., tiene una población vietnamita muy importante y un increíble ecosistema de mercados y restaurantes que muy bien podrían estar en Saigón... si Saigón tuviese centros comerciales. Los días lluviosos me encanta ir y pasar horas deambulando por los pasillos, llenando mi carro de verduras, féculas y condimentos de los que a veces sé muy poco. No soy un experto en curri, aunque no hay por qué serlo cuando tienes un buen mercado asiático cerca. Cualquiera de esta extraordinaria variedad de raíces, hojas, hierbas y tubérculos funciona bien en este curri (¡ponte a prueba! Incluso puedes añadir un poco de pollo, gambas o tofu firme), pero la calabaza es la estrella: su dulzura contrasta maravillosamente con la especiada combinación de coco y chile de este curri.

1 calabaza kabocha (de unos 900 g).

1 cucharada de aceite de canola.

1 cucharadita de jengibre picado.

2 cucharaditas de ajo picado.

1 cebolla pequeña cortada en rodajas finas.

60 g de pasta de curri verde tailandés.

240 ml de agua de coco.

240 ml de caldo de verduras, casero (página 33) o comprado.

1 lata de 400 g de leche de coco.

Sal.

1 bolsa de 140 g de espinacas baby.

El zumo de 1 lima.

PARA TERMINAR

50 g de cacahuetes tostados picados o semillas de calabaza tostadas.

15 g de hojas de cilantro.

4 cuñas de lima.

Arroz jazmín al vapor (véase la página 246).

Corta la calabaza por la mitad longitudinalmente y retira las semillas. Pela la calabaza y córtala en trozos de 2,5 centímetros.

Calienta el aceite en una cazuela mediana a fuego medio. Añade el jengibre y el ajo y cocínalos de 15 a 20 segundos, hasta que desprendan aroma. Agrega la cebolla y la pasta de curri y cocina, removiendo frecuentemente, hasta que la cebolla esté tierna. Incorpora el agua de coco, lleva a ebullición y cocina unos 7 minutos, hasta que se reduzca a la mitad.

Añade el caldo vegetal, la leche de coco, la calabaza y 1 cucharadita de sal, lleva a ebullición y cocina hasta que la calabaza esté tierna, alrededor de 15 minutos. Agrega las espinacas y el zumo de lima y cocina hasta que las espinacas se sofrían. Sazona de nuevo con sal.

Reparte el curri en cuatro platos y decora con los cacahuetes y el cilantro. Sirve con cuñas de lima y arroz jazmín.

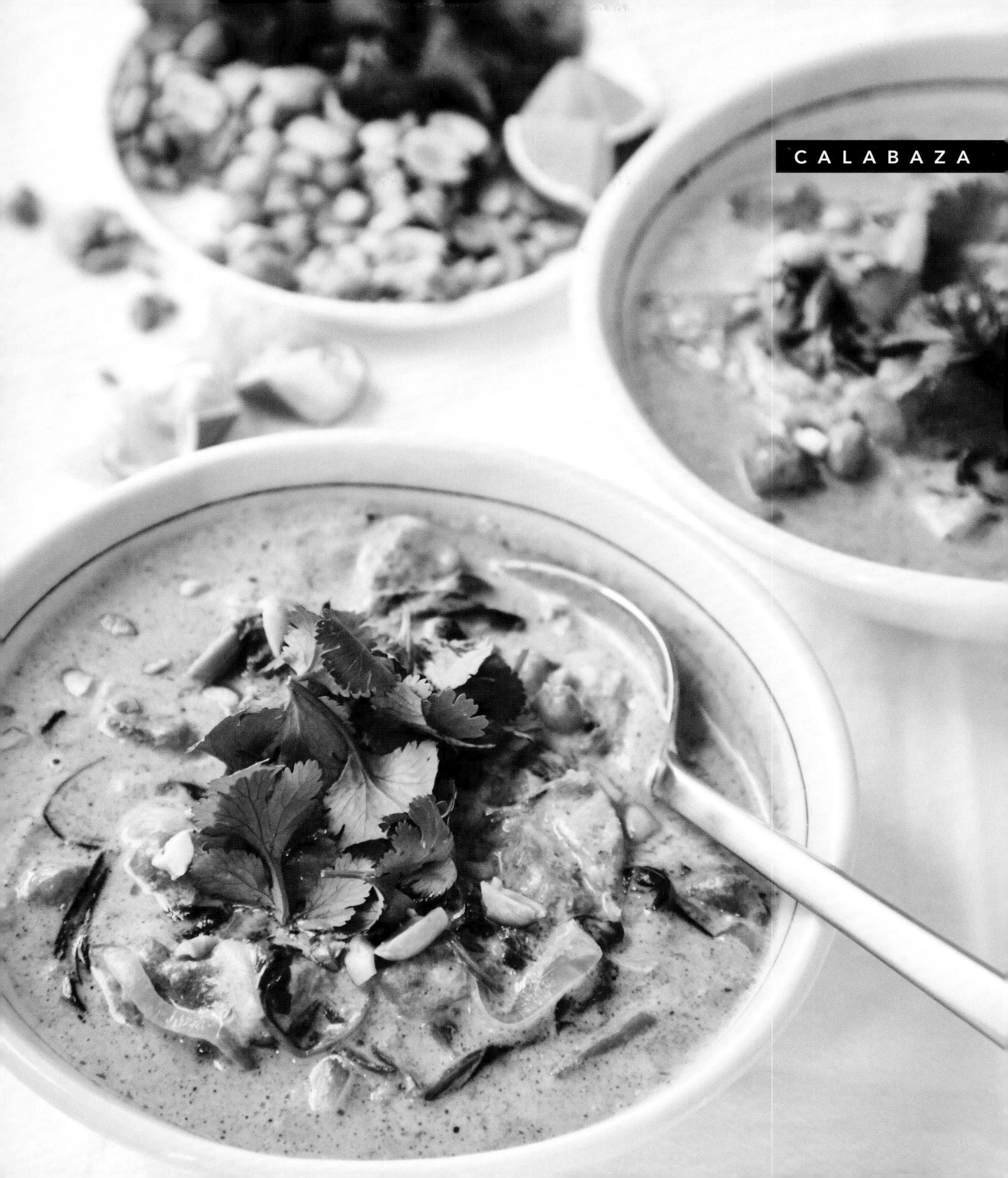

GOFRES DE CABELLO DE ÁNGEL

Cuando era un joven cocinero y vivía en Nueva York, trabajé en un restaurante llamado Eldorado Petit, la rama americana de un famoso restaurante español. Allí conocí a muchos jóvenes chefs españoles con un talento increíble; entre ellos había uno que preparaba esta conserva tradicional, el cabello de ángel. Se trata de una técnica muy sencilla, pero cuando terminas, los hilos de calabaza realmente parecen cabellos dorados. Él lo disponía en capas dentro de una masa de hojaldre, con piñones, para preparar el postre tradicional catalán llamado bisbalenc. *El hojaldre era tan ligero que me hacía pensar en volar... como los ángeles. Esta versión, hecha en la gofrera para conseguir una textura crujiente, me trae buenos recuerdos de mis primeros años en Nueva York y de lo especial que es el mundo de la gastronomía: puedes aprender sobre la cocina de cualquier parte del mundo sin importar dónde estés.*

1 paquete de 400 g de masa de hojaldre congelada, descongelada pero todavía fría.

Unos 120 g de cabello de ángel (receta a continuación).

Azúcar glas para espolvorear.

Precalienta la gofrera.

Mientras tanto, despliega la masa de hojaldre y córtala en cuartos. Por separado, estira con un rodillo cada cuarto en una superficie enharinada hasta obtener un grosor de 1,5 a 3 milímetros, y luego extiende 2 o 3 cucharadas del cabello de ángel sobre una mitad de la masa, dejando un borde de 6 milímetros en los tres lados. Humedece el borde con un poco de agua, dóblalo sobre la otra mitad de la masa y presiona los bordes de la masa con las púas de un tenedor para que se sellen.

Coloca 1 o 2 pastelitos rellenos (dependiendo del tamaño de tu máquina) en la gofrera precalentada, ciérrala y cocina hasta que los gofres estén bien dorados y crujientes, unos 7-8 minutos (el tiempo puede variar, dependiendo de tu gofrera). Disponlos en un plato y repite la operación con los gofres restantes. Deja que se enfríen ligeramente; ¡el cabello de ángel se calentará mucho!

Espolvorea azúcar glas por encima de los gofres y sírvelos calientes o tibios.

CALABAZA

PARA UNOS 465 G
CABELLO DE ÁNGEL

1 calabaza espagueti (alrededor de 1,8 kg).
285 g de azúcar.
El zumo de ½ limón.

Corta la calabaza por la mitad
longitudinalmente y retira las semillas
(puedes guardarlas para asarlas con
pimentón y tendrás un buen
tentempié). Coloca la calabaza, con el
lado cortado hacia arriba, en una fuente
apta para microondas y cúbrela con
film transparente. Cocínala en el
microondas a la máxima potencia hasta
que esté tierna, unos 12 minutos. Deja
que se enfríe ligeramente.

Con un tenedor, raspa las hebras largas
de calabaza de las dos mitades y ponlas
en una cazuela mediana. Añade el azúcar
y lleva a ebullición a fuego medio.
Reduce el fuego a intensidad baja y deja
que se cueza a fuego lento, removiendo
de vez en cuando, hasta que la calabaza
esté tierna y traslúcida y todo el líquido
se haya evaporado, alrededor de 1 hora y
15 minutos. La calabaza debería tener un
color dorado. Retírala del fuego y
mézclala con el zumo de limón. Deja que
se enfríe completamente.

Puede conservarse bien en la nevera
hasta dos semanas.

VERDURAS VARIADAS

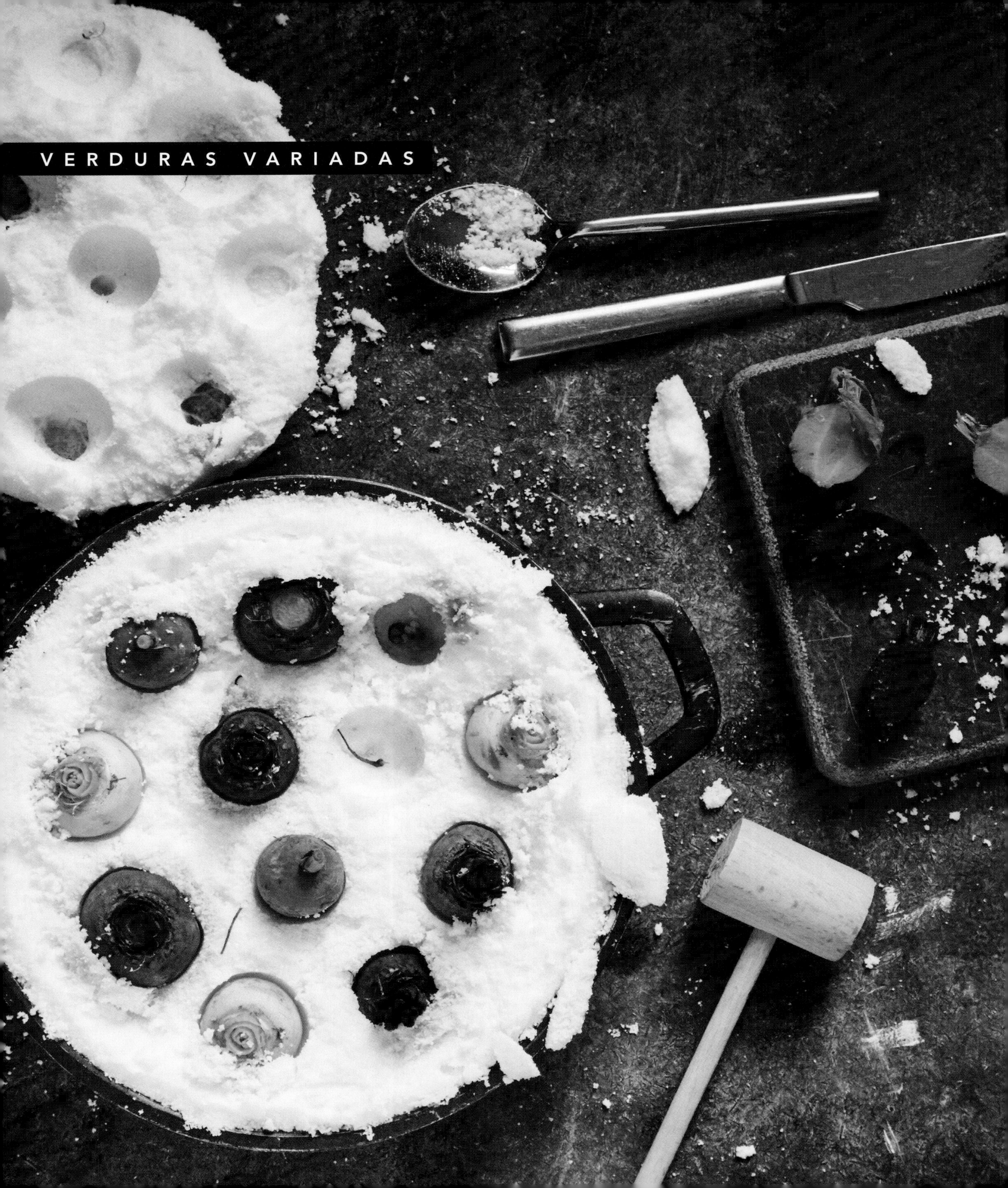

PARA 4 PERSONAS

VERDURAS HORNEADAS A LA SAL

En España, la técnica de cocinar a la sal suele reservarse para los pescados enteros: se cubre el pescado con una corteza de sal que sazona y a la vez retiene la humedad. Hay que viajar hacia el norte, hasta Escandinavia, para encontrar la misma idea aplicada a las verduras, pero tiene sentido en cualquier parte del mundo. Lo bueno de este plato es que puedes usar cualquier combinación de tubérculos, mientras sean más o menos de la misma medida. Me gusta servir este plato con mojo verde hecho con las hojas de remolachas, zanahorias y nabos en lugar de cilantro. Es una preciosa forma de usar las hojas verdes que mucha gente tira.

1 caja de 1,360 kg de sal gorda.

2 rábanos sandía (de unos 115 g cada uno).

1 boniato mediano (de unos 225-285 g), cortado por la mitad.

2 cebolletas, solo los bulbos (de unos 115 g cada una; reserva las hojas para otro uso).

2 remolachas pequeñas (de unos 115 g cada una).

4 zanahorias gruesas (de unos 115 g cada una).

PARA SERVIR

Aceite de oliva virgen extra.

Mojo verde (página 311, opcional).

Coloca una rejilla en el centro del horno y precaliéntalo a 180 °C.

Extiende alrededor de 450 gramos de sal en una capa uniforme en el fondo de una cazuela esmaltada grande o una bandeja de horno con el fondo grueso. Dispón las verduras sobre la sal en una sola capa. Cubre las verduras con la sal restante.

Hornea las verduras, destapadas, durante 1 hora y media. Con un comprobador de tartas (o un palillo para brochetas), comprueba si las verduras pueden perforarse fácilmente. Si no, ásalas un poco más, comprobándolo 15 minutos más tarde, y repite la operación si es necesario.

Retira la cazuela del fuego y ponla en una rejilla. Deja que las verduras se enfríen en la sal.

Retira las verduras de la cazuela y elimina toda la sal. (Deséchala o guárdala para la siguiente receta a la sal). Pela y corta por la mitad los boniatos y las remolachas. Corta por la mitad las cebolletas y los rábanos sandía.

Dispón todas las verduras en un plato de servir. Rocíalas con aceite de oliva y sírvelas con el mojo verde, si lo deseas.

GAZPACHO AL ESTILO DE MORELIA
ENSALADA DE FRUTAS MEXICANA AL ESTILO CALLEJERO

Este no es el gazpacho en el que estás pensando; concretamente, no es la maravillosa versión que prepara mi mujer y que mis tres chicas y yo engullimos como agua helada en el caluroso verano del sur de España. Esta receta se basa en las extraordinarias ensaladas de fruta troceada que se venden en las esquinas por todo Morelia, en el estado mexicano de Michoacán. Este fue uno de mis descubrimientos culinarios favoritos en nuestro recorrido por México, haciendo trabajo de campo para Oyamel. Prácticamente todas las culturas del mundo occidental han visto que la fruta y el queso combinan muy bien. Los vendedores callejeros de Morelia parecen ser los únicos lo suficientemente listos para invitar al chile y a la lima a la fiesta.

ALIÑO

1 cucharadita de cáscara de lima rallada.

1 cucharada de zumo de lima recién exprimido.

2 cucharadas de aceite de canola.

Sal y pimienta blanca recién molida.

ENSALADA

130 g de jícama cortada en cubos de unos 2 cm.

150 g de pepino pelado, despepitado y cortado en trozos.

165 g de mango troceado.

225 g de piña, troceada.

4 rábanos (de cualquier color o variedad), cortados en rodajas finas.

PARA ACOMPAÑAR

2 naranjas peladas y cortadas en gajos.

30 g de queso fresco desmenuzado.

1 cucharadita de chile piquín en polvo o pimienta roja triturada.

PARA EL ALIÑO

Pon la cáscara de lima y el zumo en un bol pequeño. Añade lentamente el aceite, removiendo para que se fusione todo. Sazona con sal y pimienta blanca.

PARA LA ENSALADA

Pon la jícama, el pepino, el mango, la piña y los rábanos en un bol y mezcla con el aliño.

Reparte la ensalada en cuatro boles. Acompáñala con los gajos de naranja, el queso y el chile.

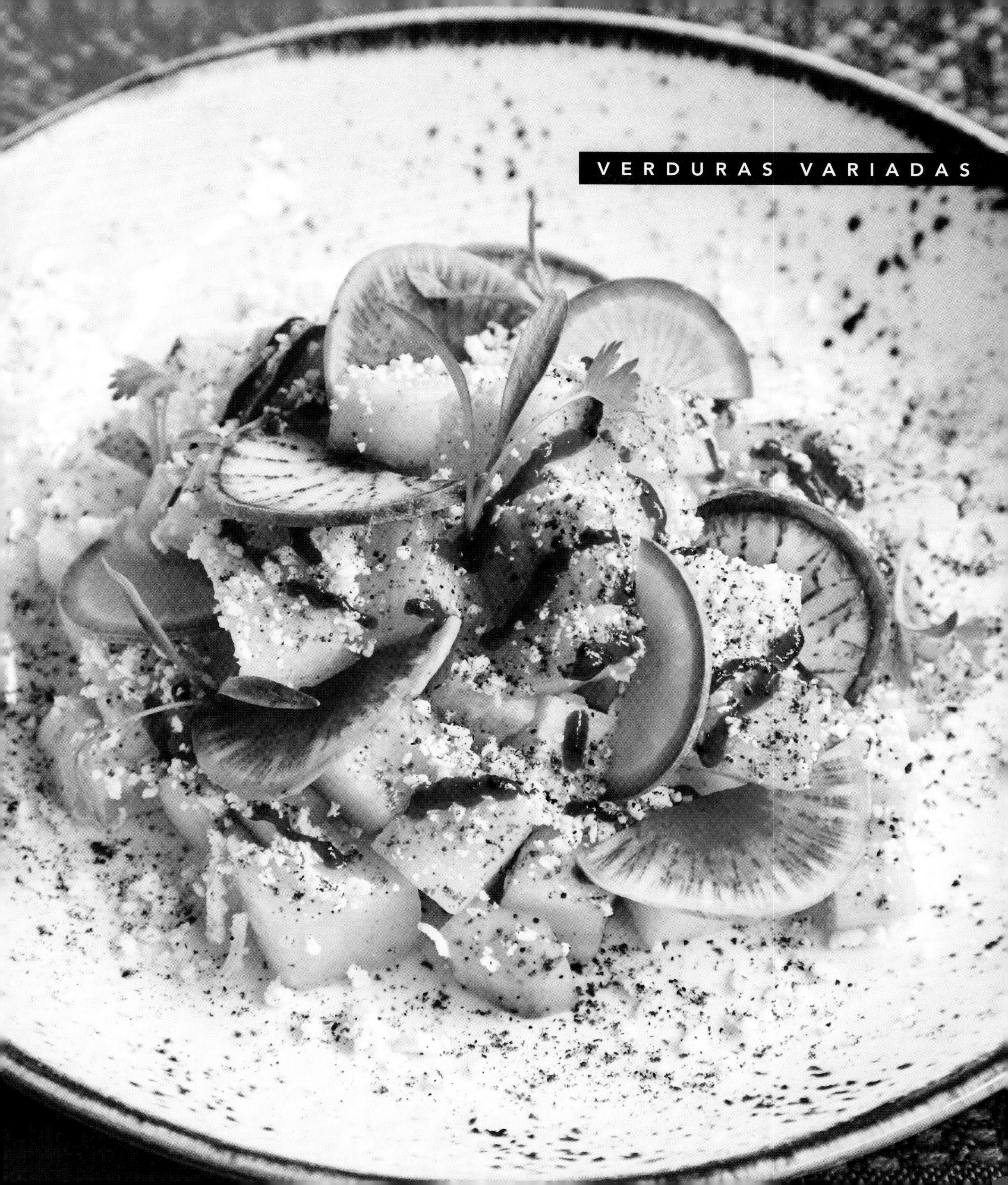
VERDURAS VARIADAS

VERDURAS VARIADAS

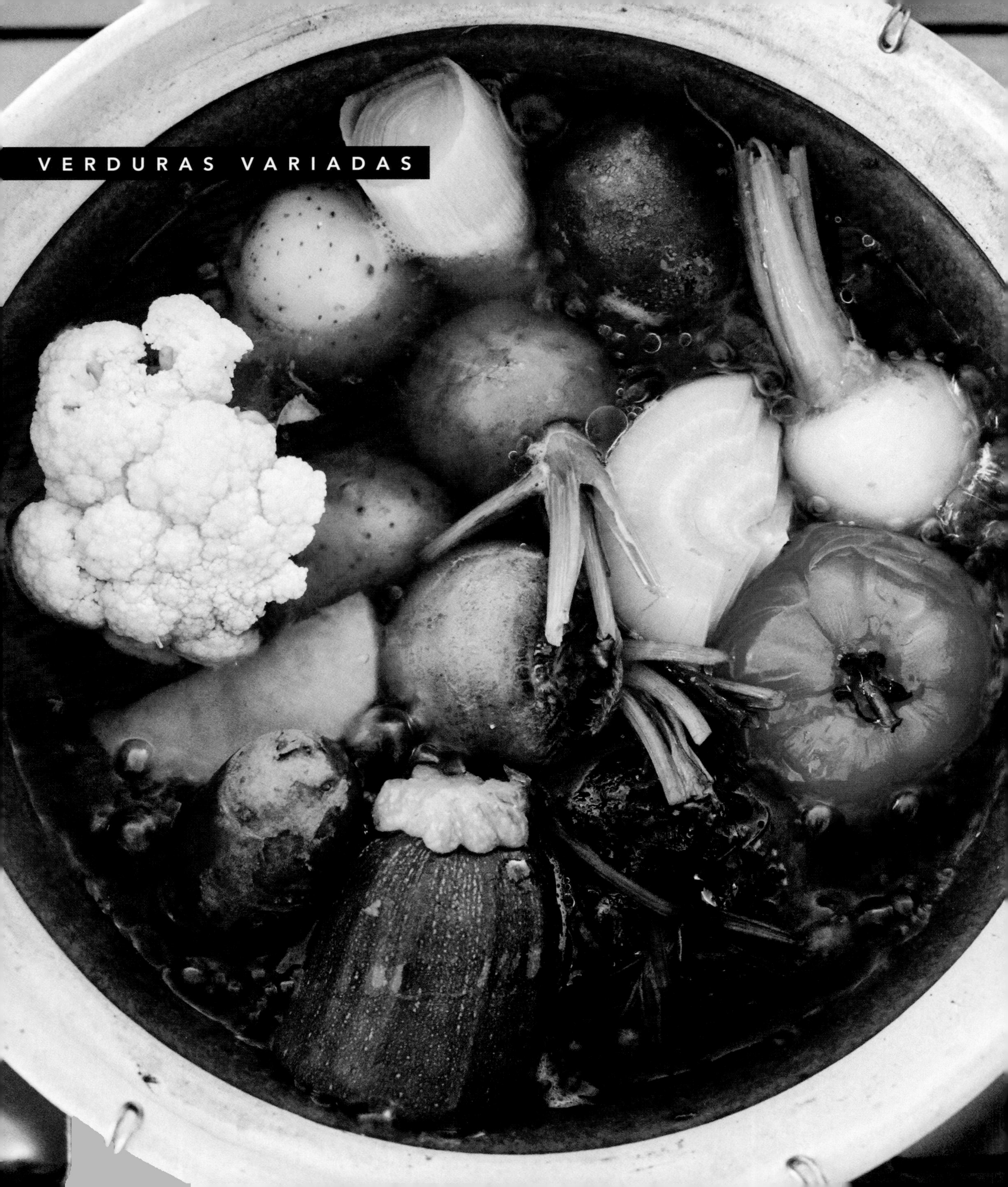

COCIDO JAPONÉS

Hay pocos platos que me conmuevan tanto como el cocido. Este guiso de verduras, carne y legumbres cambia según viajas por las distintas regiones de España. Pocas veces repito la misma receta de cocido, pero esta versión es increíble, aunque poco convencional. Sustituyo las altas dosis de cerdo usadas en la mayoría de los cocidos por una cantidad extra de verduras y una cucharada grande de miso, que añade profundidad al sabor del caldo. El cocido se sirve tradicionalmente en tres rondas: primero el caldo, luego los garbanzos y, finalmente, la carne y las verduras cocidas. Es una forma realmente entrañable de comer, que procuro imitar en esta receta sirviendo las verduras acompañadas de un cuenco de arroz al ajo y una taza de caldo concentrado. Añade nori a la mezcla y prepara tus propios tacos de inspiración hispano-japonesa. Y ahora dime que el mundo no es un lugar maravilloso.

400 g de garbanzos secos.

½ cucharadita de bicarbonato.

1,9 l de caldo de pollo.

2 cucharadas de miso blanco.

Sal.

1 cebolla amarilla partida por la mitad.

2 boniatos japoneses.

2 remolachas pequeñas.

2 nabos pequeños.

2 tomates.

1 calabacín cortado por la mitad.

2 zanahorias peladas.

1 florete de coliflor grande.

GUARNICIÓN

Aceite de oliva virgen extra.

Arroz al ajo realmente bueno (página 343).

Furikake.

Láminas de alga nori.

La noche antes de cocinar el cocido, remoja los garbanzos en 1,9 litros de agua y el bicarbonato. Escurre y enjuaga los garbanzos al día siguiente. Pon tres cuartos del agua y el caldo en una olla grande junto con el miso blanco. Lleva a ebullición y añade los garbanzos y 2 cucharadas de sal. Hierve durante 5 minutos y luego reduce el fuego a intensidad baja y tapa la olla. Cocina durante 1 hora. Agrega la cebolla, los boniatos, las remolachas y los nabos y cocínalos 10 minutos; luego incorpora los tomates, el calabacín, las zanahorias y la coliflor y cocínalos otros 20 minutos.

Para servir el cocido a la manera de José, retira los boniatos, las remolachas, los nabos, los tomates, el calabacín, las zanahorias y la coliflor de la olla y córtalos con cuidado en trozos grandes. Ponlos en una fuente de servir grande y honda. Con una espumadera, retira los garbanzos y añádelos a la fuente. Vierte el caldo restante en un bol de servir. Riega las verduras con un buen chorro de aceite de oliva y luego sírvelas con los garbanzos y el caldo acompañados de arroz, furikake y láminas de alga nori.

Improvisando | *He preparado cientos de cocidos distintos a lo largo de los años y nunca me canso de experimentar. Podrías darle aún más sustancia a esta receta añadiendo 450 gramos de panceta junto con el miso, o hacerla más tradicional prescindiendo del miso y añadiendo pollo y chorizo.*

CEVICHE DE VERDURAS

En China Chilcano, nuestra oda a las raíces chinas y japonesas de la cocina peruana, tenemos una barra de ceviche donde al pescado crudo se le da una marinada rápida y contundente. Sin embargo, algunas verduras pueden servir de materia prima para un ceviche aún más interesante. La leche de tigre es la columna vertebral del ceviche, elaborada tradicionalmente con zumo de lima y hierbas aromáticas. Nosotros añadimos boniato hervido para darle cuerpo y sustituimos el pescado por champiñones cortados en rodajas y más boniato. Sé que parece una chaladura, pero cuando lo pruebes le encontrarás todo el sentido.

---

2 boniatos medianos (de 250-280 g cada uno), pelados.
Sal.

ADEREZO DE LECHE DE TIGRE

1 boniato cocido (de los de arriba).
300 ml del líquido de cocer los boniatos (de arriba).
120 ml de zumo de lima (de unas 4 limas).
8 ramitas de cilantro picado.
1 cucharada y ½ de cebolla picada.
1 cucharada de apio picado.
Sal.

CEVICHE

1 boniato cocido (de los de arriba).
12 champiñones, sin los tallos, partidos por la mitad longitudinalmente y cortados en rodajas de 6-7 mm de grosor.
90 g de granos de maíz cocidos.
3 cucharadas de apio cortado muy fino.
¼ de cebolla roja cortada en rodajas muy finas.
3 cucharadas de cilantro picado.
½ cucharadita de chile habanero picado (opcional).

GUARNICIÓN

Quicos triturados.
Cilantro.

COCCIÓN DE LOS BONIATOS

Pon los boniatos en una cazuela mediana, añade agua hasta cubrirlos, junto con una pizca generosa de sal, y lleva a ebullición. Reduce ligeramente la intensidad del fuego y cuece los boniatos unos 40 minutos, hasta que estén tiernos al pincharlos, con cuidado para que no se cuezan de más. Escurre, reservando el líquido de la cocción.

PARA EL ADEREZO DE LECHE DE TIGRE

Corta el boniato en trozos y ponlo en un robot de cocina. Añade el líquido de la cocción reservado y el zumo de lima y tritura hasta que quede una masa muy lisa. Agrega el cilantro, la cebolla roja y el apio y pulsa varias veces para batir. Retira del robot de cocina, deja reposar unos minutos para que los sabores se fusionen y luego sazona con sal; el aderezo debería ser ácido, dulce y salado.

PARA EL CEVICHE

Corta el boniato en cubos de 1,3 centímetros y ponlos en un bol grande. Incorpora los champiñones, los granos de maíz, el apio, la cebolla roja, el cilantro y el chile habanero, si lo usas. Añade el aderezo suficiente para cubrir generosamente las verduras y remueve con cuidado.

Reparte el ceviche en platos pequeños y decora con quicos y cilantro. Sirve inmediatamente.

Improvisando | *No tengas miedo y añade otras verduras (coliflor, brócoli, judías verdes…) a la mezcla final.*

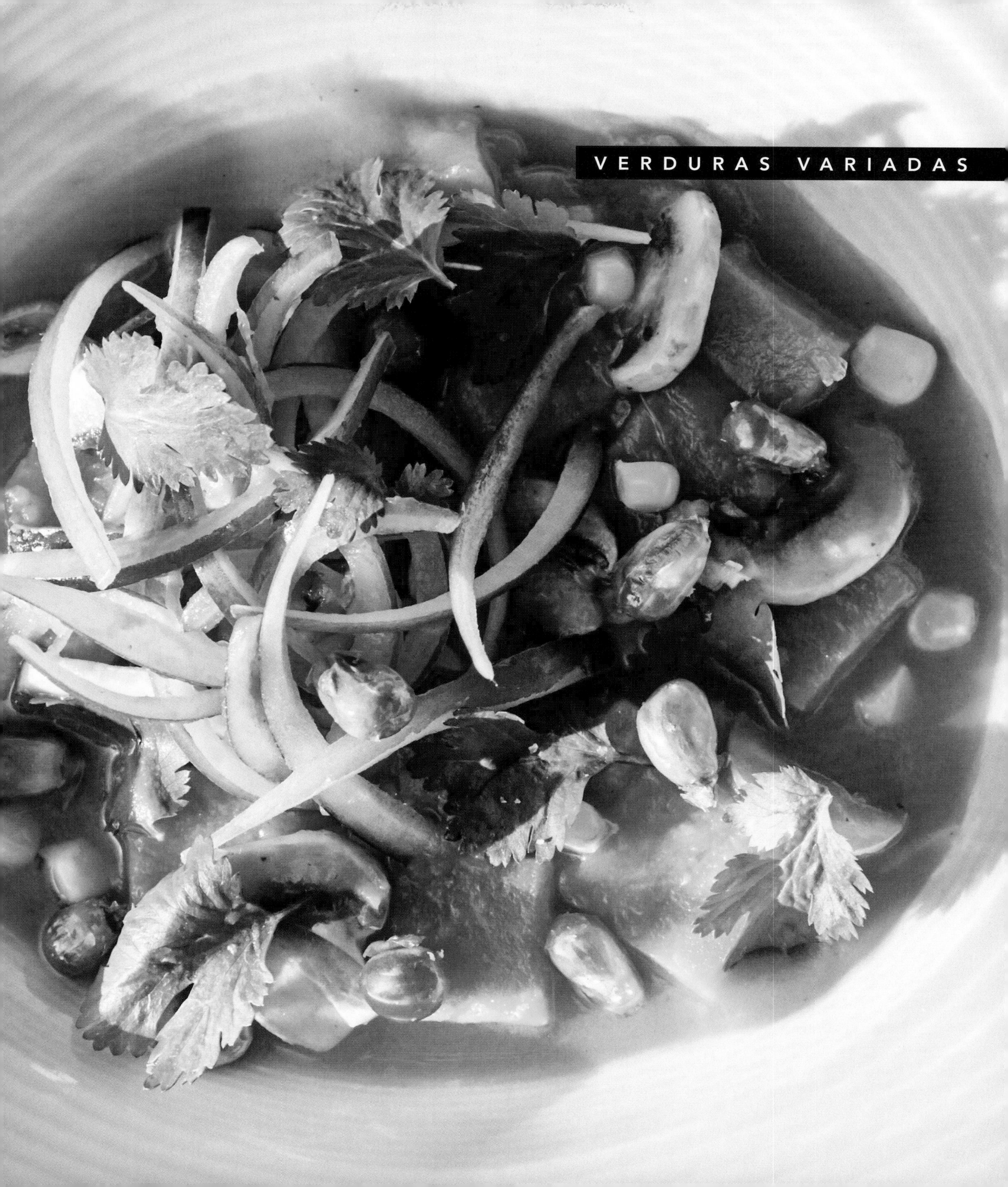

VERDURAS VARIADAS

PARA 1 BEBIDA

CAFÉ Y CHAMPÁN, ¿POR QUÉ NO?

Imagina que estás disfrutando de un brunch *un domingo por la mañana; tienes una taza de café, tienes champán y todo es maravilloso. Pero ¿por qué perder el tiempo? ¿Por qué no combinar ambas cosas? Aunque suene a locura, algo mágico sucede cuando juntas la descarga del café amargo con las burbujas y la efervescencia del champán. Yo empiezo con café infusionado en frío. No soy un esnob del café, me lo tomo como me lo sirvan, pero me encanta el sabor intenso del café infusionado en frío. La diferencia de sabor entre este y el café de filtro te permite apreciar cómo a partir del mismo ingrediente se pueden conseguir resultados tan distintos. Yo agito el café con limón y hielo, le añado una pizca de brandi y luego un buen chorro de champán; dos de mis bebidas favoritas de domingo por la mañana juntas en un todo revelador. (Si eres como yo, lo servirás a un montón de gente, esta receta se puede ampliar fácilmente).*

CAFÉ INFUSIONADO EN FRÍO

340 g de café molido, de grano medio.
950 ml de agua fría.

3 ramitas de hierbaluisa.
15 ml de zumo de limón recién exprimido.
30 ml de brandi.
15 ml de néctar de agave.
45 ml de cava, champán u otro vino espumoso seco.

Pon el café y el agua en un recipiente hermético y refrigéralo durante 24 horas.

Forra un colador con un filtro de café. Cuela la infusión en otro recipiente y refrigérala. Se puede conservar en el frigorífico por lo menos tres días.

Pon 2 de las ramitas de hierbaluisa en el fondo de una coctelera y mézclalas con el zumo de limón. Añade 30 mililitros del café infusionado en frío, el brandi y el néctar de agave y agita breve pero enérgicamente con hielo.

Cuela la mezcla en un vaso Collins lleno de hielo. Añade el cava. Como guarnición, tritura ligeramente la ramita de hierbaluisa que quedaba entre las puntas de tus dedos para liberar su aroma y espolvoréala por encima de la bebida.

SIN RODEOS

No estoy seguro del motivo por el que podría considerarse esta una receta de fruta o verdura. José argumentaría que por las uvas del champán, las *cerezas* del café en la infusión en frío, o quizá por el zumo de limón. Tampoco puedo decirte si es la novedad de la combinación o el entusiasmo con que José apretó el trozo de papel con la receta contra la palma de mi mano, pero yo creo que es una genialidad. – MG

CAPÍTULO OCHO

GUARNICIONES, SALSAS Y ALIÑOS

En España nuestra salsa principal es el aceite de oliva virgen extra; y quizá un poco de zumo de limón. Pero después de treinta años cocinando en Estados Unidos he llegado a amar las salsas y los aliños como un auténtico norteamericano. A continuación te presento algunas de mis favoritas, muchas procedentes de mis restaurantes, donde solemos introducir pequeñas florituras para elevar a otro nivel los platos de verduras. Piensa en ellas como pequeños pasos hacia adelante en nuestro camino para conseguir un mundo vegetal mejor.

PARA UNOS 250 G

ROMESCO

En Cataluña, donde nació el romesco, esta salsa de pimientos asados y almendras trituradas es famosa sobre todo porque en ella se mojan las cebollas a la parrilla llamadas calçots. Pero la verdad es que hay pocas comidas que no puedan mejorar con una cucharada de romesco. Pruébalo con espárragos, carne asada, pescado a la parrilla o, simplemente, pedazos de pan.

1 pimiento rojo.

6 tomates pera maduros.

1 cebolla sin pelar.

1 cabeza de ajo, cortada horizontalmente por la mitad, sin la piel fina exterior.

100 ml de aceite de oliva virgen extra y un poco más para untar las verduras.

3 ñoras o cualquier otro pimiento dulce seco.

35 g de almendras blanqueadas.

1 rebanada de pan blanco, sin corteza.

1 cucharada de vinagre de Jerez.

2 cucharaditas de pimentón dulce.

1 cucharadita y ½ de sal.

Precalienta el horno a 180 °C.

Unta ligeramente el pimiento, los tomates, la cebolla y el ajo con aceite. Ponlos en una bandeja de horno mediana y ásalos durante unos 25 minutos, hasta que las verduras estén tiernas. Retira del horno y deja que se enfríen un poco.

Mientras las verduras están en el horno, pon las ñoras en un bol pequeño, cúbrelas con agua caliente y deja que se empapen.

Calienta 1 cucharada del aceite de oliva en una sartén pequeña a fuego bajo. Añade las almendras y saltéalas hasta que empiecen a dorarse, alrededor de 1 minuto. Retíralas de la sartén con una espumadera, ponlas en un plato y reserva.

Pon el fuego a intensidad media y añade el pan a la sartén. Cocínalo, dándole la vuelta una vez, hasta que esté bien dorado, unos 30 segundos por cada lado. Retíralo del fuego.

Cuando las verduras asadas estén lo suficientemente frías para manipularlas, pélalas, descorazónalas y despepita el pimiento. Pela y descorazona los tomates. Pela la cebolla y el ajo. Escurre las ñoras y retira las pepitas.

Pon las verduras asadas en una batidora o en un robot de cocina e incorpora las almendras, el pan tostado, las ñoras, el vinagre, el pimentón, la sal y las 7 cucharadas de aceite de oliva restantes y bate hasta que se forme una salsa espesa. Pon la salsa romesco en un recipiente hermético y guárdala en la nevera hasta su uso.

2 | PARA 360 G

SALSA DE TOMATILLO Y CHILE DE ÁRBOL

Esta es una salsa multiusos perfecta, ya que posee un buen equilibrio de picante y acidez. Si la prefieres menos picante, reduce la cantidad de chiles.

450 g de tomatillos descascarillados y enjuagados.
2 dientes de ajo.
4 chiles de árbol, sin los tallos.
2 cucharadas de agua.
1 cucharadita de sal.

Precalienta el horno a 200 ℃.

Pon los tomatillos y el ajo en una bandeja de horno pequeña y ásalos unos 25 minutos, hasta que estén completamente tiernos. Retira del horno y deja enfriar.

Mientras tanto, tuesta los chiles en una sartén pequeña seca hasta que cambien de color y se vuelvan de un marrón oxidado; ten cuidado de no quemarlos. Ponlos en un plato y deja que se enfríen.

Pon el ajo asado y un tercio de los tomatillos asados en una batidora o en un robot de cocina, añade los chiles tostados, el agua y la sal y tritura hasta que los chiles se hayan reducido a polvo y los tomatillos y el ajo hayan formado un puré. Incorpora los tomatillos restantes y pulsa unas cuantas veces hasta cortarlos en trozos irregulares; la salsa debe tener algunos tropezones.

3 | PARA UNOS 180 G

SALSA AFELIA

Nadie parece recordar de dónde procede el nombre Afelia, pero esta salsa es vital en la carta de Zaytinya. Acompaña nuestras coles de Bruselas fritas, pero también podría aderezar fácilmente brócoli, coliflor o zanahorias asadas.

2 cucharadas de yogur griego
1 cucharadita de miel.
½ cucharadita de semillas de cilantro, tostadas y trituradas.
120 ml de ladolemono (página siguiente).
Sal.

Bate el yogur, la miel y las semillas de cilantro en un bol pequeño. Incorpora gradualmente el ladolemono y sigue removiendo. Sazona con sal.

4 | PARA UNOS 460 G

ALIOLI VEGANO

El alioli es una emulsión catalana que se hace con aceite de oliva y ajo y se sirve con todo, desde arroz de marisco hasta patatas fritas. No obstante, se necesita mucha paciencia para preparar una emulsión como esta sin huevo, así que yo utilizo el líquido de los garbanzos de bote que suele desecharse (y que es un emulsionante muy potente) para conseguir una salsa estable.

Líquido de un bote de 400 g de garbanzos.
3 dientes de ajo medianos.
1 cucharada de zumo de limón recién exprimido.
Sal.
300 ml de aceite de oliva virgen extra.

Vierte el líquido de los garbanzos en una cazuela pequeña, lleva a ebullición y cuece unos 15 minutos, hasta que quede reducido a 120 mililitros. Retira del fuego y deja que se enfríe completamente.

Pon el líquido de los garbanzos en una batidora, añade el ajo, el zumo de limón y una pizca de sal y bate a baja velocidad hasta que el ajo quede picado muy fino. Con la batidora en marcha a baja velocidad, incorpora gradualmente el aceite de oliva en un hilo muy fino; no te precipites o la salsa no emulsionará correctamente. Una vez se haya incorporado bien todo el aceite, sazona el alioli con sal.

5 · PARA UNOS 360 G

SALSA DE YOGUR Y ALCAPARRAS

280 g de yogur griego.

50 ml de aceite de oliva virgen extra.

30 g de alcaparras escurridas.

Sal y pimienta negra recién molida.

Pon el yogur, el aceite de oliva y las alcaparras en un robot de cocina y tritúralos hasta que quede una masa lisa. Pon la salsa en un bol y sazona con sal y muy generosamente con pimienta. Añade 1 o 2 cucharaditas de agua si la salsa está demasiado espesa. Refrigérala en la nevera hasta su uso.

6 · PARA UNOS 360 G

YOGUR CON AJO ASADO

Uso el yogur griego para todo tipo de salsas y aderezos, pero este es mi favorito: va genial con todo, desde zanahorias asadas hasta brócoli al vapor.

215 g de aceite de canola.

1 cabeza de ajo, separada en dientes y pelada.

70 g de yogur griego.

50 g de labneh.

100 ml de aceite de oliva virgen extra.

120 ml de zumo de limón recién exprimido.

½ cucharadita de sal.

1 pizca de pimienta blanca recién molida.

Precalienta el horno a 120 ℃.

Pon el ajo y el aceite de canola en una bandeja de horno pequeña y asa el ajo hasta que esté tierno, alrededor de 45 minutos.

Escurre el ajo, reservando el aceite para usarlo como salsa para mojar o para otras recetas, y ponlo en un bol mediano. Incorpora el yogur, el labneh, el aceite de oliva, el zumo de limón, la sal y la pimienta y remueve para que se fusionen. Añade un poco de agua para suavizar la salsa si es necesario.

7 · PARA UNOS 240 ML

LADOLEMONO

Me enamoré de este aliño con intenso sabor a limón cuando viajé por Grecia. Ahora lo usamos a litros en Zaytinya.

80 ml de zumo de limón recién exprimido.

1 cucharada de miel.

½ cucharadita de sal, o al gusto.

110 ml de aceite de canola.

3 cucharadas de aceite de oliva virgen extra.

Vierte el zumo de limón y la miel en una batidora o en el vaso de un túrmix. Pon en marcha la batidora a baja velocidad y espolvorea la sal. Luego pon la batidora a velocidad alta y echa poco a poco el aceite de canola y a continuación el aceite de oliva, batiendo hasta que la mezcla emulsione. Prueba y rectifica la sazón si es necesario.

8 | PARA UNOS 500 ML

SALSA DIOSA VERDE

Viértela sobre porciones de lechuga iceberg o corazones de lechuga romana a la parrilla, o úsala para mojar verduras crudas en ella.

1 chalota mediana picada toscamente.

2 dientes de ajo picados toscamente.

2 cucharadas de vinagre de vino blanco.

2 cucharadas de yogur.

2 cucharadas de aceite de oliva virgen extra.

1 cucharada de zumo de limón recién exprimido.

1 aguacate pequeño, pelado y sin hueso.

2 cucharadas de cebollino picado.

2 cucharadas de hojas de perejil.

2 cucharadas de hojas de cilantro.

2 cucharadas de hojas de albahaca.

Sal.

Pon la chalota y el ajo en un bol pequeño, añade el vinagre y deja macerar durante 15 minutos.

Pon la mezcla de chalota en una batidora. Incorpora el yogur, el aceite de oliva y el zumo de limón y bate hasta obtener una masa lisa. Agrega el aguacate y todas las hierbas y tritura a alta velocidad hasta que quede liso; te tomará alrededor de 1 minuto, pero no lo tritures de más porque se recalentará y perderá su bonito color verde. Sazona con sal.

Coloca en un recipiente hermético y refrigera en la nevera hasta su uso.

9 | PARA UNOS 180 ML

ALIÑO DE SÉSAMO DULCE

Cuatro ingredientes pueden acumular mucho sabor cuando son los correctos. Me gusta aliñar la col y las zanahorias cortadas en tiras con este aderezo para preparar una ensalada de col al estilo asiático.

120 ml de vinagre de arroz.

3 cucharadas de azúcar.

1 cucharadita y ½ de aceite de sésamo tostado.

1 cucharadita de sal.

Pon el vinagre, el azúcar, el aceite de sésamo y la sal en un bol pequeño y remueve hasta que el azúcar y la sal se hayan disuelto.

10 | PARA UNOS 240 G

ADEREZO DE MISO

Capas y capas de umami hacen de este aderezo una adicción. Siempre tengo un poco en la nevera para aliñar ensaladas o regar verduras crudas.

1 yema de huevo grande.

1 cucharada de tahini.

1 cucharada de miso blanco.

1 cucharada de salsa de soja.

2 cucharaditas de salsa de pescado.

¾ de cucharadita de aceite de sésamo tostado.

1 pizca de azúcar.

60 ml de zumo de limón

160 ml de aceite de canola.

Pon la yema de huevo, el tahini, el miso, la salsa de soja, la salsa de pescado, el aceite de sésamo, el azúcar y la mitad del zumo de limón en un robot de cocina y bátelo todo. Con el robot en marcha, vierte lentamente el aceite de oliva hasta que emulsione, y luego añade el zumo de limón restante. El aliño debería ser denso, pero si te parece demasiado espeso puedes añadir un poco de agua.

11 PARA 4 PERSONAS
GUACAMOLE CON TOMATILLO

Imagina que dejas una barra de mantequilla en la encimera de la cocina hasta que esté tibia y blanda. Ahora imagina que es verde. Esto es lo que es un buen aguacate: la mantequilla del mundo vegetal, un ángel de la guarda que te hace quedar bien cuando los amigos y la familia están hambrientos. El guacamole, la expresión más pura del aguacate, es una oportunidad para que incluso un mal cocinero se sienta un genio por un día. No soy purista —me gusta la lima y el tomatillo en el mío, después de todo—, pero te diré una cosa: el ajo —igual que los guisantes— sobra en el guacamole.

1 cucharada de cebolla roja picada muy fina.

1 cucharada de chile verde picado muy fino (las semillas son opcionales).

1 cucharada de cilantro picado muy fino.

2 cucharaditas de zumo de lima recién exprimido, o al gusto.

Sal.

2 aguacates Hass medianos.

1 o 2 cucharadas de queso fresco desmenuzado.

1 cucharada de tomatillo picado muy fino.

PARA ACOMPAÑAR

Nachos o tortillas de maíz calientes.

Pon la cebolla roja, el chile verde, el cilantro, el zumo de lima y una buena pizca de sal en un mortero grande y tritura la mezcla con la mano de mortero hasta que se convierta en una pasta irregular.

Parte los aguacates por la mitad, retírales los huesos e incorpora la carne al mortero. Machaca ligeramente la carne y mezcla suavemente el guacamole, pero no lo trabajes demasiado, porque debe tener una cierta textura. Sazona con sal y un poco más de zumo de lima, si es necesario. Pon queso fresco y tomatillo encima del guacamole y sirve.

12 | PARA UNOS 60 ML GENEROSOS

VINAGRETA DE VINO TINTO

Esta es una excelente vinagreta multiusos. Sustituye el vino tinto por vinagre de Jerez para llevar el perfil de sabor más cerca de España.

½ chalota pequeña picada.

1 diente de ajo pequeño picado.

1 cucharada de vinagre de vino tinto.

1 cucharadita de sal.

½ cucharadita de pimienta blanca recién molida.

50 ml de aceite de oliva virgen extra.

Pon la chalota, el ajo, el vinagre, la sal y la pimienta blanca en una batidora y bate para que se amalgamen todos los ingredientes. Con la batidora en marcha, incorpora el aceite de oliva en un chorrito muy fino y constante y bate hasta que emulsione.

13 | PARA UNOS 120 ML ESCASOS

VINAGRETA DE JARA- BE DE GRANADA

Puedes encontrar jarabe de granada en los mercados de Oriente Medio. Su sabor dulce y ácido es una base perfecta para un aliño de ensalada.

1 cucharada y ½ de jarabe de granada.

1 cucharada de vinagre de vino tinto.

1 cucharadita de zumo de limón recién exprimido.

50 ml de aceite de oliva virgen extra.

Sal.

Bate con unas varillas el jarabe de granada, el vinagre y el zumo de limón en un bol pequeño. Añade gradualmente el aceite de oliva, batiendo hasta que emulsione. Sazona con sal.

14 | PARA 4 PERSONAS

HTIPITI SALSA DE PIMIENTO ASADO Y QUESO FETA

Salsa griega para los dioses de la comida.

4 pimientos rojos.

2 cucharadas de aceite de oliva virgen extra, y un poco más para untar los pimientos.

75 g de queso feta desmenuzado.

2 cucharaditas de vinagre de vino tinto.

½ cebolla roja cortada a daditos.

1 diente de ajo picado.

Las hojas de 3 o 4 ramitas de tomillo, y unas cuantas más para decorar.

1 cucharadita de sal.

Precalienta el horno a 190 °C. Pon los pimientos en una bandeja de horno pequeña y úntalos con aceite de oliva. Hornea unos 40 minutos, dándoles la vuelta de vez en cuando, hasta que la piel se chamusque por todas partes. Dispón los pimientos asados en un bol y tápalo con papel film para que no se escape el vapor y favorecer de este modo que las pieles se suelten.

Cuando los pimientos estén lo suficientemente fríos, pélalos y retira los corazones y las pepitas. Córtalos a dados y ponlos en un bol. Añade el queso feta, el aceite de oliva, el vinagre, la cebolla roja, el ajo, el tomillo y la sal y mezcla bien. Vierte la mitad de la mezcla en una batidora y bate hasta que quede una masa lisa.

Extiende la masa hecha puré en el fondo de un bol poco profundo y pon encima la mezcla con trozos. Decora con tomillo y sirve con pan de pita.

15 | PARA UNOS 225 G
CONFIT DE AJO

En todos mis restaurantes tenemos a mano dientes de ajo tiernos, dulces y cocinados a fuego lento, pero también me gusta tener un tarro en la nevera de mi casa para añadirlo al pan tostado o al pollo o para intensificar y condimentar una salsa o un aliño. El aceite de ajo puede usarse para dar sabor a vinagretas o para soasar pescado y carne.

30 dientes de ajo pelados.

200 ml de aceite de oliva virgen extra, o el que necesites.

Retira los extremos de los dientes de ajo. Pon el ajo en una cazuela pequeña y pesada y cúbrelo con el aceite (tal vez necesites añadir algo más de aceite para cubrir totalmente el ajo). Lleva a ebullición a fuego muy bajo y cocina lentamente 1 hora (asegúrate de que el aceite no hierve), hasta que el ajo esté tierno, a punto de tenedor. Retira del fuego y deja que se enfríe completamente.

Pon el ajo y el aceite en un tarro limpio de vidrio con tapa. Puede conservarse en la nevera hasta un mes.

16 | PARA 4 PERSONAS
ARROZ AL AJO REALMENTE BUENO

Este es mi arroz de cabecera, sencillo y delicioso. La mayoría de la gente te dirá que necesitas una arrocera para cocinar un buen arroz (y deberías tener una arrocera), pero puedes preparar un arroz perfecto con solo una cazuela con una tapa que ajuste bien.

1 cucharada de aceite de oliva virgen extra.

2 dientes de ajo picados.

1 hoja de laurel.

Sal.

195 g de arroz de grano corto, como bomba o arborio.

350 ml de agua.

Calienta el aceite de oliva en una cazuela pequeña (con una tapa que ajuste bien) a fuego medio. Añade el ajo, la hoja de laurel y unas cuantas pizcas de sal y cocina hasta que el ajo empiece a dorarse ligeramente, unos 2 o 3 minutos. Agrega el arroz, removiendo para que se unte bien de aceite, y cuécelo, removiendo frecuentemente, durante 1 o 2 minutos. Incorpora el agua y, cuando empiece a burbujear, reduce la intensidad del fuego, tapa la cazuela y cronometra 18 minutos en un temporizador.

Cuando salte la alarma, el arroz estará hecho. Retira la tapa, ahuécalo con un tenedor y sirve.

17 | PARA UNOS 125 ML
SIROPE DE JENGIBRE

120 ml de agua.

115 g de azúcar.

1 trozo de jengibre fresco de 5 cm, pelado y cortado en juliana.

Pon el agua y el azúcar en una cazuela pequeña y caliéntalos a fuego medio, removiendo hasta que el azúcar se disuelva. Pon el sirope en una batidora o en un robot de cocina, añade el jengibre y bate a alta velocidad o pon en marcha el robot de cocina durante 1 minuto.

Cuela el sirope y deja que se enfríe. Puede almacenarse en el frigorífico hasta una semana.

PARA RATONES DE BIBLIOTECA

Algunas de mis fuentes de inspiración vegetal favoritas

CHEZ PANISSE VEGETABLES, DE ALICE WATERS

Alice es una pionera que mostró a América el poder del producto local y de temporada preparado de forma sencilla. Este libro es pura poesía vegetal.

COCINA VERDE, DE RODRIGO DE LA CALLE

Este mago español traspasa los límites del mundo vegetal de formas extraordinarias. Rodrigo dice: *Me hace muy feliz que alguien disfrute tanto de unas acelgas como lo haría de un filete.*

THE VEGETARIAN FLAVOR BIBLE, DE KAREN PAGE

Este libro debería estar en la estantería de cualquier persona, ¡vegetariana o no! Es un recurso excelente que te proporciona los cimientos para crear un gran plato con las verduras como base.

ON VEGETABLES, DE JEREMY FOX

Su uso de las verduras es muy intuitivo; es, sencillamente, un genio. Si el reino vegetal necesita un campeón en la cocina, sin duda debería ser Jeremy.

MIS RESTAURANTES

Una pequeña cata de los muchos restaurantes que inspiraron este libro

JALEO

ZAYTINYA

Jaleo no es solo mi primer restaurante en Estados Unidos, sino también el lugar que mejor refleja la comida sencilla con la que crecí. En **Jaleo** volvemos a los orígenes, a las tradiciones regionales españolas, para encontrar inspiración para nuestros platos de verduras.

Siempre me ha fascinado la manera como los sabores y las tradiciones viajan por todo el Mediterráneo. **Zaytinya** es mi homenaje a los vecinos orientales de España (Grecia, Turquía, Líbano), donde se preparan algunos de los mejores platos con verduras del mundo.

OYAMEL

BEEFSTEAK

Me enamoré de la cocina mexicana después de años viajando por el país con mi mujer y mi familia, y finalmente con mi equipo. **Oyamel** es mi carta de amor a una de las mejores cocinas del mundo.

Beefsteak es nuestra gran apuesta por las verduras, un restaurante informal de comida rápida dedicado al mundo vegetal y a los cereales. Ver a gente haciendo cola para comer un bol de verduras hervidas me hace albergar grandes esperanzas sobre el futuro de nuestra alimentación.

MI EQUIPO

Siempre he dicho que solo soy tan bueno como la gente que me rodea. Ellos son los que me dejan soñar a lo grande. Lavaplatos, ayudantes de cocina, contables...; más de dos mil empleados conforman el equipo de ThinkFoodGroup. Todos contribuyen de algún modo a la comida y la hospitalidad que nos define, pero este equipo de susurradores de plantas que te presento a continuación se ha deslomado para ayudarnos a liberar todo nuestro potencial con las verduras:

CHARISSE DICKENS. Nuestra intrépida lideresa hawaiana ha ayudado a ajustar todas las recetas incluidas en este libro, mientras abría nuevos restaurantes, me ayudaba a alimentar a víctimas de huracanes y, sobre todo, es una de las personas más inteligentes y amables que conozco.

RUBÉN GARCÍA. Mi mano derecha; está en el centro de todo lo que hemos construido en TFG a lo largo de la pasada década.

RICK BILLINGS. Rick lleva nueve años trabajando conmigo y todavía me sorprende cada día con su talento y su extraordinaria energía.

NICOLÁS LÓPEZ. El hombre con el corazón más grande de Madrid es capaz de canalizar mi voz interior española como nadie. Su toque culinario está por todas partes en estas páginas.

BENNETT HAYNES. Nuestro jefe de producción (¡el título más guay de la historia!) trabaja muy duro para conseguir las mejores frutas y verduras, para desarrollar relaciones sólidas con pequeños agricultores por todo Estados Unidos y, cuando tiene un momento libre, para ayudar a mantener decente el huerto de mi casa.

SAM CHAPPLE-SOKOL. Sam es el hombre para todo definitivo, capaz de escribir ahora una frase bonita y de probar la última versión moderna de la tortilla al minuto siguiente. Es el pegamento que mantiene unido este equipo.

Y a **KOJI TERANO, MICHAEL TURNER, MARGO LÓPEZ, JP PARK, KAYLEE HAMMONDS** y el resto de los miembros del equipo que nos han ayudado a hacer realidad todos estos platos: muchas gracias a todos por lo que hacéis.

AGRADECIMIENTOS

DE JOSÉ

A mi equipo de I+D, mi Delta Force (Rubén, Rick, Charisse, Aitor, Ramon, Koji, Margo, Josh, Nicolás, Michael), ¿qué sería yo sin vosotros? Gracias por seguirme en mi batalla a favor de las verduras todos los días. Todos para uno y uno para todos.

Matt, eres mi cómplice, mi hermano. Puede que te saque de quicio cuando te propongo que vayamos de caza a Toledo (España), a buscar zanahorias a Toledo (Ohio), o cuando gastamos miles de dólares en verduras solo para investigar, pero siempre me escuchas de forma inteligente... También quiero dar las gracias a Laura, tu encantadora mujer, que fue muy generosa al dejarte trabajar en este libro conmigo.

A Kimberly, Michael y Gary, que hacen que ThinkFoodGroup crezca y prospere cada día; gracias por vuestra paciencia y apoyo cuando me vuelvo loco experimentando con las verduras.

A Bennett y Sam, mi susurrador de verduras y mi cuidador de libros de cocina... Somos como gotas de agua.

A Daniel y Satchel, que son mi cerebro fuera de mi cerebro.

A Peter Frank Edwards; si puedes hacer que unas patatas enterradas en posos de café y pieles de plátano parezcan apetitosas, tienes un tremendo don.

Al equipo de Matt en Roads & Kingdoms y ANML (Nathan, Laura, Doug, Kaylee), el grupo más molón de escritores, fotógrafos y diseñadores, con varios premios a sus espaldas. Matt tiene mucha suerte de teneros cerca.

A mi valiente agente, Kim; sin su ayuda yo sería mucho peor.

Al equipo de Ecco, Daniel Halpern y Gabriella Doob, por dejarnos explorar la parte más guerrillera de las verduras.

A Farmer Lee Jones, a su familia y al equipo del Chef's Garden y al Culinary Vegetable Institute, por dejarme escarbar en su contenedor de compost como si fuese el Tío Gilito.

A la familia Riberas, por permitirnos trabajar en el libro en un sitio tan increíble, y por ser tan buenos amigos.

A Andy, Jordi, Miguel y JP; me ayudáis a ver el vaso siempre lleno y dais alas a mi creatividad.

A mis chefs del TFG, Rodolfo, Jorge, Robbie, Aaron, Omar, Carlos, Michael, y a todas las personas que trabajan en mis restaurantes, por mantener fuerte nuestra empresa y hacer felices a nuestros clientes.

A la gente de Beefsteak, por enseñar cada día al mundo que las verduras son alucinantes.

A los magos del mundo vegetal, a quienes acudo cuando necesito inspiración: Alice Waters, Nora Pouillon, Ferran y Albert Adrià, Floren Domezain, Michel Bras, Rodrigo de la Calle, Michelle Obama, George Washington Carver y Thomas Jefferson.

A Tony, mi hermano; eres la voz que me guía y siempre viajarás conmigo.

A mis tres hijas, Carlota, Inés y Lucía, que se ensucian las manos conmigo, me enseñan formas nuevas de experimentar en la cocina y me ayudan a entretener a los invitados de última hora. Sois nuestro futuro.

Y, por supuesto, a Tichi, mi gorda, que ha cuidado nuestro huerto conmigo toda la vida, y que sea por muchos años más.

DE MATT

Hace mucho que pienso que José tiene el mejor equipo del mundo de la restauración, y trabajar en este libro no ha hecho más que fortalecer mi fe en este extraordinario grupo de personas. Por ello quiero agradecer enormemente a Charisse Dickens, Rubén García, Rick Billings, Nicolás López, Michael Turner, Koji Terano y a las docenas de otros chefs con talento cuya técnica y pasión se reflejan en estas páginas. También a Michael Doneff, Daniel Serrano y Satchel Kaplan-Allen, por mantener unido a este equipo. Y a Sam Chapple-Sokol, por su elegancia y su habilidad para apagar cualquier fuego imaginable: sin ti no podríamos haber terminado este libro.

Hace falta un fotógrafo muy especial para capturar la energía explosiva de José —dentro y fuera de la cocina— y Peter Frank Edwards es el hombre perfecto para hacerlo. Cada fotografía es un reflejo del inmenso talento y versatilidad que Peter y su compañero, Nick Milak, poseen.

Tina Ujlaki se encargó de la ardua tarea de probar todas las recetas de este libro, y aportó dosis infinitas de energía e inspiración y consejos culinarios.

Al equipo de Ecco, especialmente a Daniel Halpern y Gabriella Doob, por la paciencia y la orientación en este proyecto. Y a Kim Witherspoon, por saber siempre qué hace especial a un libro.

A mi equipo en Roads & Kingdoms por su apoyo durante todo el proceso, especialmente a Kaylee Hammonds, que proporcionó un extra de sabiduría editorial y culinaria al proyecto desde el inicio. Y a mi socio, Nathan Thornburgh, que trituró espárragos y coció hinojo y proporcionó comentarios muy valiosos durante todo el camino.

Doug Hughmanick y Laura White saben jugar con los píxeles como pocos en el mundo del diseño. Gracias por superar nuestra imaginación más salvaje.

A Tichi Andrés y a sus encantadoras hijas, Carlota, Inés y Lucía, por invitarnos a su casa y hacernos sentir parte de la familia española-norteamericana.

A mi mujer, Laura, que hace que todo en la vida sepa mejor.

Y a la persona más apasionada, frenética, brillante, exasperante e inspiradora que conozco: José Andrés. Gracias por elegirme para ser tu socio en esta alocada aventura por el mundo vegetal.

ÍNDICE

RECETAS EN LA RECÁMARA

1 SOPA HECHA CON ENERGÍA SOLAR

¿No tiene todo el mundo una cocina solar?

2 QUICHE HORNEADA EN UN BOL DE PAN

Quizá sea mejor probarlo en una calabaza...

3 DASHI DE VERDURAS SECADAS AL SOL

¿Dos días para preparar una sopa de verduras?

4 PLATO DE QUESOS DE MARYLAND

Bueno, es casi un vegetal.

5 GOFRES DE OKONOMIYAKI

Los japoneses nos van a matar.

6 PATATAS CHIP Y CAVIAR

Solo buscaba una excusa para comerme una lata de caviar.

7 TORTITAS DE JUGO DE PATATA

¿Te recuerda a algo?
Sí, a un bocado de tierra.

8 FRUTA QUE CUELGA DEL TECHO

No es como el jamón, pero...

9 SANDÍA RELLENA DE POLLO Y TRUFAS, ENTERRADA BAJO TIERRA

¡Esta sí que promete!

10 ZUMO DE CAQUI ACIDULA- DO COCINADO COMO UNA CREPE

No tengo ni idea de lo que está pasando aquí.

11 ALGAS EMPAPADAS EN JUGO DE COL, RELLENAS DE QUESO Y FLAMBEADAS

Quizá se nos está yendo de las manos...